MEMORIA MUNDI

ATALANTA

III

HENRYK SKOLIMOWSKI

FILOSOFÍA VIVA

LA ECOFILOSOFÍA COMO
UN ÁRBOL DE LA VIDA

TRADUCCIÓN
FRANCISCO LÓPEZ MARTÍN

ATALANTA

2017

En cubierta: fotografía de Andrew Bertram.
Creative Commons Zero (CC0)
En guardas: océano Ártico en el año 2012.
Fotografía de Alberto Tinoco

Dirección y diseño: Jacobo Siruela

Título original: *Living Philosophy*
Eco-Philosophy as a Tree of Life
© Henryk Skolimowski, 1992
© De la traducción: Francisco López Martín
© EDICIONES ATALANTA, S. L.
Mas Pou. Vilaür 17483. Girona. España
Teléfono: 972 79 58 05   Fax: 972 79 58 34
atalantaweb.com

ISBN: 978-84-946136-5-4
Depósito Legal: GI 259-2017

Índice

Filosofía viva
La ecofilosofía como un árbol de la vida

Prefacio

Entre los pensadores del siglo xx, Albert Schweitzer fue el que advirtió con mayor lucidez hasta qué punto la supervivencia y la prosperidad de una civilización dependen de que tenga una correcta visión del mundo *(Weltanschauung)*. Nunca se cansó de repetir estas palabras: «Debemos reconocer sin falta que la raíz de todas las catástrofes y desgracias que nos aquejan es que carecemos de una visión del mundo». Aunque Schweitzer no propuso una nueva visión del mundo, destacó un elemento que debía formar parte de ella: la reverencia por la vida. Este libro, en cambio, ofrece una visión del mundo completamente nueva, que abarca desde la cosmología hasta la conciencia, como fundamento para restaurar nuestra civilización. La filosofía ecológica que esbozamos en las siguientes páginas ofrece no sólo nuevas tácticas vitales, sino también una nueva visión del mundo, de signo ecológico y carácter integral, en la que dichas estrategias encuentran su cimiento.

Introducción

Después de dar vueltas a las cifras económicas, queda una vida por vivir. No es posible derivar el sentido de la vida de ningún cálculo económico: sus raíces se encuentran mucho más allá de todos los parámetros económicos y físicos. Bertrand Russell y otros positivistas del siglo XX han estado a punto de convencernos de que la tarea humana consiste en explorar el mundo físico. La ecofilosofía insiste en que la tarea humana pasa por redescubrir el sentido de lo humano, que a su vez guarda una relación íntima con el sentido del universo.

Para explorar el mundo físico hemos creado complejas matrices con las que sondear el caos de los fenómenos físicos. Estas matrices han alcanzado tal grado de sutileza, complejidad y exhaustividad que sencillamente ya no hay cabida para comprender otras cosas, como el sentido de la vida humana.

Uno de los objetivos de este libro es desenmarañar la variedad de relaciones mecánicas y físicas (en las que estamos envueltos y que nos definen) para demostrar que la mayoría de nuestras crisis, especialmente las económicas, no aparecen como resultado de la gestión ineficaz, la mala voluntad o la irracionalidad de nuestros enfoques. En realidad, tienen causas más profundas: *la deficiencia de nuestro código para interpretar la naturaleza conduce a la deficiencia en nuestra relación con ella.* La raíz está en los propios fundamentos de nuestra visión científica del mundo y en las propias percepciones que esta visión del mundo engendra.

Los estilos de vida alternativos exigen no sólo vivir de manera diferente, sino también *conocer* de manera diferente. Debemos ser capaces de alumbrar una justificación racional para nuestros nuevos estilos de vida, lo que nos llevará, nada más y nada menos, que a alumbrar una nueva racionalidad. Debemos estar convencidos, en nuestra mente y en nuestro corazón, de que la austeridad, lejos de ser algo deprimente que tiene que ver con la abnegación y el sacrificio, es una manifestación positiva de nuevas cualidades; sólo entonces viviremos con una *austeridad elegante.* Por consiguiente, los estilos de vida alternativos no deben representar únicamente cambios en nuestra tecnología, nuestra economía y nuestros hábitos, sino también en nuestra moralidad, nuestra racionalidad y nuestro pensamiento conceptual.

Desde un punto de vista filosófico, este libro ofrece el esbozo de una nueva metafísica, que consiste en una nueva interpretación del cosmos, de la evolución y de la naturaleza humana, dentro de un marco único y coherente. Sin embargo, debemos subrayar que su objetivo general consiste en alumbrar un nuevo propósito, una nueva inspiración y una nueva esperanza para la humanidad. En este sentido, la ecofilosofía es una filosofía de la vida.

Después de haber asistido a la lenta muerte de la filosofía positivista en el transcurso de las últimas décadas, y de la filosofía marxista en tiempos más recientes, ha llegado el momento de volver a liberar nuestra imaginación filosófica para alumbrar el fundamento de una nueva comprensión intelectual del mundo que nos rodea, puesto que la comprensión que tenemos en la actualidad está hecha jirones desde hace decenios.

La ecofilosofía es una reafirmación racional de la visión unitaria del mundo, una visión en la que el cosmos y la especie humana pertenecen a la misma estructura. Sin desprenderse de los mejores aspectos de la tradición racional occidental, la ecofilosofía trasciende los efectos paralizantes de la racionalidad mecanicista. *Ninguna visión del mundo realmente nueva puede ser irracional o antirracional.* Necesitamos desarrollar una racionalidad alternativa. Eso es, entre otras cosas, lo que la ecofilosofía intenta ofrecer: una forma de racionalidad que no ofenda a la razón, sino que, por el contrario, la celebre y la ensalce de manera mucho más espléndida de lo que nunca permitirá el paradigma mecanicista.

Otro elemento crucial de la ecofilosofía es el *pensamiento reverencial.* Si actuamos de forma diferente con el mundo, debemos ser capaces de pensarlo de forma diferente, contemplando la Tierra y todas sus criaturas con reverencia y compasión. Por consiguiente, hemos de transformar nuestra actual conciencia mecanicista en una *conciencia ecológica.* El pensamiento reverencial y la percepción reverencial deben impregnar nuestro sistema educativo, nuestras instituciones y nuestra vida diaria. Sólo entonces la conciencia ecológica será una realidad.

El siglo XXI será un siglo ecológico; de lo contrario, es muy posible que no haya siglo XXII. «El ecologismo será la cuestión política crucial de nuestra época, como el conservadurismo y el liberalismo lo han sido en el pasado», proclaman algunas voces. Es una afirmación ambiciosa, aunque, al mismo tiempo, tal vez se quede corta, dado que reduce la ecología a ideología. La ecología es en la actualidad algo más que una ideología. Concebida como una perspectiva ecológica general sobre todos los aspectos de la vida, ha asumido el papel de una nueva religión; el pensamiento ecológico es un pensamiento casi religioso. Necesitamos una forma de fervor religioso que una nuestras energías y voluntades en el extraordinario proyecto de salvar la Tierra y de salvarnos con ello a nosotros mismos. La ecología es el hilo que une a todo el planeta y a todos sus habitantes. La ecofilosofía es una expresión filosófica de la nueva unidad entre los humanos, el planeta y los demás seres.

Algunos lectores pueden preguntarse *cómo* poner en práctica el programa de la ecofilosofía. Mi respuesta es la siguiente: si ordenamos nuestras ideas, aclaramos nuestras visiones y priorizamos nuestros valores hasta el final de nuestra vida, encontraremos las formas y los medios de construir un futuro sostenible y radiante. Pensar como es debido, con altura de miras y conforme a una comprensión correcta del universo, es muy importante en nuestra época. El logos es una forma sutil y profunda de la praxis.

La ecofilosofía presentada en este libro es como un árbol. De las raíces de la ecocosmología crecen el tronco y las ramas de la ecofilosofía; todas las partes se encuentran orgánicamente vinculadas entre sí. El árbol está coronado por la conciencia ecológica, que de manera sutil realimenta las raíces. De esa manera, el ciclo está completo y no cesa de autorrenovarse.

1. La ecocosmología como nuevo punto de partida

¿Una cosmología o varias?

La cosmología es una materia antigua. Los albores de la filosofía fueron en realidad los albores de la cosmología. Cuando Tales, Anaximandro, Empédocles y otros filósofos griegos de los siglos VI y V a.c. empezaron a abandonar la mitología y a pensar de otra manera, se llegó a una nueva comprensión del universo. Así fue como nacieron la filosofía y la cosmología.

Las primeras cosmologías griegas eran especulativas y bastante ingenuas. Debe quedar claro que cualquier cosmología que intente comprender la estructura y los orígenes del universo ha de ser especulativa. Es lo que ocurre con la cosmología física actual que los astrofísicos han desarrollado vigorosamente durante las últimas décadas.

En *Breve historia del tiempo*, Stephen Hawking formula una serie de preguntas sumamente estimulantes acerca del universo: de dónde viene, hacia dónde se dirige, si ha tenido un comienzo y qué ocurrió antes de dicho comienzo.

No podemos responder científicamente a esas cuestiones, porque su naturaleza es metafísica. Los presupuestos en los que se basa la ciencia pertenecen a la metafísica, no a la ciencia. Por lo tanto, las cuestiones cosmológicas esenciales que explora la astrofísica actual *en realidad son* metafísicas, no científicas.

Sin embargo, muchas voces intentan mantener que la cosmología elaborada por la astrofísica es una ciencia irreprochable, mientras que las antiguas cosmologías son pura especulación. En esta línea, John Barrow escribe lo siguiente:

> La cosmología es la ciencia del universo: su tamaño, su edad, su forma, sus arrugas, su origen y su contenido. Las especulaciones más antiguas de la humanidad han pasado en el siglo XX desde el ámbito de la metafísica hasta el ámbito de la física, donde la especulación no corre desbocada y las ideas deben contrastarse con la observación.[1]

Los científicos tienden a llamar «científico» a todo producto de su pensamiento, aunque verse sobre asuntos claramente metafísicos, como el origen del universo. Según la definición aristotélica de «metafísica» (*ta meta physica*, «lo que está más allá de la física»), el origen del universo es una cuestión metafísica por excelencia.

Barrow sostiene que las «ideas [de los cosmólogos actuales] deben contrastarse con la observación». Se trata de una afirmación gratuita. Las cosmologías del pasado, incluso las más primitivas, siempre han tenido que «contrastarse con la observación». Si lo que Barrow pretende es insistir en el hecho de que la cosmología física debe contrastarse

1. John D. Barrow, «Life, the Universe, and the Anthropic Principle», en *The World and I*, agosto de 1987, pág. 182.

con *diferentes* clases de observación, en ese caso estoy de acuerdo con él.

Permítaseme recalcar un aspecto crucial. Por su naturaleza intrínseca, las cosmologías pasadas y presentes tienen una estructura similar. Son especulativas y sumamente conjeturales. Dado el carácter inescrutable de los fenómenos que desean explicar (los orígenes del universo), estas especulaciones son metafísicas.

¿La cosmología física actual no tiene entonces nada de especial? Si Barrow y otros desean insistir en lo contrario –a saber, que la cosmología física nos ofrece la verdad sobre el universo–, están incurriendo en una petición de principio. *Están dando por supuesto* que su cosmología es correcta y que las demás no lo son. Pero esa afirmación no es científica, sino metafísica. Si queremos permanecer en el ámbito de lo estrictamente científico, no podemos hacer una afirmación como ésa.

Elegir una metafísica es una cuestión espinosa. A este respecto, coincidimos con la opinión de Willis Harman, que escribe lo siguiente:

Es inútil recurrir a la investigación para responder a la pregunta: «¿Qué metafísica es correcta?». La razón esencial es *que la propia metodología de la investigación procede de una metafísica dada*, por lo que la investigación tiende a hacernos volver al punto de partida, es decir, a la metafísica.[2]

Nadie tiene el monopolio del término «cosmología». Existen muchas cosmologías diferentes, como existen mu-

2. Willis Harman, «Scientific Positivism, the New Dualism, and the Perennial Wisdom», en *Scientific and Medical Network Newsletter*, otoño de 1986.

chas filosofías diferentes. La filosofía empírica, o el fisicalismo, es una clase de filosofía. El platonismo es otra clase de filosofía. Sería absurdo negar el nombre de filosofía al platonismo por el hecho de que algunos filósofos, inspirados por la ciencia, quieran considerar el fisicalismo como la única filosofía genuina.

Incluso en el ámbito de la ciencia actual hay muchas cosmologías diferentes, o al menos rudimentos de diversas cosmologías. David Bohm es un físico conocido por su trabajo en el terreno de la teoría cuántica, pero también por sus teorías especulativas sobre la naturaleza del universo. Bohm afirma que vivimos en un universo en continuo despliegue. Dicho despliegue adopta una forma muy especial, a saber: consiste en pasar desde el orden *implicado* hasta el orden *explicado*. El orden implicado es el estado de las cosas en potencia, y este orden se convierte en el orden explicado a medida que se despliegan los acontecimientos.

Lo que verdaderamente importa no es la transición postulada desde la potencia hasta la actualidad —muchos filósofos han propuesto ideas similares—, sino la forma en que se plantean las cosas en el orden implicado. Según Bohm, todas las cosas están conectadas en un sentido fundamental, primordial, cosmológico («el universo entero es básicamente una sola unidad indivisible»). Por consiguiente, las partículas elementales pueden «saber» de algún modo lo que están haciendo otras partículas (en los experimentos sobre entrelazamiento, por ejemplo, si se hace cambiar el *spin* de una partícula, esto provoca que cambie el *spin* de la partícula con la que está entrelazada independientemente de la distancia que las separe). La idea de un orden implicado, desarrollada suficientemente, da lugar a una nueva cosmología. (En las páginas 38, 39 y 40 volveremos sobre Bohm.)

El orden del universo ha fascinado a los filósofos y a los astrónomos desde hace milenios. Al construir sus cosmologías, o al tratar de entender al menos una parte de la estructura del cosmos, los filósofos y los astrónomos del pasado se sentían tan atraídos por la verdad como los astrofísicos del presente. Pero también se sentían atraídos por la idea de la belleza.

Entre los grandes astrónomos-filósofos que han especulado sobre la naturaleza del orden celeste se cuenta, por supuesto, Copérnico. A su juicio, el orden del universo era al mismo tiempo perfecto y hermoso; no podía ser de otro modo, dado que el universo era la creación de un Dios perfecto. En *De Revolutionibus*, Copérnico escribió lo siguiente:

> ¿Y qué es más hermoso que los cielos que contienen todo lo que es hermoso? Los propios nombres de *Caelum* y *Mundus* son prueba de ello: uno significa pureza y ornamento, y el otro una obra escultórica. Esa belleza excepcional llevó a muchos filósofos a llamar a los cielos simplemente la deidad visible.[3]

No era inusual que los grandes científicos y filósofos del pasado, al apreciar que el cosmos tenía una estructura bella, lo dotaran (y, por lo tanto, también a las cosmologías que describían el universo) de un propósito, un sentido, una intención. No es lo que ocurre con la cosmología física actual, pero esta cosmología es sencillamente una entre muchas.

En consecuencia, debemos ser absolutamente conscientes de que los astrofísicos del siglo xx no descubrieron ni

---

3. Nicolás Copérnico, *De Revolutionibus*, proemio. [Trad. esp. de Carlos Mínguez: *Sobre las revoluciones de los orbes celestes*, Tecnos, Madrid, 2009.]

inventaron la idea de la cosmología. Simplemente se apropiaron de ella y la adaptaron a sus propósitos. A menudo dan la impresión de que la cosmología no existía antes de que la inventaran ellos, pese a que en realidad es una disciplina noble y antigua. Ciertamente, cuando Sócrates y Platón entraron en escena, la filosofía experimentó un giro fundamental: la cosmología dejó de ser el centro de las inquietudes filosóficas y su lugar fue ocupado por la filosofía del hombre. Sin embargo, la cosmología no desapareció de la filosofía occidental ni de los sistemas de pensamiento de otras culturas. Cualquier sistema de creencias coherente o semicoherente, al tratar de explicar tanto la estructura y el origen del universo como nuestra relación con él, constituye una cosmología. Por lo tanto, podemos hablar legítima y justificadamente de la cosmología de los indios hopi o de la cosmología de los indios amazónicos; se han escrito libros excelentes sobre ellas.[4]

A finales del siglo XIX y durante la primera década del siglo XX, el término «cosmología» apenas se utilizaba en el campo de la física y de la astrofísica; de hecho, era poco menos que inexistente. Sin embargo, los antropólogos no dudaban en recurrir a él para explicar los sistemas de creencias de otros pueblos y otras culturas.

Insistamos: no debemos dar por sentado que la explicación científica actual de la estructura del universo es la única explicación legítima, y tampoco que la cosmología científica es la única cosmología legítima. Como he dicho, cualquier sistema de creencias más o menos coherente que trate de explicar la estructura del universo y nuestro lugar en él es una cosmología. Por lo tanto, a lo largo de la historia la humanidad ha

---

4. Véase, por ejemplo, G. Reichel-Dolmatoff, *Amazonian Cosmos*, Chicago University Press, 1971.

tenido, y sigue teniendo, centenares de cosmologías, cada una de las cuales es legítima por derecho propio.

En el siglo XX, antes de que los astrofísicos se apropiaran del término «cosmología», éste había sido resucitado en el terreno de la filosofía por Teilhard de Chardin, particularmente en su obra *El fenómeno humano* (1957). Para Teilhard, la evolución es el punto esencial que permite comprender los orígenes, la estructura y el sentido del universo. La evolución es ese proceso que, con habilidad consumada, crea nuevas opciones, nuevas formas de vida, gracias a las cuales la materia se transforma en espíritu. La ecocosmología propuesta en este capítulo se basa en la cosmología de Teilhard y va más allá, como ocurre siempre con la evolución.

¿Por qué necesitamos una nueva cosmología?

Necesitamos una nueva cosmología por una razón más fundamental de lo que solemos pensar. La necesitamos como una nueva matriz para la acción. La necesitamos porque nuestras acciones, ejecutadas dentro de nuestro actual marco conceptual, *yerran sin cesar*. En esta sección relacionaré la acción con la cosmología y mostraré que la cosmología, esa base abstracta de nuestro pensamiento, está vinculada muy concretamente con la acción a través de los valores y la filosofía.

La acción nunca es acción sin más; necesariamente ha de estar informada y guiada. Actuar no significa únicamente «hacer». Lo que es más importante, la acción no es una forma de actividad que da como resultado la autodestrucción. En consecuencia, cuando hablo de acción me refiero a una acción orientada hacia un propósito y animada por un sentido. Propósito y sentido son atributos intrínsecos de la acción. Ahora bien, ni el propósito ni el sentido están determinados por la propia acción. La acción es la *ejecutora* de unos objetivos y propósitos concebidos con anterioridad a la acción. Por lo tanto, la acción está dirigida y guiada por objetivos y deseos que se originan en una esfera externa a la acción misma. ¿Cuál es la naturaleza de esos objetivos y deseos? Quiero examinar con cierto detalle esta cuestión, dado que es importante para comprender nuestro futuro y también nuestro presente.

Las llamadas a la acción y los ataques contra la reflexión como pura holgazanería sólo tienen sentido si sabemos qué es la acción. *Sin embargo, sólo a través de la reflexión podemos alcanzar ese saber.* La acción sin reflexión es un hacer carente de sentido, un dar palos de ciego, o, peor aún, una acción destructiva. En una época como la nuestra, dominada por filosofías pragmáticas en las que la acción es el rey y la reflexión es el pobre, hay que reiterar estas verdades elementales. Esas filosofías pragmáticas se basan en una reflexión insuficiente. La tecnología, las ciencias aplicadas y la economía del presente también se basan en una reflexión insuficiente. Nadie cuestiona las buenas intenciones de la tecnología. Nadie cuestiona sus logros manifiestos. Pero seríamos unos estúpidos si no viéramos sus efectos negativos, los desechos tóxicos que el carro del progreso tecnológico deja a su paso. La tecnología ha banalizado nuestra vida, la ha despojado de calidad y ha reemplazado la espiritualidad con artilugios chabacanos.

Muchas acciones han sido concebidas en un marco de referencia limitado. Dentro de ese marco limitado parecen tener un sentido y un propósito. Sólo cuando examinamos sus consecuencias en marcos de referencia más amplios, y en períodos de tiempo más extensos, vemos que son contraproducentes.

Esta situación puede resultar confusa para el hombre pragmático, que simplemente se dedica a hacer cosas y no se entrega a una reflexión más amplia. Aunque estas personas nos puedan inspirar compasión, son responsables de las consecuencias de sus actividades a largo plazo. Ése es el significado de la responsabilidad: somos responsables no sólo de las consecuencias inmediatas de nuestras acciones, sino también de las que se producen a largo plazo. Si le damos a una persona arsénico en pequeñas dosis, el efecto acumulativo acabará matándola, aunque ninguna de ellas sea mortal en sí misma, y nos acusarán de asesinato.

Nuestro hombre pragmático simboliza el conjunto de la civilización tecnológica, una civilización a la que no le gusta examinar las consecuencias a largo plazo de sus actividades, pese a que parece administrarse pequeñas dosis de arsénico a diario.

En este momento de la historia debemos dejar atrás la idea trasnochada de que los hombres de acción son unos héroes y los filósofos unos holgazanes. Para lograrlo debemos superar la conciencia de la que ha surgido ese cliché. Debemos trascender el pragmatismo estrecho de miras que con tanta frecuencia ha dado lugar a la acción irreflexiva. Debemos reexaminar nuestros valores, pues los valores informan y guían la acción.

Los valores que han guiado la acción con sentido en las sociedades a lo largo de los milenios son aquellos que se dirigen a incrementar la felicidad o a reducir el sufrimiento del ser humano; a incrementar la justicia o a reducir la injusticia; a incrementar la belleza de la vida o a reducir su fealdad; a incrementar nuestro conocimiento y nuestra sabiduría o a reducir nuestra arrogancia y nuestros prejuicios; a traer el cielo a la tierra o a erradicar de la tierra el infierno. Por eso la verdad, la bondad, la belleza, la sabiduría y la gracia son los valores que han actuado siempre como motores de la acción con sentido.

La sociedad tecnológica añadió nuevos valores: *eficiencia, control y poder*. Estos nuevos valores parecen entrar a menudo en conflicto con los antiguos.

Evidentemente, lo que se considera una acción con sentido difiere en función de si nuestras acciones están guiadas por los valores de la belleza y la armonía o por los valores de la eficiencia y el poder.

Para el hombre fáustico, que cree que sólo vive una vez y que, por lo tanto, tiene derecho a conseguir cuanto desea (caiga quien caiga y sea cual sea su precio), la explotación e incluso el saqueo del medio ambiente es un *mecanismo* exigido por su nivel de vida. Para los ecologistas, que entienden la interconexión de todas las cosas y los frágiles equilibrios que las sustentan, y que se sienten responsables de las generaciones futuras, este «mecanismo» es un crimen. El ecologista trata de cultivar la austeridad; el hombre fáustico está a merced de la autocomplacencia. Y estas dos actitudes, austeridad y autocomplacencia, obedecen a filosofías diferentes; cada una representa una concepción distinta sobre lo que la vida es y sobre lo que debería ser.

Hemos pasado del sentido de una acción concreta al sentido de la acción en cuanto tal; después, a los valores que subyacen a diversos tipos de acción y de actividades; después, a la filosofía que subyace a esos valores y los engendra. Estas filosofías se fusionan con las cosmologías; a menudo son articulaciones concretas de diversas cosmologías.

El principal propósito de esta sección es establecer la existencia de un vínculo entre cosmología y acción. Dicho vínculo está mediado por dos elementos intermedios, los valores y la filosofía, pero eso no resta un ápice de su importancia.

Cosmología ⇄ Filosofía ⇄ Valores ⇄ Acción

Actuamos en el universo según cómo lo interpretamos. Si interpretamos el universo incorrectamente, actuaremos incorrectamente. ¿Cómo sabemos que hemos actuado incorrectamente? Por la vida que resulta del residuo de nuestras acciones; la prueba definitiva sobre la calidad de nuestra cosmología es la clase de vida que produce. Volvamos ahora a la cuestión principal de esta sección: ¿por qué necesitamos una nueva cosmología? Porque nuestra acción yerra; yerra en el plano de la cultura entera, en todo el globo. No resulta sencillo de entender –si es que en realidad se entiende– que para corregir ese tipo de acción lo último que necesitamos es una acción similar. La razón estriba en que dos clases de acción muy similares suelen estar guiadas y dirigidas por valores y visiones muy similares. Si la acción yerra sin cesar, debemos profundizar en la estructura de la que emana para entender que el motivo tal vez radique en la existencia de valores inapropiados. Estos valores proceden de ciertas filosofías, que a su vez están influidas y determinadas por ciertas concepciones del cosmos, es decir, por nuestras cosmologías.

Por lo tanto, la forma en que interpretamos el cosmos –¿qué es?, ¿qué contiene?, ¿cómo ha surgido?, ¿cuál es su destino?, ¿cuál es nuestro lugar en él?– determina el sentido de nuestras acciones. (Actuamos en el universo según cómo lo interpretamos.) La cosmología es el último eslabón de la cadena: justifica en última instancia el resto de los proyectos y no necesita de justificación ulterior, excepto retroactivamente, por las consecuencias que trae a nuestra vida. Por supuesto, para algunas personas la religión es el último eslabón de la cadena de justificación, pero la religión es simplemente otra forma de cosmología.

La elección de nuestra cosmología determina no sólo nuestra imagen del mundo, sino también el sentido de nuestras acciones. Pues la cosmología determina no sólo el universo físico que nos rodea, sino también, indirectamente, el lugar que ocupamos en él. Si damos por supuesto que el universo no es más que materia física, nos será muy difícil acomodar la espiritualidad en su interior. Si partimos de la base de que el universo es divino, nuestra espiritualidad fluye con naturalidad, como un aspecto intrínseco a él, no como una anomalía. Si damos por supuesto que el universo es ordenado y armonioso, nos veremos impulsados y animados a considerar que nuestras vidas son armoniosas y están conectadas. Si damos por supuesto que el universo es caótico, o, peor aún, que es un pozo de podredumbre, nos veremos autorizados –e incluso alentados en cierto modo– a creer que nuestra vida carece de sentido, o, peor aún, que es una basura que refleja la basura del universo. (Por desgracia, tal cosa puede ser cierta en muchos casos, aunque la gente no es lo bastante consciente de hasta qué punto la pobre imagen que tiene de sí misma es una consecuencia de la pobre imagen del universo que se le ha impuesto.)

Nuestra vida es el espejo en que se reflejan las características fundamentales del universo tal como lo entendemos.

Por lo tanto, si queremos insistir en el hecho de que nuestra vida tiene sentido, propósito y belleza, lo mejor es dar por supuesto que el universo tiene sentido, propósito y belleza. Aunque no podamos *demostrar* que el universo físico tiene esas propiedades, esa presuposición nos ayuda a mantener la coherencia y el sentido de nuestra propia vida. *Dar por supuesto que el universo físico tiene un propósito intrínseco es un imperativo metodológico que nos ayuda a conducirnos en el mundo humano.*

Habrá quien afirme que mi suposición es indemostrable. En respuesta diré que nadie puede *refutarla* en un sentido científico estricto. En todo caso, se trata de una suposición asumida por las cosmologías tradicionales, para las que el universo tiene un propósito y un sentido, y además es hermoso, hospitalario y solidario con nuestros esfuerzos. Eso es lo que también da por supuesto la ecocosmología, a saber, que el universo es el hogar de la especie humana, y que nosotros somos sus administradores, sus custodios, sus guardianes. Asimismo, dado nuestro papel señalado en el universo, y dada la naturaleza creativa de la mente, podemos dar por supuesto sin riesgo a equivocarnos que somos cocreadores del universo y que contribuimos a su destino. Antes de exponer la ecocosmología en todos sus pormenores, permítasenos realizar un breve repaso de la cosmología mecanicista.

El legado de la cosmología mecanicista

La reconstrucción metafísica y cultural que se está llevando a cabo en nuestro tiempo no se limita a ocuparse de los problemas medioambientales (pese a la importancia que revisten), sino que nos sitúa ante las causas fundamentales que subyacen a nuestras múltiples crisis. Estas causas van más allá de lo económico y lo tecnológico. Incluso de la moral. Estas crisis están incrustadas en la matriz subyacente de nuestra visión del mundo, en nuestra cosmología.

Lo que nos falla son las limitaciones de nuestra cosmología, de nuestra visión del mundo, que en la actualidad funciona como una camisa de fuerza. *La actual cosmología mecanicista ofrece un código deficiente para interpretar la naturaleza. Por eso nuestra relación con la naturaleza es deficiente.* La cosmología mecanicista, con su racionalidad abstracta y no compasiva, constituye una base inadecuada para el orden social y para el orden humano. Por lo tanto, los diversos modelos racionales, desarrollados bajo los auspicios de la racionalidad científica, a menudo son parte del problema, no la solución a los males de la sociedad y de la humanidad.

Nuestra visión del mundo y nuestro estilo de vida están íntimamente conectados. A la larga, la concepción mecanicista del universo *entraña* y *necesita* un universo humano frío, objetivo y poco compasivo. A consecuencia de ello, el sentido de la vida humana se atrofia.

Hay que insistir en el hecho de que la atrofia del sentido y el triunfo de lo cuantitativo están estrechamente relacionados. Para decirlo de otro modo, el sentido de la vida humana y la frialdad de los números no hacen buena pareja. El lenguaje mismo de la ciencia y sus categorías no permiten la expresión de los significados de nuestra humanidad.

Por lo tanto, la atrofia del sentido de la vida humana en el sistema mecanicista no es el resultado de un inocuo descuido. Más bien es una *consecuencia esencial* de la cosmología mecanicista. La codificación filosófica de la cosmología mecanicista es la doctrina llamada empirismo. La *Investigación sobre el entendimiento humano* convierte probablemente a su autor, David Hume, en el mejor exponente de esta doctrina. Hume escribió lo siguiente:

> Cuando recorremos las bibliotecas persuadidos de estos principios, ¡qué estragos deberíamos hacer! Si tomamos en nuestras manos cualquier volumen de teología o metafísica escolástica, por ejemplo, preguntemos: *¿Contiene algún razonamiento abstracto referente a cantidad o número?* No. *¿Contiene algún razonamiento experimental concerniente a*

cuestiones de hecho y existencia? No. Arrójese entonces a las llamas, pues nada puede contener que no sea sofisma o ilusión.[5]

Se trata de un párrafo clásico. La filosofía empirista reducida a lo esencial: devastadora no sólo para la teología, la metafísica y toda la filosofía, sino también para el sentido de la vida humana y para el tratado mismo de Hume. Si tomáramos estas palabras al pie de la letra, arrojaríamos su libro a las llamas, dado que no se ocupa ni de la cantidad ni del número, sino que expone especulaciones metafísicas sobre ambos. El fantasma de Hume ha frecuentado todos los edificios del llamado conocimiento racional. En virtud de una curiosa paradoja, queremos ser buenos empiristas, entendamos o no las consecuencias del empirismo. Todos queremos basar nuestros discursos y razonamientos en hechos y números, porque éstos son los dogmas de la cosmología actual.

La influencia de la cosmología mecanicista en la sociedad occidental continúa siendo extraordinaria. Sabemos que esta cosmología es inadecuada. Sabemos que algunas de sus consecuencias son perniciosas. Sabemos que la búsqueda implacable de la objetividad es en cierto modo paranoica. También sabemos que la alienación, la atomización y la aniquilación de la sociedad, de los hábitats naturales, de las vidas humanas, son en parte el resultado de una estructura de conocimiento que atomiza, aísla y separa incesantemente.

Hemos hecho diversos intentos de mejorar la situación. Sin embargo, seguimos dominados por los principales imperativos de nuestra cosmología: cuantificar, objetivar, «cosificar». Por lo tanto, es de suma importancia que no nos

---

5. David Hume, *An Enquiry Concerning Human Understanding* (1748), ed. de L. A. S. Bigge, 1902; ed. revisada de Oxford University Press, 1975. [Trad. esp. de Carmen Ors: *Investigación sobre el entendimiento humano*, Istmo, Tres Cantos, 2004.]

limitemos a examinar minuciosamente la naturaleza de esta cosmología, sino que realicemos un esfuerzo imaginativo para crear y exponer cosmologías alternativas que proporcionen un antídoto a la cosmología mecanicista, una visión alternativa del universo, así como un conjunto de estrategias alternativas para explorarlo, incluidas formas alternativas de pensamiento y explicación.

La ecocosmología trata de materializar esa clase de esfuerzo. Su aspiración no es sólo criticar las cosmologías existentes, sino construir un nuevo andamiaje cosmológico, una nueva matriz, que nos permita relacionarnos con el cosmos y con nosotros mismos de una manera nueva, y en la que la «cantidad», el «número» y el «razonamiento experimental concerniente a cuestiones de hecho» ocupen su lugar apropiado, un lugar más bien modesto, sin que se los adore como a deidades.

Nuestra civilización está en una nueva coyuntura, en una encrucijada; necesitamos una nueva cosmología para llegar a alguna parte. Repitámoslo: la cosmología proporciona las raíces de las que surgen multitud de cosas. Parafraseando a T. S. Eliot: «Una concepción errónea del universo entraña en algún punto una concepción errónea de la vida, y el resultado es un desastre inevitable».

La estructura de la ecocosmología

El edificio de la cosmología se sustenta en siete grandes pilares:

1. El principio antrópico

La ecocosmología acepta la existencia del universo físico, cuyo misterioso inicio se remonta a hace unos 15.000 millones de años. La ecocosmología acepta el misterio esencial en el que está envuelto el origen mismo del universo. Este misterio es parte de la belleza del universo.

La ecocosmología acepta las conclusiones de la astrofísica actual en relación con el tamaño, la densidad y las propiedades del universo físico en su evolución cósmica. Estas conclusiones nos llevan a pensar que el fenómeno de la vida es no sólo posible sino quizá también inevitable, si examinamos detenidamente las llamadas constantes cosmológicas que explican la estructura del universo y sus diseños únicos. Freeman Dyson ha escrito lo siguiente:

Cuando estudiamos el universo e identificamos los numerosos accidentes de la física y la astronomía que han trabajado conjuntamente en nuestro beneficio, es casi como si el universo hubiera sabido que íbamos a aparecer.[6]

Durante los últimos veinte años hemos aprendido a observar el universo de una manera nueva y a formular algunas preguntas reveladoras. ¿Por qué es el universo como es? Porque nosotros estamos aquí. No deja de resultar asombroso que la composición del universo esté tan exquisitamente equilibrada como para hacer que la vida sea no sólo posible, sino quizá también necesaria. Esta idea ha llevado a la formulación del principio antrópico.[7] El principio antrópico, para explicarlo de forma sencilla, mantiene que el destino del universo está ligado al destino del ser humano (*anthropos*). Este principio tiene muchas

6. Freeman Dyson, *Disturbing the Universe*, Harper & Row, 1981. [Trad. esp. de Jenny Kesnikoff y Juan José Utrilla: *Trastornando el universo*, Fondo de Cultura Económica, México D.F., 1986.]
7. Véase John D. Barrow y Frank J. Tipler, *The Anthropic Cosmological Principle*, Oxford University Press, 1986.

formulaciones, una de las cuales consiste en que el universo está construido de un modo en que ha de surgir vida inteligente.

A medida que nos adentramos en la estructura subyacente de la evolución cósmica, cada vez estamos más convencidos de que las «coincidencias» tal vez no sean puras coincidencias, sino fragmentos de un diseño más amplio. A medida que nuestros conocimientos e hipótesis ganan en sutileza y profundidad, el universo parece revelarnos sus características más sutiles y profundas. Así es como debe ser: cuanto más sutil es la mente, más sutiles son los fenómenos que descubre.

El principio antrópico, traducido al lenguaje de la ecofilosofía, significa que el universo es el hogar de lo humano. Somos sus moradores legítimos, no una clase de monstruos cósmicos. En cierto sentido, somos su justificación. Las asombrosas transformaciones cósmicas se pueden explicar sencillamente por la necesidad de engendrar vida dotada de inteligencia. Sin embargo, en otro plano, la concepción del universo como hogar de la humanidad –y de nosotros como sus custodios– implica que somos responsables de nuestro destino y de todo lo que existe.

2. La evolución entendida como el proceso del devenir creativo

Ésta es la concepción de la evolución de Teilhard de Chardin: la evolución como un proceso que va adquiriendo cada vez mayor complejidad, en cuya estela surgen nuevas capas de conciencia. La tesis de la conciencia-complejidad, que explica las principales modalidades de la evolución, no entraña necesariamente la idea del diseño predeterminado, ni la idea de Dios, que entra por la puerta de atrás, pero cuestiona las pretensiones de los darwinianos estrechos de miras, para quienes la evolución es un mono estúpido que se sienta ante una máquina de escribir y por pura casualidad (dada una cantidad de tiempo casi infinito) mecanografía todas las obras de Shakespeare. No, la evolución es algo más sutil. Si podemos decir que el principio antrópico es una fuerza dotada de cierta inteligencia, entonces la evolución no es menos inteligente.

Permítasenos establecer una conexión importante. La evolución como un proceso de devenir incesante se puede entender como una articulación más precisa del principio antrópico. Teilhard no era consciente de ello; no podía serlo, puesto que escribió su libro en la década de 1950. Tampoco los principales exponentes del principio antrópico parecen conscientes de esa circunstancia. Pero las cosas son así: después de que las constantes cosmológicas, tal como las entiende el principio antrópico, hicieran su trabajo (durante los primeros 12.000 millones de años de la evolución cosmológica), la siguiente fase de esta evolución requería un nuevo vehículo; un vehículo específico que articulara la vida a partir de unos nichos cosmológico-químicos bien establecidos. Este vehículo es la evolución. *Concebir la evolución como una fuerza creativa, que articula incesantemente la vida en formas siempre nuevas de conciencia, no sólo es coherente con el principio antrópico, sino que también es una extensión necesaria de él.* Por lo tanto, la evolución continúa la obra del principio antrópico.

La reconstrucción de la evolución realizada por Teilhard es fascinante.[8] Y lo es todavía más cuando entendemos que

8. Teilhard de Chardin, *The Phenomenon of Man*, Harper, 1959 (publicado originalmente en francés en 1957). [Trad. esp. de Miquel Crusafont: *El fenómeno humano*, Taurus, Madrid, 1986.] Para un examen más detallado, véase Henryk Skolimowski, *Eco-philosophy*, Marion Boyars, 1981,

la evolución es un aspecto –y una continuación– de la obra del principio antrópico. Para no estancarse, el principio antrópico tuvo que concebir una fuerza que articulara la vida *más explícitamente*. Esa fuerza es la evolución. Por lo tanto, el principio antrópico se articula a sí mismo mediante la evolución creativa. La evolución creativa representa la continuación de los primeros trabajos realizados por las fuerzas de las constantes cosmológicas. De este modo hemos conectado los primeros 12.000 millones de años de evolución (el principio antrópico) con los siguientes 4.000 millones de años (la evolución creativa). Se trata de un único proceso de despliegue.

3. La mente participativa

Una cosmología que únicamente nos ofrece una imagen del mundo que excluye al ser humano y que no explica cómo nos relacionamos con lo exterior es una cosmología básicamente incompleta. La ecocosmología, aunque acepta las tesis del principio antrópico y la herencia de la evolución creativa, también esboza una teoría de la mente participativa. La mente participativa subyace al proceso evolutivo. La predecesora inmediata de la teoría de la mente participativa es la teoría del universo participativo debida a John Archibald Wheeler. Suyas son estas palabras:

El universo no existe por sí mismo al margen de nosotros. Estamos inevitablemente implicados en la tarea de hacer que

y *The Theatre of the Mind*, Theosophical Publishing House, 1985. (Aunque aceptamos el esquema general de la reconstrucción de la evolución realizada por Teilhard, no admitimos todos y cada uno de sus principios.)

llegue a producirse lo que vemos que acontece. No somos meros observadores, sino participantes. En un sentido que no deja de resultar extraño, estamos en un universo participativo.[9]

La idea de la mente participativa se me ocurrió mientras estudiaba dos corrientes de pensamiento: el legado de la concepción de la evolución de Teilhard, en la que el papel de la mente queda un tanto desatendido, y el legado de las consecuencias de la astrofísica actual, en la que el universo se concibe como participativo, pero sin que la mente esté presente. Comprendí que la mente participativa es el elemento que da sentido al universo participativo, y que es indispensable para entender la evolución como el proceso de devenir a través del incremento de la conciencia.

La concepción de la mente participativa sostiene que la mente está presente en *todos* los productos de nuestro conocimiento y en *todas* las imágenes del mundo. Se trata de la *condición noética*: la presencia de nuestra mente en todas las formas de nuestro conocimiento y de nuestra comprensión. Todo lo que recibimos del mundo pasa a través del filtro de nuestra mente. Si no lo traspasa, no lo recibimos. Si fuéramos una especie diferente y tuviéramos otra estructura mental, nuestra imagen del mundo y nuestra comprensión de él serían diferentes. Por lo tanto, aunque estamos vinculados por nuestra mente, que configura la realidad, nunca podemos describir el cosmos tal como es. *Siempre participamos en lo que describimos*. Nuestra descripción es una fusión de nuestra mente y de «lo que hay ahí». Nuestra mente se nutre invariable e infatigablemente (a través de sus

9. John Archibald Wheeler, «The Universe as Home for Man», en *American Scientist*, noviembre-diciembre de 1974.

diversas facultades y sentidos) de los datos amorfos y primordiales del universo.[10]

Cuando la evolución se hizo consciente de sí misma, dio paso a la autoconciencia. Cuando la autoconciencia se articula, empieza a percibir que es conciencia participativa, que ejerce un papel de cocreación junto al universo y que completa su significado. Por lo tanto, el principio antrópico tuvo que articularse en la forma de conciencia participativa a la que llamamos mente participativa.

Insistamos en este punto: los datos nunca son datos brutos, siempre están mediados, influenciados, moldeados, configurados y determinados por la mente. Ése es el sentido de la mente participativa. Si todo se registra –y no digamos ya si se formula y se articula– en nuestra mente, o, mejor aún, si se expresa en el lenguaje y en los anales de nuestro conocimiento, ya está filtrado y estructurado a través de la mente.

La idea de la mente participativa no sólo nos libera para ver el universo de otra forma; también realza la libertad y dignidad del individuo. Hacer justicia a nuestra mente participativa nos obliga a cocrear con el universo. La conciencia del poder creativo de nuestra mente únicamente subraya el hecho de que somos responsables de nuestra vida, del destino del planeta, del destino del universo. El universo es responsable de nuestro nacimiento; nosotros somos responsables de su destino.

4. El orden implicado

Otra parte de la estructura general de la ecocosmología es lo que David Bohm llama el orden implicado, un principio si-

---

10. Para un examen más detallado, véase Henryk Skolimowski, *The Theatre of the Mind* y «The Interactive Mind in the Participatory Universe», en *The Real and the Imaginary*, ed. de Jean Charon, Paragon House, 1987.

milar al principio antrópico. El orden implicado trata de mostrar algunas de las características esenciales del universo en su proceso de despliegue. Nuestro lenguaje es invariablemente un lenguaje de partes, muy bueno para describir átomos, pero no verdaderamente adecuado para describir totalidades complejas, y no digamos ya para describir el universo en evolución. Por lo tanto, David Bohm y sus seguidores recurren a analogías. Una de las analogías que emplean para transmitir el sentido del orden implicado es la siguiente: supongamos que dejamos caer una mancha de tinta sobre la parte superior de un cilindro de glicerina liso. Hagamos rotar el cilindro sobre su eje. La mancha se convierte en un borrón y luego desaparece, al menos para nuestra mirada. Pero de hecho sigue allí. Si rotamos el cilindro en sentido contrario, le devolvemos la existencia.

De forma similar, la explosión del universo es una mancha de tinta con todas sus partes conectadas. Según Bohm, las partículas elementales del experimento de entrelazamiento no sólo están conectadas, sino que son *conscientes* de la existencia de la otra, en virtud del vínculo cosmológico del origen primordial. La aceptación del orden implicado entraña que el universo es holista por excelencia. Todos los elementos del universo son codependientes y se codeterminan. En palabras de David Bohm:

> Parece necesario abandonar la idea de que el mundo se puede analizar correctamente en diversas partes y reemplazarla por el presupuesto de que el universo entero es básicamente una sola unidad indivisible. Sólo dentro de los límites de la física clásica puede aplicarse correctamente y sin reservas la descripción en términos de partes componentes. Allí donde los fenómenos cuánticos desempeñan un papel significativo descubrimos que las partes aparentes pueden cambiar de forma

fundamental con el paso del tiempo, dadas las conexiones subyacentes e invisibles que hay entre ellas. Por lo tanto, todo nos lleva a representar el mundo como una unidad indivisible pero flexible y siempre cambiante.[11]

La idea de la naturaleza holista del universo no es nueva. Lo nuevo es la justificación que Bohm ofrece de ella. La nueva conciencia ecológica, que se ha estado forjando durante las últimas décadas, nos ha hecho conscientes de que la naturaleza es un sistema holista. Sus elementos son codependientes y se determinan mutuamente. La naturaleza de esta sutil red es tal que, si tocamos la red en un punto, ese contacto reverbera en todos los demás, puesto que todos los elementos están conectados. Eso es lo que hemos aprendido del movimiento ecologista y de todo aquello a lo que ha dado lugar.

Hasta qué punto las ideas cosmológicas de David Bohm han estado influidas por el pensamiento del movimiento ecologista es una cuestión abierta. Sería lógico suponer que ha existido cierta influencia, dado que el movimiento articuló la concepción holista y codependiente de la naturaleza antes de que las grandes ideas de Bohm apareciesen en escena. Pero es muy probable que Bohm llegara a sus ideas de forma independiente. En ese caso, podemos afirmar que el *Zeitgeist* no deja de manifestarse en todos nosotros. Lo importante es advertir que la concepción de un universo holista y codependiente se puede sostener racionalmente a escala de la naturaleza (los hábitats ecológicos) y a escala del universo entero. Esto sirve para reforzar muchas de las

11. David Bohm, *Wholeness and the Implicate Order*, Routledge, Chapman & Hall, 1980. [Trad. esp. de Joseph M. Apfelbäume: *La totalidad y el orden implicado*, Kairós, Barcelona, 2014.]

conclusiones de la ecocosmología a las que hemos llegado hasta ahora.

Hasta aquí, nuestro examen se ha centrado en los elementos de la ecocosmología que se pueden articular en términos cognitivos y que proceden de las revelaciones y los descubrimientos de la ciencia reciente. Los tres pilares o principios restantes están relacionados con el orden ético del universo humano, y con la interacción entre este orden y el orden natural.

5. La teología de la esperanza

La esperanza forma parte de nuestra estructura ontológica. La esperanza es un modo de nuestro propio ser. Estar vivo es vivir en estado de esperanza. La esperanza es el andamiaje de nuestra existencia. La esperanza es una reafirmación de nuestra fe en el significado de la vida humana, en el sentido del universo. La esperanza es la precondición de todo sentido, de todo empeño, de toda acción; es una celebración de la conciencia. La esperanza es una cualidad esencial del ser humano. Volvamos a nuestro examen de la acción. La esperanza es una precondición de cualquier acción con sentido.

A primera vista, la esperanza no parece ser parte intrínseca de la ecocosmología. Pero si analizamos la cuestión a fondo, veremos que la esperanza es importante por dos razones.

En primer lugar, la esperanza es indispensable como fuerza de *trascendencia continua*, y como tal es responsable del despliegue de la evolución a nivel humano. Cuando nuestra esperanza se derrumba, nos derrumbamos. Cuando nuestra esperanza se afirma, estamos vivos y participamos. Por lo tanto, de manera sutil, la esperanza es la voluntad que alimenta la mente participativa.

En segundo lugar, y más importante, la esperanza es una necesidad que se deriva de la vulnerabilidad de la naturaleza humana, que necesita afirmación, compasión, solidaridad, valentía y responsabilidad. La lógica de la esperanza *es* la lógica de la afirmación, la compasión, la solidaridad, la valentía y la responsabilidad. Todos estos atributos son la materia de la que se compone la vida humana, es decir, la vida que se vive con sentido y armonía.

¿Puede haber una cosmología en la que la esperanza no desempeñe papel alguno? Sin duda. La cosmología de Sartre y la cosmología mecanicista son dos ejemplos. Sin embargo, en las cosmologías creadas por culturas humanas duraderas, la esperanza ha sido siempre un elemento esencial de nuestra afirmación del universo y de nosotros mismos. La ecocosmología *es* una afirmación del universo; la esperanza es *parte* de esa afirmación. Por lo tanto, la esperanza parece ser una dimensión indispensable de aquellas interpretaciones del cosmos en las que la vida humana tiene sentido en un universo con sentido.

6. Reverencia por la vida

El contenido del término «reverencia» posee un componente ético y un componente cognitivo; no es difícil separar ambos. La reverencia es una consecuencia de nuestra conciencia de la deslumbrante magia del desarrollo evolutivo.[12] Cuando realmente somos conscientes de hasta qué punto es

---

12. Para un examen más detallado del concepto de «reverencia», véase Henryk Skolimowski, *Eco-theology: Toward a Religion For Our Times*, Eco-philosophy Publications, 1985.

gloriosa la arquitectura del universo, de lo intrincado que resulta el tapiz de la evolución, de lo exquisitas que son las facultades de la mente humana y de cómo todas esas fuerzas del universo se conjugan en una maravillosa sinfonía, sólo podemos reaccionar con asombro y reverencia. Por lo tanto, la reverencia parece surgir de un acto de comprensión profunda, no de las partes aisladas, sino de la gloriosa totalidad que actúa al unísono.

No hay ninguna necesidad *lógica* de describir el mundo en términos reverenciales. Sin embargo, para la mente agradecida y sensible, la reverencia por la vida parece el reconocimiento natural del milagro y de la belleza de la propia vida. Cuando contemplamos el universo entero con reverencia, no podemos sino abrazar el fenómeno de la vida con reverencia. Por lo tanto, la actitud reverencial se puede extender fácilmente a otras especies y a otras personas; es, como argumentaré más adelante (véanse los capítulos 8 y 9), parte de nuestra visión general del cosmos y de todas sus criaturas.

Compasión y empatía son modos de conciencia que todos conocemos. En algunas religiones orientales, como el budismo y el hinduismo, la compasión y la empatía no sólo constituyen expresiones de piedad y conmiseración, sino también modos de conocimiento. Para entender a otra persona en profundidad (y tal vez lo mismo pueda decirse del universo entero) necesitamos algo más que el intelecto frío y abstracto. Necesitamos la compasión. *La compasión es comprensión reverencial.*

Todos deberíamos tener claro que la sanación del planeta y la reparación de los múltiples daños ecológicos y sociales exigen esta comprensión más profunda, basada en la compasión y en el reconocimiento genuino de la hermandad de todos los seres. Por lo tanto, la reverencia, como forma de comprensión, es un pilar firme de nuestra *Weltanschauung* ecologista.

7. Ecoética

La ecoética es una extensión y una articulación de la idea de reverencia por la vida. De una forma sutil, es también una articulación de la idea del universo implicado y de la idea de la evolución creativa.

Centrémonos ahora en el edificio entero de la ecocosmología. Aunque esté a tres pasos de distancia, la ecoética participa del sentido y del propósito general del principio antrópico. Para llevar adelante su proyecto de crear vida y articularla, el principio antrópico tuvo que crear no sólo unas constantes cosmológicas, sino también la evolución, entendida como un vehículo más específico para la articulación de la vida. Eso es evidente. Pero en un sentido más profundo y sutil también es evidente que la mente participativa tuvo que ser creada para que el universo participativo pudiera dotarse de un sentido gracias a la actividad de la inteligencia humana. Si el universo no utilizase esta actividad, podría quedar atrapado para siempre en la oscuridad y la incomprensión cognitivas. Sin la mente humana no habría luz en el universo. ¿Suena arrogante? Tal vez lo sea. Pero ¿qué sería el universo sin la mente humana?

Por otro lado, en el universo de la compleción y la codependencia, especialmente en el universo de la codependencia y la solidaridad humanas, hubo que crear vehículos específicos para continuar la herencia de la vida en los planos social, ético y espiritual. La reverencia por la vida y la ética ecológica son tales vehículos.

Si la vida no hubiera creado formas éticas de conducta que salvaguardasen su legado, los mecanismos del principio antrópico podrían correr peligro en el plano humano. Lo que propongo es que *la ecoética no es el producto de unos tiernos ecologistas llorones, sino una necesidad histórica que se sigue del plan del universo a medida que se despliega conforme al principio antrópico, bien mediante la evolución creativa, bien mediante la mente participativa, para florecer en la compasión y la reverencia.* Se trata de una interpretación nueva e inteligente del universo en la que la reverencia y los valores ecológicos se consideran colaboradores activos del principio antrópico en el plano del *Homo sapiens-moralis.* El principio antrópico que opera con inteligencia en la edad de la crisis ecológica se convierte en la ecoética.

¿Cuáles son los valores básicos de la ecoética? Ya hemos mencionado algunos, aunque sea implícitamente. Uno es la reverencia por la vida. Otro es la responsabilidad por nuestra vida y por el cosmos entero, en la medida en que somos capaces de asumir esa tarea.

El tercer valor es la austeridad, entendida como gracia sin derroche, o como precondición de la belleza interior; la austeridad no como abnegación o pobreza impuesta, sino como un hacer más con menos, como un vivir una vida rica en fines pero valiéndonos de unos medios modestos. Aunque sus consecuencias no parezcan inmediatas, la austeridad, en nuestros estilos de vida individuales y en nuestras transacciones con la naturaleza, es enormemente importante, dada la fragilidad de la tierra y los embates que ha padecido. Actuar con austeridad es demostrar una auténtica solidaridad con el planeta y sus criaturas.

Otro valor importante de la ecoética es la búsqueda de la sabiduría, entendida como algo diferente a la búsqueda de mera información. Y otro es la autorrealización, entendida como algo diferente al consumo material. El universo quiere que seamos sabios, aunque sólo sea porque entonces podremos actuar como colaboradores inteligentes y apreciar verdaderamente sus riquezas. El universo quiere que sigamos el camino de la autorrealización porque sólo entonces podremos llegar a ser personas completas y conectadas, y, por lo tanto, asumir la responsabilidad de todo lo que existe, convirtiéndonos en guardianes, custodios y buenos pastores, no en saqueadores. La ecoética se sigue claramente de una comprensión correcta del legado de la vida y de la evolución.[13]

Como podemos ver, el edificio de la ecocosmología no es azaroso ni caprichoso. Todas sus partes están conectadas entre sí de modo coherente. En la actualidad asistimos a una profunda revolución del conocimiento: los viejos patrones de interpretación y percepción están explotando como pompas de jabón; nuevos fragmentos de conocimiento claman por la integración. Esta integración es un imperativo de nuestra época. La creación de nuevas filosofías que tratan de integrar nuevas eclosiones de conocimiento, de filosofías holísticas y asimilativas que no sólo integran el conocimiento con el mundo humano, sino que además tratan de integrar y sanar al ser humano interior, es una tarea al mismo tiempo extraordinariamente estimulante y extraordinariamente importante.

Mi propia contribución a nuestro actual debate civilizatorio ha consistido en mostrar: a) que una nueva cosmología es indispensable; b) que puede justificarse racionalmente; c) que la ecocosmología es coherente y, además, integra satisfactoriamente los nuevos descubrimientos de la astrofísica con los imperativos éticos de nuestro tiempo.

13. Para un examen más detallado de la ecoética, véase Henryk Skolimowski, «Eco-ethics as the Foundation of Conservation», en *The Environmentalist*, 4, 1984, suplemento núm. 7, y «Ecological Values as the Foundation for Peace», en *Ecospirit*, II, núm. 3, 1986.

En resumen, la ecocosmología es una pequeña parte del audaz empeño que aspira a proporcionar un nuevo fundamento a una civilización que está atascada y que desesperadamente quiere recuperar su vigor. La ecocosmología ofrece la columna vertebral, el esqueleto de una nueva visión del mundo. Su justificación es una filosofía basada en ese esqueleto. La ecofilosofía, desarrollada a lo largo de los próximos capítulos, ofrece dicha justificación y supone una articulación ulterior de la ecocosmología.

Post scriptum sobre la ecopraxis

He observado que aunque muchas personas no se reconocen en el papel de arquitectos de la nueva cosmología, a la que llamo ecocosmología, de hecho participan activamente en su creación.

A todos nos preocupa la tarea de limpiar los vertederos químicos, y muchos estamos trabajando activamente para reducir sus peligrosas consecuencias. A todos nos concierne la tarea de reducir la contaminación atmosférica, y muchos estamos tratando de hacer algo al respecto. A todos nos alegró enterarnos de la prohibición del uso del DDT, puesto que no nos gustaba la idea de envenenarnos lentamente a fuerza de dispersarlo por la cadena trófica. A muchos nos alegra la prohibición de fumar en espacios públicos.

Todas estas acciones –la limpieza de la atmósfera de las ciudades, la supresión del DDT de la cadena trófica, la eliminación del humo del tabaco del entorno donde vivimos– son actos de ecopraxis. Queremos vivir en entornos limpios y respirar aire limpio. Queremos que nuestros cuerpos no estén contaminados, que no tengan toxinas que a la larga produzcan cáncer y otras enfermedades. Queremos que nuestro universo esté limpio y no contaminado. ¿Por qué? ¿Cuál es la razón de fondo que nos hace desear y exigir un universo limpio? ¿Qué más da que el universo sea un cubo de basura? ¿Qué más da que nuestros cuerpos sean cubos de basura? Intuitivamente abominamos de esas ideas. ¿Por qué? Porque *damos por supuesto* que el universo no es un cubo de basura, sino un lugar armonioso y coherente, del mismo modo que damos por supuesto que nuestros cuerpos son piezas maravillosas del engranaje cósmico: «¡Qué obra maestra es el hombre! ¡Qué noble es su razón! ¡Qué infinitas son sus facultades!» (*Hamlet*, William Shakespeare).

Todos estos *presupuestos* están relacionados con nuestra cosmología. Sólo si aceptamos esta matriz cosmológica más amplia, que nos pone ante los ojos una visión positiva del universo, podemos afirmar justificadamente que tenemos *derecho* a vivir en un entorno no contaminado. Sólo entonces tenemos derecho a rechazar la afirmación de que la vida es un cáncer terminal y decir en su lugar que la vida es una fuerza radiante de belleza duradera.

A través de estos actos de ecopraxis (realizados por muchos y admitidos como saludables por todos) *estamos contribuyendo al surgimiento de la ecocosmología*. Aunque las implicaciones prácticas de la ecocosmología son admitidas por todos, los fundamentos cosmológicos de los que derivan resultan aún esquivos para muchos. Sin embargo, tanto la praxis como la cosmología están conectadas; se retroalimentan y se determinan mutuamente, de forma indirecta y sutil.

Conclusión

Las cosmologías no son creaciones arbitrarias de unos grupos de personas que fantasean sobre el universo. La cosmología es la manera tradicional en la que gentes de todos los lugares y épocas han estructurado su experiencia de la realidad. Dicha experiencia nunca es pura, siempre está mediada por la mente. *La mente de una sociedad forma parte intrínseca de su cosmología.* Nuestras vidas, nuestras culturas, nuestras cosmologías están construidas sobre la guía y las posibilidades de la mente.

En la actualidad, cuando nuestra conciencia está constantemente afectada por los problemas ecológicos, por la fragilidad del planeta y de nuestra vida en el frágil diseño del universo, nuestra conciencia se «ecologiza» lentamente, convirtiéndose en una conciencia ecológica. Esta conciencia ecológica forma parte de nuestra nueva mente y nuestra nueva sensibilidad, que nos informan de que debemos tratar de construir un nuevo patrón de relaciones con la naturaleza y con el cosmos. La conciencia ecológica representa la interiorización de los principios de la ecocosmología. La conciencia ecológica la refleja en la esfera de nuestra psique.

La ecocosmología es una suma de los diversos intentos dirigidos a sanar la tierra creando una nueva matriz de relación con el cosmos. *La matriz cosmológica nunca es un mero diccionario para interpretar el cosmos tal como es, sino un conjunto de maneras de relacionarnos con él.* En la cosmología mecanicista, esta matriz se reduce a controlar y manipular, asumiendo que la naturaleza debe plegarse a nosotros. En las cosmologías tradicionales, esta matriz suele implicar un intercambio recíproco, basado en la participación más que en la coerción.

En distintas partes del mundo se está llevando a cabo una reconstrucción global dirigida a crear un nuevo paradigma. Esta reconstrucción global implica invariablemente, aunque a menudo de manera inconsciente, una matriz cosmológica más amplia, que intenta redefinir creativamente multitud de cosas: la percepción del universo; nuestra interpretación y descripción de él; los modos apropiados de actuar en su seno; y por último, aunque no menos importante, las formas apropiadas de relacionarnos con nuestros semejantes. Estos cuatro elementos dependen recíprocamente entre sí. Si percibimos el cosmos con actitud reverencial, elaboraremos descripciones reverenciales, realizaremos acciones reverenciales y trataremos reverencialmente a los demás; si percibimos el cosmos mecánicamente, nuestras descripciones serán mecanicistas y nos relacionaremos con el prójimo de manera mecanicista. Insisto: a menos que percibamos el cosmos de forma reverencial, no podremos aspirar a actuar en él con la reverencia que nos permita sanar la tierra, en lugar de dañarla.

La ecocosmología que hemos esbozado aquí desarrolla el principio antrópico en el siguiente sentido: el principio antrópico son los cimientos; la evolución creativa es el templo construido sobre ellos; nosotros somos el coro que entona los cantos gregorianos en el templo.

El universo dio vida a nuestra especie, a su especial forma de creación. El universo quiere que tengamos éxito. Podemos considerarnos especiales sin dar por supuesto que somos superiores. Somos los ojos del universo. Somos las neuronas del universo. Somos los cantores que cantan en esta magnífica capilla llamada cosmos.

En resumen, este capítulo ha mostrado que las nuevas cosmologías son posibles e inevitables; que las nuevas cosmologías pueden ser racionales y coherentes sin obedecer necesariamente a los criterios de la racionalidad científica. La cosmología científica es una entre muchas otras, no la primera ni la única. Al crear la ciencia tuvimos que crear una cosmología científica (mecanicista). Para trascender los límites de la ciencia tenemos que crear una cosmología poscientífica. La ecocosmología es un ejemplo de esa clase de cosmología.

Otra importante conclusión es la siguiente: podemos derivar una ética a partir de una interpretación inteligente del cosmos. La ecoética se sigue de la ecocosmología, y está contenida en ella. Así ha ocurrido con la mayoría de las cosmologías: han engendrado sus éticas respectivas, a excepción de la cosmología mecanicista, tal vez. Pero una excepción es una excepción, no una regla. Si a partir de mi argumentación alguien infiere que la cosmología mecanicista (y la filosofía empirista que se sigue de ella) constituye una lectura *no* inteligente del universo, habrá acertado absolutamente. Eso es exactamente lo que quiero decir.

La ecocosmología no será el logro último de nuestra imaginación filosófica, pero al abrazar el cosmos con una firme actitud participativa y reverente, damos fe de ser dignos hijos suyos.

2. La ecofilosofía frente a la filosofía contemporánea

La debacle de la filosofía contemporánea

La filosofía es, como la vida, un proceso de continuo reexamen. Ello se debe a que la filosofía es un destilado peculiar de una parte consciente de nuestra vida. Es una parte importante de la imagen que tenemos de nosotros mismos, que formamos al relacionarnos con el mundo exterior, con nuestra historia, con nuestros sueños. Sin filosofía no tenemos anclaje, ni dirección ni sentido de la vida. Cada época y cada sociedad se basan en una serie de creencias y presupuestos fundamentales, a los que obedecen como si fueran verdaderos. Justifican todo lo que se sigue de ellos, aunque sean aceptados en un acto de fe. Un cambio de filosofía es un cambio en los cánones aceptados de la fe, tenga ésta carácter religioso o secular. Y, a la inversa, cuando una sociedad o una civilización sufren una sacudida o se rompen en pedazos, necesitan ideas nuevas e incluso, con frecuencia, nuevos cimientos filosóficos.

Caeríamos en un lugar común si repitiéramos que nuestra

civilización ha perdido la fe, la confianza y la orientación, y que necesita una nueva base filosófica para salir de la ciénaga. Caeríamos en un lugar común si repitiéramos que las filosofías del pasado, incluida la filosofía analítica anglosajona del siglo XX, nacieron como resultado de una destilación específica de la mente occidental en el siglo XX, y que como tales no sólo eran justificables sino tal vez inevitables. Y sería caer en un lugar común observar que cuando la sociedad y la civilización entran en un punto de inflexión, la filosofía debe reexaminar su posición, sacudirse el polvo de sus dogmas y estar preparada para impregnarse con nuevas ideas y con una nueva vitalidad. Sin embargo, ese proceso de reflexión radical no se puede llevar a cabo sin cierta dosis de resistencia y sufrimiento; pues todos nosotros, incluso los filósofos, tenemos debilidad por nuestros dogmas y hábitos mentales.

Permítaseme recordar que vivimos en la era de la especialización. ¿Y qué esperamos de un especialista? Que conozca bien una sola cosa –aunque sea un ignorante en todo lo demás–, que se ejercite a fondo en esa sola cosa y que esté orgulloso de ser un técnico estrecho de miras. En un cielo cuyo dios supremo es un técnico, los dioses subalternos son todos unos técnicos.

En la medida en que los filósofos actuales están a la altura del desafío de la era técnica y muestran sus habilidades como técnicos virtuosos, son admirables: en la era de la técnica, el virtuosismo técnico se recibe con aplausos. En la medida en que han tenido que renunciar a una parte de la gran tradición filosófica y han reducido drásticamente el alcance y la naturaleza de sus problemas en interés del virtuosismo, la situación es deplorable.

Pero quizá no haya que culpar a los filósofos; como mínimo, no completamente. Se limitan a seguir el *Zeitgeist*. La civilización entera ha quedado patas arriba con su entusiasmo por la especialización. Somos una civilización esquizofrénica que se engaña pensando que es la civilización más grande que ha existido, mientras que sus gentes son la viva encarnación de la desgracia y la angustia. Nuestro conocimiento y nuestra filosofía no han hecho sino ampliar el abismo entre vida y pensamiento. Hoy es más actual que nunca el profético grito de T. S. Eliot: «¿Dónde está la Vida que hemos perdido al vivir? / ¿Dónde está la sabiduría que hemos perdido con el conocimiento? / ¿Dónde está el conocimiento que hemos perdido con la información?».[1]

Los filósofos se crecen ante los retos, pues toda nueva filosofía es por excelencia un reto contra los límites de nuestra comprensión del mundo. Actualmente estamos atravesando otro período de agitación y confusión, en el que tenemos que cuestionar los límites de la comprensión analítica y empirista del mundo, del mismo modo que debemos desarrollar un nuevo marco conceptual y filosófico en el que multitud de nuevos problemas sociales, éticos, ecológicos, epistemológicos y ontológicos tengan cabida. Casi todo el mundo siente que es necesario forjar un nuevo marco filosófico. Sería lamentable que los filósofos profesionales se contaran entre los últimos en admitirlo. Tengo la impresión de que muchos de ellos están orientándose hacia nuevas perspectivas. La filosofía es una disciplina maravillosa con un pasado maravilloso y un futuro maravilloso. Su lamentable estado actual es una aberración y un insulto a su legado.

Martin Heidegger señaló en cierta ocasión que no se puede simplemente escribir un libro sobre metafísica. La

1. T. S. Eliot, «Choruses From "The Rock"», *Collected Poems, 1909-1962*, Faber and Faber Limited, 1974. [Trad. esp. de José María Valverde: «Coros de "La Piedra"», *Poesías reunidas 1909-1962*, Alianza, Madrid, 2014.]

metafísica, y en cierto sentido toda la filosofía, es una respuesta al desafío de la vida, al desafío de los problemas actuales que pesan sobre nosotros con fuerza irresistible. La metafísica genuina conlleva una reflexión importante sobre los problemas de la humanidad y del mundo en un momento dado. En este sentido, la ecofilosofía tiene el objetivo de proporcionar una nueva metafísica para nuestra época. Y en este sentido los diversos tratados sobre metafísica que analizan únicamente la estructura lógica de las proposiciones, o que intentan constreñir diversos niveles del ser en cajas semánticas prediseñadas, se limitan a perseguir la sombra de un mundo agonizante.

El «atomismo lógico» de Wittgenstein era una metafísica genuina porque surgía de un problema real y persistente, a saber, la necesidad de restablecer unos fundamentos sólidos y coherentes para las matemáticas. Se creía en la necesidad absoluta de que al menos las matemáticas tuvieran unos cimientos sólidos. Se esperaba que las matemáticas, por mediación de la lógica, proporcionaran unos fundamentos seguros para todas las ramas del conocimiento. Además, en aquella época la nueva lógica matemática –ingeniosamente utilizada con posterioridad como el armazón conceptual del atomismo lógico– prometía poner fin al caos de la filosofía y establecer un sistema de filosofía científica muy superior a cualquier otro que hubiera existido. En consecuencia, dado el estado del conocimiento en aquellos tiempos, y dadas las aspiraciones de una época que todavía creía en la salvación a través de la ciencia, la lógica y el progreso tecnológico, y que verdaderamente quería la salvación en estos términos (nunca hay que despreciar ni las aspiraciones de la época ni los anhelos no escritos que impulsan a los pensadores y los filósofos a moverse por determinados caminos), el atomismo lógico fue un proyecto atrevido, ingenioso y justificable. Asimismo, dado el estado del conocimiento y de las mentes en la década de 1920, el libro de Carnap *La construcción lógica del mundo*, de 1928, era aún una legítima propuesta metafísica, aunque tendiera a reventar por las costuras, puesto que trataba de reunir demasiadas cosas y de hacerlo con demasiada precisión. Tal vez Willard van Orman Quine fuera el último metafísico de la época, una época que buscó la resolución de nuestros grandes problemas a través de estructuras lógicas. Pero el estado del conocimiento y las aspiraciones de la actualidad no se parecen ni remotamente a los de las décadas de 1920 y 1930. Por consiguiente, cualquiera que intente todavía convertir la filosofía en un sistema lógico perfecto está persiguiendo un fantasma del pasado.

La filosofía analítica nació de un agresivo impulso de eliminar la metafísica y la religión. En la medida en que el intento tuvo éxito, las consecuencias fueron desastrosas. La muerte de la metafísica, tan llamativa entre los pensadores analíticos, demostró ser una espada de doble filo: por un lado implicaba la eliminación de muchas formas de mala filosofía, pero por otro significaba la creciente esterilización de la imaginación filosófica. La metafísica es la fuente del pensamiento especulativo. Sin pensamiento especulativo no hay filosofía nueva.

En realidad, la filosofía analítica llegó a petrificarse hasta tal punto en una serie de dogmas rancios que no admitió la renovación procedente de las fuentes de inspiración del pensamiento metafísico. Al matar las malas hierbas de nuestro jardín filosófico, también hemos matado las bacterias indispensables para el crecimiento. El campo entero ha quedado esterilizado, y la esterilización ha provocado esterilidad; los campos de pensamiento esterilizados engendran mentes yermas. El sello de toda filosofía es el *pensamiento*, la revelación de nuevos panoramas. La capacidad de pensar, distinta del mero desmontaje analítico del lenguaje, ha quedado hasta tal extremo socavada por la estéril formación de las universidades actuales que la filosofía analítica debe enfrentarse a la acusación de destruir el pensamiento. Sin embargo, los filósofos analíticos están tan atrincherados en su papel de autonombrados guardianes de la racionalidad que con toda probabilidad afirmarían que son incapaces de entender cómo es que la filosofía analítica, racional hasta la médula, puede destruir el pensamiento. En esta coyuntura vemos desplegarse las defensas de las que hablaba Freud: los filósofos analíticos no quieren ni oír hablar de lo que no están dispuestos a admitir. Su racionalidad cierra su mente hasta un punto en el que dejan de escuchar. Llegado ese punto no hay diálogo, sino únicamente una reiteración dogmática de verdades analíticas y de los dogmas estériles de antaño. La mente estéril no deja de repetir tópicos estériles. La intolerancia ante otras concepciones se puede apreciar incluso entre los filósofos analíticos más distinguidos. Willard van Orman Quine, indudablemente el más distinguido de todos, todavía –después de tantas demostraciones sobre la insostenibilidad del empirismo lógico– perpetúa el mito del positivismo hasta el extremo de desanimar a los estudiantes a practicar el pensamiento especulativo: «El estudiante propenso al pensamiento especulativo no es un buen estudiante».

En última instancia, el debate no versa sobre el empirismo o el convencionalismo, ni tampoco sobre la filosofía; en realidad, versa sobre la forma que toma la vida. Las consecuencias de la filosofía de Quine y de casi toda la filosofía analítica restan importancia al fenómeno humano, y degradan y desprecian la vida tal como puede ser vivida. Por esas razones, cuando la filosofía analítica pretende ser el árbitro de nuestros destinos, hay que oponerse a ella. A menudo, las filosofías mecanicistas, mientras anuncian los albores de la racionalidad y la liberación del hombre de las limitaciones del dogma, acaban convertidas en opresoras todavía más intransigentes, que procuran atarnos a sus propios dogmas intentando embutir nuestro pensamiento en cajas lógicas y antisépticas. Estas filosofías también socavan el impulso creativo de la mente y la propia racionalidad de la que se dicen adalides. La paradoja es que cuanto más diestro sea uno en las técnicas analíticas, menos se ocupará de las grandes cuestiones filosóficas. No estamos ante una proposición necesaria, sino ante una proposición contingente; su verdad no puede ser revelada mediante herramientas analíticas, sino sólo mediante una reflexión más profunda sobre la naturaleza de las cosas. La historia de las herramientas que se alejan del propósito para el que fueron concebidas es muy antigua. El cuento del aprendiz de brujo ofrece un buen ejemplo al respecto.

Cuidado con las herramientas poderosas. Con el paso del tiempo adquieren vida propia y suelen dominar a sus inventores. En su origen, la filosofía era una reflexión sobre los fines; reducida a los medios y las técnicas, se atrofia. Al igual que los técnicos, los filósofos no despiertan un respeto especial en la sociedad, ni sirven a un propósito valioso. No queremos ser un chiste, puesto que la filosofía no es un chiste sino uno de los proyectos más ambiciosos y gloriosos que la humanidad ha concebido para entender el universo con mayor claridad y vivir en él con mayor sentido.

Rindamos homenaje a lo que lo merece. La filosofía analítica ha hecho mucho para liberarnos del hechizo del lenguaje. Y Wittgenstein merece el honor de ser considerado la persona que más contribuyó a ello. Pero reconozcamos que la filosofía de Wittgenstein tiene sus propios límites, que ha pasado más de medio siglo desde la concepción y la publicación de sus *Investigaciones filosóficas*, y que desde entonces hemos comprendido que el libro no ofrece un cuadro final de los problemas filosóficos. De hecho, nuestra perspectiva ha cambiado. Hemos llegado a entender que los problemas filosóficos *emergentes* no son *nunca* de naturaleza lingüística o analítica. Son parte de formas de vida emergentes, y como tales exigen ajustes en nuestra ontología y en nuestra epistemología, además de un nuevo aparato conceptual y lingüístico. En el momento actual volvemos a estar impregnados de los problemas del «mundo real». Estamos en proceso de revisión de toda la tradición wittgensteiniana y analítica.

En el presente, gracias a nuestra fortaleza conceptual y a nuestra destreza lingüística (las mejores herramientas de las que nos dota la filosofía analítica), podemos seguir jugando a juegos lingüísticos y rechazar a cualquiera que pretenda romper nuestra crisálida lingüística. Pero eso no serviría de nada, porque lo cierto es que la mayoría de los filósofos sabe que en el fondo está surgiendo una nueva era filosófica, que el mundo espera que los filósofos dirijan la mirada a los nuevos problemas filosóficos de nuestra época, que la jerga lingüístico-analítica ofrece resultados elegantes pero tiene un alcance limitado y que hemos estado hechizados por Wittgenstein, situación esta especialmente irónica, porque el propio Wittgenstein nos advirtió que no cayéramos bajo el hechizo del lenguaje ni de las palabras de ningún filósofo.

Al final de su vida, el biólogo C. H. Waddington, revisando los problemas inherentes al estado de los conocimientos biológicos (que a su juicio reflejaban el estado del conocimiento en su conjunto), culpó a la filosofía y a los filósofos de llevarnos por el camino equivocado. Afirmó (como han hecho otros) que la filosofía se adentró en un sendero erróneo a comienzos del siglo XX. En lugar de seguir a Whitehead, con su filosofía holística y organicista, siguió a Russell, con su filosofía atomista y matemática. Waddington aconsejó un retorno a Whitehead, lo que sin duda es recomendable. No obstante, dado el impulso general de la época, su fe en el progreso, la exactitud, la ciencia, y, por encima de todo, dado el poder conceptual de las herramientas de la lógica matemática (con su definición, su precisión, su elegancia y su seguridad), la búsqueda de soluciones por medio de la lógica era demasiado irresistible para que hubiéramos seguido a Whitehead en su momento.

Ahora todo es distinto. El atomismo lógico, el positivismo lógico, el sueño del sistema científico de la filosofía y la salvación por medio de la higiene lingüística han pasado a la historia. En el mundo actual, un mundo en el que los conceptos de naturaleza y ecología están asumiendo una gran importancia filosófica y metafísica, el conocimiento científico se tambalea. Estamos en un mundo en el que reina un número de desgracias sociales e individuales sin precedentes, muchas de las cuales, paradójicamente, proceden de una tecnología a primera vista benévola que, sin embargo, nos sirve de muleta, sin la que somos incapaces de pensar y actuar.

Al esbozar el alcance de lo que yo llamo ecofilosofía, propondré un nuevo sistema de pensamiento que en realidad supone un retorno a la gran tradición de la filosofía, la tradición que asume grandes tareas e intenta ser culturalmente significativa. Como quiero ir más allá de los cánones y preceptos de la filosofía contemporánea, no puedo plegarme a sus criterios de validez. La ecofilosofía que presento en este libro constituye un desafío. Plantea el suficiente número de *problemas* importantes para que los filósofos (y no sólo ellos) reflexionen, mediten, revisen y propongan nuevos descubrimientos y verdades. Las nuevas verdades nacen de los combates creativos y las discusiones acaloradas; recitar las viejas verdades, sean las de la filosofía hegeliana o las de la filosofía analítica, sólo contribuirá a embotar la mente en mayor medida. La mente esclarecida acepta la concisión del desafío con la ecuanimidad de espíritu y la generosidad de corazón que son características de los auténticos buscadores de nuevos horizontes filosóficos. Aspiro a que los principios de la ecofilosofía sean recibidos con ese espíritu.

Permítaseme añadir una observación terminológica. Cuando hablo de «filosofía contemporánea» me refiero prioritariamente a la actual filosofía occidental de la escuela empirista, analítica y científica, pues ésta no sólo es la filosofía que domina en las universidades anglosajonas, sino que, indirectamente, se ha convertido en la filosofía aceptada en todo el mundo. Cuando los países árabes hablan de progreso (o un jeque árabe se compra un Mercedes), cuando se habla de desarrollo o de erradicar mediante la educación el analfabetismo en los países del Tercer Mundo, todo ello tiene como marco implícito el contexto de la filosofía occidental de corte empirista, positivista y analítico. Las grandes transacciones económicas que se realizan en todo el planeta constituyen una confirmación de la filosofía occidental.

Soy consciente de que existe una diferencia entre el atomismo lógico y la fenomenología de Husserl, entre la filosofía del último Wittgenstein y el existencialismo de Sartre, pese a que todos ellos son productos occidentales. Pero también soy consciente de que la fenomenología y el existencialismo tienen poca influencia y hacen poco daño al mundo o a los individuos que se adhieren a sus principios, mientras que la filosofía positivista de orientación empírica, particularmente tal como se la desarrolla en los países anglosajones, proporciona una justificación filosófica al paradigma implacable, explotador y mecanicista que tantos estragos ha causado en la ecología mundial, en las naciones del Tercer Mundo y en los individuos que han intentado moldear su vida a imagen y semejanza de las máquinas. La ecofilosofía se levanta contra esta versión de la filosofía contemporánea e intenta proponer una alternativa.

También soy consciente de que tal vez ninguno de los filósofos analíticos actuales se reconocerá en mi análisis de la situación. No estoy analizando a ningún filósofo en particular, ni a ningún conjunto de filósofos, sino la esencia, y sobre todo las consecuencias, del pensamiento filosófico de toda una época. Por encima de todo, investigo los cambios que hay que introducir en ese pensamiento para lograr que la filosofía sea una herramienta verdaderamente útil en nuestra búsqueda de una vida con sentido.

Precisamente es esa clase de pensamiento simplista, lineal, atomista, determinista —en resumen, científico—, que lo corta todo en fragmentos minúsculos y después constriñe la diversidad de la vida en casillas abstractas de conocimiento fáctico, el que considero enfermizo, puesto que a todas luces tiene consecuencias enfermizas. Por lo tanto, cuando digo que al diseñar nuevas tácticas para la vida deberíamos reevaluar nuestras relaciones con el mundo en su conjunto, me refiero a que debemos abandonar la concepción mecanicista del mundo y reemplazarla por una mucho más rica y amplia. La ecofilosofía trata de ofrecer los rudimentos de esta concepción alternativa.

¿Qué es la ecofilosofía? ¿En qué se diferencia de lo que hemos convenido en llamar filosofía contemporánea? Distingo doce características, que compararé con las características correspondientes de la filosofía contemporánea. Para realzar el contraste utilizaré dos diagramas, un mandala de la ecofilosofía y un mandala de la filosofía actual, que explicaré con detalle a medida que vayamos avanzando.

Las características de la ecofilosofía

1. Orientada hacia la vida

La ecofilosofía se orienta hacia la vida, a diferencia de la filosofía contemporánea, que se orienta hacia el lenguaje. La vida no es un «cáncer terminal», como algunos médicos sostienen, sino un fenómeno positivo con una fuerza y una belleza propias. Los que no pueden reconocer el vector positivo de la vida se han apartado ya de ella y se han dejado arrastrar al abismo.

No tenemos que justificar nuestra parcialidad hacia la vida, pues, ¿qué es más importante que tomarse la vida en serio? De hecho, la carga de la prueba recae en los filósofos analíticos. Son ellos los que tienen que demostrar que su

Mandala de la ecofilosofía

63

filosofía tiene alguna utilidad para la vida. No pretendemos adoptar una actitud grosera y pedir una vulgar justificación pragmática de la filosofía, o exigirles: «Muéstreme lo que sus enseñanzas aportan a mi vida, o le despido». Pero a la larga hay que aportar alguna justificación. Una justificación evidente es sugerir que la filosofía arraigada en el lenguaje amplía el alcance de nuestro conocimiento sobre el lenguaje y sobre el mundo, y por lo tanto aporta luces y proporciona mejores herramientas para la vida. Sin embargo, este «por lo tanto» implica un gran salto; es realmente un artículo de fe, no una conclusión lógica. La justificación se viene abajo si observamos que, al guiarnos por este conocimiento supuestamente superior proporcionado por la

Mandala de la filosofía contemporánea

ciencia y por la filosofía de orientación científica, desarrollamos patologías ecológicas, sociales e individuales de gravedad. Lo importante es que con su distanciamiento, o, mejor dicho, con su estrechez de miras, los filósofos académicos a menudo ni siquiera se molestan en ofrecer justificación alguna para su filosofía. La filosofía forma parte de los planes de estudios universitarios. Y eso les basta. Sin embargo, la vida tiene sus propias formas de vengarse. La filosofía es en esencia pública y social. Tarde o temprano la vida, por medio de la sociedad o de algunos individuos impertinentes, formulará la siguiente pregunta: «¿A qué se dedican ustedes y para qué sirve su trabajo?». Es una pregunta que se plantea a los filósofos unas veces de forma delicada e indirecta, y otras sin rodeos, como ocurrió cuando la Universidad Rockefeller despidió en 1976 a cuatro distinguidos filósofos. Por lo tanto, no tenemos que pedir perdón por argumentar que queremos una filosofía que valorice la vida, dado que toda filosofía tiene una sola justificación, que es aumentar el valor de la vida. El hecho de que haya una montaña de reflexiones analíticas centradas únicamente en sí mismas, y de que bajo esa montaña vivan completamente sepultados tantos filósofos, tan sólo significa que esa montaña existe. Sin negar que en esas empresas analíticas se han puesto grandes dosis de brillantez, ingenio y energía, no podemos pasar por alto que muchos de esos esfuerzos han sido en vano, atrapada como está la filosofía en un callejón sin salida.

2. Comprometida

La ecofilosofía entraña un compromiso con los valores humanos, con la naturaleza, con la propia vida, mientras que la filosofía académica tiene un compromiso con la objetividad, con el distanciamiento, con los hechos. Todas las formas de vida están comprometidas. La vida, en cuanto fenómeno ontológico, no reconoce la objetividad ni el distanciamiento. La objetividad es un producto de la mente; no existe en la naturaleza. Podría argumentarse que la objetividad es una modalidad de evaluación. Por lo tanto, no está arraigada en la sólida realidad física, sino que es meramente una *disposición* de la mente humana. Lo repetiré una vez más: la objetividad no es un «hecho objetivo» que exista fuera de nosotros. ¿Existe alguien que la haya visto, con un microscopio o con cualquier otro instrumento? Si la objetividad tiene su justificación más firme en la física, debemos ser conscientes de que esta justificación no es firme en absoluto, no sólo por el principio de incertidumbre de Heisenberg, sino también porque, en última instancia, no tenemos forma de distinguir lo que *realmente* existe de lo que nuestras herramientas y teorías científicas crean. Dicho de otro modo, en algún punto del análisis, cuando nos acercamos al problema de la existencia de las partículas subatómicas, el fondo (objetivo) de la física atómica se viene abajo, y parece que estemos más cerca del zen. Conformamos la existencia a través de nuestra percepción; el observador es inseparable de lo que observa.[2]

El concepto de objetividad está vinculado inseparablemente con la explosión de las llamadas metodologías, que son, en diversas disciplinas, tan sólo formas diferentes de transmitir el mito de la objetividad. La proliferación de metodologías es una amenaza. Aunque se las concibió como un instrumento, una ayuda, a la larga se han convertido en muletas mentales, en un sustituto del pensamiento.

Las preguntas fundamentales, «¿cómo vivir?», «¿cuál es el sentido de todo esto?», son esencialmente diferentes de

2. Véase Fritjof Capra, *The Tao of Physics*, Bantam, 1984. [Trad. esp. de Alma Alicia Martell: *El tao de la física*, Sirio, Málaga, 2012.]

la pregunta «¿cómo manipular las cosas?». «¿Cómo vivir?» pertenece a la esfera de la escatología, que se ocupa de las cuestiones últimas. En cambio, las metodologías pertenecen a la esfera de los medios que están al servicio de los objetivos últimos; se ocupan de la forma en que manejamos el conocimiento.

Cuando la escatología se transforma –y se empobrece– en metodología, la pregunta «¿cómo vivir?» se convierte en la pregunta «¿cómo hacer esta o aquella tarea?». Aquí tenemos una de las tragedias de nuestra época, a saber, el hecho de que nos hemos olvidado de que no existe una metodología que pueda responder a la pregunta «¿cómo vivir?». La ecofilosofía sostiene que transformar la escatología en metodología es una perversión.

Limitar el sentido de la vida humana al consumo, a sus aspectos físicos, biológicos y económicos, es una perversión. La realización y el sentido únicamente se alcanzan en esos raros momentos en los que nuestro ser alcanza el ámbito transfísico de la contemplación estética: en el amor, en la iluminación profunda que experimentamos al captar el significado de las cosas, en las experiencias religiosas y semirreligiosas. Estos aspectos de nuestro ser son trascendentales, es decir, transfísicos y transobjetivos. Nos unimos compasivamente con el inmenso flujo de la vida. Ninguna filosofía que renuncie a comprender la naturaleza y la vida en términos compasivos puede triunfar a la larga. La vida es compromiso. Eludir el compromiso es eludir la vida. La filosofía que rehúye la vida y el compromiso participa en el proceso entrópico que nos conduce a la muerte. La pulsión de muerte de nuestra civilización ha invadido sus edificios filosóficos. La ecofilosofía intenta ir contra corriente y ponerse al servicio de la vida en un sentido fundamental.

3. Espiritualmente viva

La ecofilosofía está espiritualmente viva, mientras que la mayor parte de la filosofía contemporánea está espiritualmente muerta. No tengo que justificar mi búsqueda de espiritualidad desde un punto de vista físico. Si alguien me pide que lo haga, es que no sabe lo que es la espiritualidad. Es difícil hablar de espiritualidad a quien finge que no sabe nada de ella. Esa postura puede ser una expresión de nuestra propia esterilidad espiritual. Sin embargo, a menudo es ante todo una postura defensiva: «No me gusta que me manipulen fanáticos religiosos. Por lo tanto, no me hables de espiritualidad». Pero ¿quién no ha tenido alguna experiencia espiritual a lo largo de su vida?

La espiritualidad es un asunto sutil, difícil de definir y a menudo difícil de defender. Mucha gente la rechaza por su asociación tradicional con la religión institucionalizada. Por lo tanto, permítanme que me apresure a asegurarles que utilizo el término en un nuevo sentido que nada tiene que ver con el espiritualismo, las prácticas ocultistas o las connotaciones religiosas establecidas. La espiritualidad, tal como yo la entiendo, es un estado de la mente, un estado del ser. En ese estado del ser experimentamos el mundo como si estuviera habitado por la gracia, puesto que nosotros mismos estamos habitados por la gracia. Experimentamos el mundo como un lugar misterioso y elevador. Experimentamos el mundo en sus aspectos transfísicos o trascendentales. El momento en que el ser humano se sintió por primera vez asombrado ante la belleza o maravillado ante la naturaleza fue la primera experiencia espiritual. Las religiones tradicionales son indudablemente una encarnación de esta experiencia, pero en absoluto la agotan. El gran arte, en su creación y en su recepción, es una expresión viva de la espiritualidad humana. La reverencia y la compasión, el amor y la adoración ejemplifican diferentes formas de espiritualidad. El disfrute de la gran poesía es una experiencia espiritual por excelencia.

Para ir más allá de nuestro universo meramente biológico como especie, hemos tenido que redefinir la estructura de nuestra experiencia, nuestra capacidad de responder incluso a fenómenos cada vez más sutiles, de experimentar el mundo por medio de la inteligencia activa y de una sensibilidad cada vez más versátil. Una vez que la evolución ha alcanzado el nivel cultural, todo acto de percepción y comprensión constituye una transformación sutil del mundo. La espiritualidad vuelve transfísico lo físico. El mundo experimentado espiritualmente es un mundo en que se magnifica el proceso de transformación activa por medio de la inteligencia y de la sensibilidad.

En resumen, la espiritualidad es una estructura general que engendra nuestra experiencia transfísica, es casi un instrumento que nos permite refinarnos cada vez en mayor medida. En consecuencia, por una parte la espiritualidad es un estado del ser, una experiencia peculiar de los agentes humanos que los hace asombrarse ante la maravilla del ser humano o los lleva a postrarse con compasión o angustia ante otros seres humanos. Por otra parte, desde el punto de vista de la escala evolutiva, la espiritualidad es un instrumento de la perfectibilidad de lo humano. En cierto sentido, la espiritualidad es sinónimo de humanidad.

Hay que señalar que el concepto de espiritualidad que he esbozado (aunque sea independiente de las religiones tradicionales y se lo trate como un fenómeno natural, como un atributo de la existencia humana) no excluye el reconocimiento de la divinidad. Para convertirnos en seres transbiológicos, necesitamos imágenes y símbolos en los que depositar nuestros sueños y aspiraciones. Estas imágenes y símbolos fueron deificados e institucionalizados por diversas religiones, y su presencia nos ha ayudado a lo largo de nuestro viaje espiritual. Si observamos nuestro legado cultural y espiritual en su conjunto, podemos afirmar sin ningún género de duda que la existencia de lo sagrado y lo divino no ha sido espuria ni anecdótica, sino que ha formado parte esencial del proceso de convertir al ser humano en un ser trascendental.

La ecofilosofía está espiritualmente viva porque se dirige a las prolongaciones últimas del fenómeno humano, unas prolongaciones que traslucen la vida del espíritu, sin la cual somos poco menos que chimpancés que saltan de árbol en árbol. Gran parte de la filosofía actual está muerta espiritualmente, pues se centra tan sólo en problemas y ámbitos que excluyen sistemáticamente la vida del espíritu. El lenguaje de esa filosofía, sus conceptos y sus criterios de validez son tales que, en caso de necesidad, deben desechar todo lo relacionado con la espiritualidad como inválido o incoherente.

Inquirir la condición del hombre es llegar inexorablemente a la conclusión de que nuestra tarea esencial es la búsqueda de sentido. Esta búsqueda, sea mediante culturas y religiones tradicionales, sea mediante la ciencia moderna, es una búsqueda espiritual; tiene que ver con la comprensión del sentido de la vida. En lo profundo de nuestra naturaleza está intentar alcanzar las estrellas, aunque sólo sea para entender que tenemos los pies en la tierra. Pretender que esas cuestiones últimas pertenecen al ámbito de la privacidad individual es entregar el ámbito público a la avaricia, la rapacidad y la explotación. Las grandes culturas y las grandes civilizaciones eran más sabias. Algunos filósofos dirán que ocuparse de esos asuntos espirituales, por importante que sea, no atañe a la filosofía *profesional*. Yo digo que están equivocados. La filosofía no tiene que ocuparse de cuestiones ínfimas e insignificantes; tiene un historial impresionante en el tratamiento de asuntos grandes e importantes. La ecofilosofía tiene el coraje de volver a ellos.

4. *Exhaustividad*

La ecofilosofía es exhaustiva y global, mientras que la filosofía contemporánea es fragmentaria y analítica. La ecofilosofía es exhaustiva no porque tenga una confianza acrítica en su capacidad de captarlo y explicarlo todo. Lejos de eso, es exhaustiva por necesidad, como resultado de la comprensión de que es necesario observar el mundo de una manera exhaustiva, conectada y global. Buckminster Fuller dijo que si la naturaleza quisiera que nos especializáramos, nos equiparía con un microscopio en un ojo y un telescopio en el otro.

En el camino atomista y analítico dominan, casi por necesidad, lo trivial, lo superficial, lo evidente y lo físico. El fondo último de la vida exige un enfoque que parta de la existencia de diversos niveles de profundidad, que asuma que hay ciertas cosas que desafían un análisis sencillo (el análisis, en cierto sentido, siempre es sencillo, puesto que da por supuesto que las cosas deben encajar con las herramientas con las que nos acercamos a ellas) y que además reconozca que ésas son las cosas que en realidad importan. No hay escatología que sea analítica.

La ecofilosofía, entendida como un proyecto global y exhaustivo, es una filosofía en construcción, integradora, jerárquica y normativa, autorrealizadora en relación con el individuo y simbiótica en relación con el cosmos.

Uno de los asuntos más delicados del conocimiento y la filosofía es el de la verdad. La ecofilosofía cree que la verdad es un asunto mucho más complejo que limitarse a encontrar una descripción adecuada para nuestros hechos en el marco de referencia de la ciencia física. Admitimos que la verdad consiste en una correspondencia entre la realidad y su descripción. Sin embargo, la idea de realidad no puede agotarse simplemente en los marcos científicos de referencia.

Como todos sabemos, en la ecología asumimos un marco de referencia mucho más amplio que en la física o la química. Por consiguiente, cuando nos movemos en el marco de la ecología no basta con recurrir a simples descripciones físicas o químicas de los fenómenos. Pero la ecología no es el marco último de referencia. La evolución proporciona un marco mucho más amplio, particularmente cuando incluye la evolución cultural del ser humano. Por lo tanto, debemos relacionar nuestro concepto de verdad con el marco de la evolución en su conjunto, no con una descripción estática de las cosas dentro de la «teoría evolutiva», como la que ofrece la biología molecular, sino dentro de la evolución, la cual está en proceso de despliegue, de desarrollo, de producción de nuevas formas. En última instancia, tiene sentido relacionar el concepto de verdad con la *escala cósmica* en la que acontece la evolución. Sin embargo, aquí nos topamos con un problema: para captar el lugar que ocupan determinados fenómenos en la evolución a escala cósmica hay que ser omnisciente. Por lo tanto, debemos ser extremadamente precavidos cuando nos ocupamos de la verdad, pues mucho de lo que está en juego depende de que describamos adecuadamente nuestro concepto de realidad. Tal vez sería más certero afirmar que todas nuestras pretensiones de captar la verdad son meras aproximaciones, porque sólo hay una verdad sobre todo lo existente. Esta conclusión no resulta cómoda para las mentes habituadas a las categorizaciones rígidas y a atribuir la verdad a enunciados aislados. Sabemos hasta qué punto es limitado el marco físico de la realidad y hasta qué punto son limitadas sus «verdades». La escala cósmica es más difícil de captar y más difícil de aceptar. Sin embargo, nuestra tarea no es simplificar las cosas, sino entender su realidad última.

5. Búsqueda de la sabiduría

La ecofilosofía se ocupa de la sabiduría, mientras que la mayoría de las filosofías existentes se dirigen a la adquisición de información. No es sencillo hablar de la sabiduría sin resultar pretencioso. ¿Qué es la sabiduría? Incluso a los hombres sabios les cuesta responder a esta pregunta. La sabiduría consiste en ejercer el juicio basándose en criterios cualitativos, generalmente en situaciones complejas. No se puede cuantificar el juicio, como tampoco se puede cuantificar la compasión, que a menudo es parte del juicio. Por lo tanto, también la sabiduría es esencialmente incuantificable; pone en un brete a la sociedad cuantitativa, puesto que desafía su propio espíritu; pero al mismo tiempo, paradójicamente, es una cualidad muy buscada, al admitirse que con los hechos y los cálculos sólo podemos llegar hasta determinado punto.

La influencia de nuestra sociedad y de nuestra educación –dos ámbitos obsesionados por la cantidad y que se reflejan mutuamente– es tan dominante que se nos desanima a ejercer el juicio y se nos impulsa a tomar decisiones «sobre la base de los hechos». «Los hechos no son críticos; los hechos no juzgan», se nos dice. Pero esta frase oculta una enorme falacia, porque, de una manera sutil, los hechos juzgan; los hechos son críticos. *Obedecer a los hechos es obedecer la teoría y la visión del mundo a las que sirven, que ejemplifican y articulan.* Por lo tanto, los hechos son juicios imperiosos realizados en nombre del emperador llamado Paradigma Físico de la Realidad. No podemos escapar al juicio, ni siquiera cuando aceptamos el juicio de los hechos.

La sabiduría es la posesión del conocimiento *correcto*. El conocimiento correcto se debe basar en la comprensión apropiada de las jerarquías estructurales en las que los ciclos de la vida y los ciclos de la humanidad anidan y se nutren. E. F. Schumacher escribió lo siguiente: «La sabiduría exige una nueva orientación de la ciencia y la tecnología hacia lo orgánico, lo noble, lo pacífico, lo elegante y lo hermoso».[3] En última instancia, hay que relacionar la sabiduría con nuestra comprensión de la asombrosa y frágil estructura de la vida. Por eso la sabiduría debe ser compasiva, porque la compasión, correctamente entendida, es uno de los atributos de nuestro conocimiento del mundo. Así como una escuela donde no se desarrollen la compasión y el juicio es una escuela fallida, así también una sociedad donde se desdeñen la compasión y el juicio es una sociedad fallida, porque la compasión y el juicio son esenciales para adquirir los rudimentos de la sabiduría, sin los que la vida es como una nave sin quilla. (En el capítulo 5 volveremos a tratar de la sabiduría.)

6. Conciencia ecológica

Mientras que la filosofía académica contemporánea es en gran medida ajena a las preocupaciones medioambientales y ecológicas, la ecofilosofía es una filosofía con conciencia ecológica. Por supuesto, lo es por definición, aunque el

---

3. E. F. Schumacher, *Small is Beautiful*, Harper & Row, 1975. [Trad. esp. de Óscar Margenet: *Lo pequeño es hermoso*, Hermann Blume, Tres Cantos, 1990.]

alcance de la ecofilosofía supera ampliamente el mero cuidado de los recursos naturales. Tener conciencia ecológica no sólo entraña consumir una cantidad juiciosa de los recursos existentes y defender medidas rigurosas para hacerlos durar más tiempo; también supone mostrar una actitud reverente ante la naturaleza y comprender que el hombre es una extensión de la naturaleza y que la naturaleza es una extensión del hombre. Hay que considerar los valores humanos como parte de un espectro más amplio en el que la naturaleza participa y que la naturaleza codefine.

Se podría argumentar que es injusto, e incluso inverosímil, acusar a la filosofía contemporánea de falta de interés por la ecología, cuando sencillamente se limita a guardar silencio sobre ella. Pero eso es precisamente lo que cuenta: con su silencio participa en la conspiración de la indiferencia. La complicidad del silencio resulta en especial censurable en aquellos que deberían ser conscientes de lo que ocurre. Por otro lado, la filosofía contemporánea apoya indirectamente la idea de que los especialistas están a cargo de todo y que, por lo tanto, las cuestiones relativas al medio ambiente y la ecología deben quedar en manos de expertos, economistas, políticos, ingenieros y gestores. Cualquier filosofía digna de ese nombre debe entender que nuestras ideas sobre la ecología y el medio ambiente siempre están preñadas de consecuencias escatológicas, filosóficas y éticas.

7. Economía de la calidad de vida

La ecofilosofía está en sintonía con la economía de la calidad de vida. Las filosofías académicas occidentales parecen no tener relación alguna con *ninguna clase* de economía, pero en realidad se alinean con la economía del crecimiento material, puesto que funcionan dentro de un marco que no sólo apoya tácitamente el crecimiento material, sino que de hecho lo engendra.

Los filósofos académicos occidentales son empiristas, o como mínimo están profundamente influidos por el empirismo. En líneas generales, se adhieren a la visión del mundo secular, reconocen en el progreso material una medida válida de progreso (y quizá la única definición posible de éste) y, por lo tanto, apoyan claramente, aunque no sea de forma directa, los métodos de la economía del crecimiento. La verdad, sencillamente, es que el empirismo proporciona una justificación filosófica a la economía del progreso material.

El empirismo, el progreso material y la economía del crecimiento son partes intrínsecas del secularismo como visión del mundo. El empirismo explica que el mundo se compone de materia empírica; el progreso material postula que la realización humana tiene que ver con la gratificación material, y la economía del crecimiento es el vehículo que asegura los bienes deseados por el progreso material. No hay justificación alguna para la economía del crecimiento; su razón de ser es que satisface las exigencias del progreso material. Por lo tanto, el empirismo es la raíz; el progreso material, el tronco y las ramas, y la economía del crecimiento, el fruto del árbol del secularismo.

La ecofilosofía cree que una economía que socava la calidad de vida está en conflicto con la propia vida. Hazel Henderson, E. J. Mishan, E. F. Schumacher y otros autores han demostrado la fatuidad y el sinsentido de una economía preocupada únicamente por el crecimiento material.

Las fuerzas que determinan el futuro de la sociedad y de los individuos que la componen no pueden ser indiferentes al filósofo. Por ese motivo, no cabe duda de que la filosofía debe ocuparse de entender la economía, desde el punto de vista de sus relaciones con la naturaleza y de su influencia en la sociedad actual.[4]

8. Conciencia política

La ecofilosofía es una filosofía con conciencia política; tiene también un compromiso político que dista de ser superficial. La ecofilosofía es política en el sentido aristotélico: somos animales políticos no porque tengamos ansias de poder, sino porque nuestros actos están preñados de consecuencias políticas. En resumen, *nuestra postura política se manifiesta menos en nuestro voto que en el modo en que vivimos.* Consideremos un ejemplo concreto y notorio. La población de Estados Unidos producía en la década de 1980 unos 360 millones de toneladas de basura al año, lo que suponía 1,8 toneladas al año, o 4,5 kilos al día por persona. Para deshacerse de toda esa basura (que, según algunos cálculos, «llenaría cinco millones de tráileres, que colocados uno detrás de otro darían dos veces la vuelta al mundo»), los contribuyentes estadounidenses pagaban 3.700 millones de dólares al año. Comparemos esta cifra con otras cifras de gasto anuales: transporte urbano, 130 millones de dólares; renovación urbana, 1.500 millones de dólares.[5]

Esta producción de basura entraña una clara postura política. Participar en ella es participar en una orgía de derroche, con todas sus consecuencias. Una de ellas es una clase particular de contaminación mental: convertir el derroche

---

4. Para un examen más detallado, véase Henryk Skolimowski, «Rationality, Economics and Culture», en *The Ecologist*, junio de 1980.

5. Katie Kelly, *Garbage: The History and Future of Garbage in America*, Saturday Review Press, 1973, pág. 41.

en una forma de vida. Ahora bien, para que Estados Unidos pueda derrochar, otras naciones deben contribuir a ello. Pero ¿contribuyen en la medida de sus posibilidades? No: contribuyen en la medida de las posibilidades de Estados Unidos. ¿Por qué? Pues porque en este mundo tecnológico los proveedores suministran sus bienes en los términos fijados por los consumidores. ¿Y cuál es el resultado? Con frecuencia, enormes injusticias y desigualdades. La grave situación del campesino boliviano, del aparcero brasileño o de la mayoría de los trabajadores manuales del Tercer Mundo está directamente conectada con el modo en que los países industriales (los consumidores) optan por actuar. La producción de basura es en última instancia un acto político con el que (indirectamente) influimos en la vida de otras personas. Por desgracia, la ecuación es simple: cuanta más basura producimos (y, en general, cuanto más consumimos), más daño hacemos a las personas que se encuentran al otro lado de la cadena de abastecimiento. Si miramos a nuestro alrededor, veremos claramente que las estructuras y alianzas políticas se forjan y se mantienen (a veces con consecuencias de largo alcance que no siempre resultan agradables para las poblaciones locales) con vistas a que el petróleo y otros recursos naturales lleguen en abundancia a los países industrializados.[6]

9. Responsabilidad social

La ecofilosofía tiene un interés vital en el bienestar de la sociedad. Considera la sociedad una entidad *sui generis* que posee vida propia. Por consiguiente, no es posible reducirla

---

6. Véase especialmente Ivan Illich, *Energy and Equity*, Harper & Row, 1974. [Trad. esp. de Isabel Martín Riera: *Energía y equidad*, Díaz & Pons, Madrid, 2015]. La guerra del Golfo ofreció un ejemplo sumamente elocuente al respecto.

a los individuos que la componen (o considerarla una mera suma de ellos), ni comprenderla por medio de su «conducta externa». La sociedad es el nexo y la cuna de aspiraciones y visiones que indudablemente son transindividuales. La sociedad es, en definitiva, una de las manifestaciones de nuestro ser espiritual, además de muchas otras cosas: un instrumento para hacer negocios, por ejemplo, o una insensible bestia burocrática que frustra nuestra búsqueda de sentido. Sin embargo, en última instancia hay que considerarla un instrumento para nuestra perfectibilidad y, por lo tanto, en sentido metafísico, una manifestación de nuestro ser espiritual.

El contrato social que nos une es intrínsecamente cooperativo; no es sino un reconocimiento de nuestra pertenencia a un conjunto más amplio llamado cosmos. Es bastante evidente que una concepción compasiva, simbiótica y cooperativa del cosmos implica necesariamente una concepción cooperativa de la sociedad, porque la sociedad es una de las células del cosmos en su evolución.

La filosofía académica incluye como uno de sus componentes la filosofía social. Pero, dentro de su ámbito, la sociedad se trata como un insecto visto al microscopio: todo se centra en el escrutinio analítico, mientras que el interés por el bienestar de la sociedad resulta escaso. No es accidental que muchos filósofos contemporáneos consideren la sociedad un agregado mecanicista que se puede estudiar a partir de su conducta observable y mediante leyes estadísticas. Este tratamiento comete una injusticia enorme con nosotros en cuanto seres sociales y seres humanos.

10. Responsabilidad individual

La ecofilosofía defiende la responsabilidad individual. Insiste en la idea de que, además de los derechos que reclamamos, tenemos deberes y obligaciones. Solzhenitsyn lo expresó claramente: «La defensa de los derechos individuales ha llegado a tal extremo que la sociedad en su conjunto queda absolutamente indefensa ante ciertos individuos. Ha llegado la hora de que en Occidente se defiendan no tanto los derechos humanos como las obligaciones humanas».[7] Pero la ecofilosofía también señala que hay que devolver al individuo la soberanía y la autonomía, para que pueda ejercer sus derechos y responsabilidades con sentido.

El mundo del especialista es un mundo en el que toda clase de muletas van suplantando progresivamente a nuestras extremidades y otros órganos, incluido el cerebro; es un mundo en el que la voluntad y la imaginación quedan reemplazadas lentamente por instrumentos mecánicos, en el que nuestra iniciativa cede paso a un ordenador central. No hay duda de que nuestra crisis es hasta cierto punto una crisis de confianza, lo cual está en relación directa con nuestra delegación de poderes en el experto, en el especialista, en la máquina. Y mucha de la violencia que aqueja a nuestra sociedad es el resultado de nuestra incapacidad para actuar con responsabilidad y con iniciativa. Incapaces de lograr cosas importantes por nuestros propios medios, encontramos una vía de escape a nuestra frustración en formas patológicas de conducta: violencia, destrucción, violación. (La violación, en cierto nivel de análisis, es una venganza contra la sociedad.)

La ecofilosofía insiste en que *somos* responsables de todo, incluida la fabulosa posibilidad de transformar el mundo hasta un grado que se acerque al punto omega, al final de los

---

7. A. I. Solzhenitsyn, discurso de la ceremonia de graduación de la Universidad de Harvard, 1978.

tiempos, en el que el hombre cumple su destino y se convierte en Dios.[8] La ecofilosofía cree en la voluntad humana como una manifestación de lo divino. Somos los nuevos Prometeos que tienen el coraje de encender la luz de nuestra imaginación de nuevo; pero también somos conscientes de la existencia del orgullo desmedido, y de la enorme responsabilidad que supone portar la antorcha.

11. Tolerancia de lo transfísico

La ecofilosofía se muestra tolerante ante los fenómenos transfísicos. El deseo de comprender el cosmos está tan profundamente arraigado en nuestra naturaleza como nuestro impulso a sobrevivir en el plano físico. Por lo tanto, el conocimiento no sólo es un instrumento de supervivencia sino, por encima de todo, la escalera por la que ascendemos para llegar al cielo. Vivimos siempre en una multitud de redes que indican diferentes órdenes del ser y ponen de manifiesto la complejidad de nuestras relaciones con el mundo. La red física es simplemente una de esas redes. Sin embargo, se ha convertido en el foco de nuestra atención y en el objeto de una intensa investigación. Hemos llegado a estar tan obsesionados con ella que prácticamente hemos perdido de vista todas las otras redes, aunque siempre estén presentes. Sabemos que es así. No obstante, cuando decimos que lo sabemos estamos usando el verbo «saber» en un sentido distinto al reconocido oficialmente. Nos cuesta mucho expresar mediante el lenguaje ese sentido distinto, porque el lenguaje ha sido monopolizado, y hasta cierto punto pervertido, por la red física. El lenguaje siempre es importante, algo que nunca debemos pasar alto.

8. Véase Teilhard de Chardin, *El fenómeno humano*, ed. cit.

La ecofilosofía pone fin a ese monopolio en la medida en que reclama una epistemología pluralista destinada a investigar órdenes del ser y órdenes del conocimiento que son tanto físicos como transfísicos. Trascender la física e ir más allá de su universo es el meollo de toda filosofía, puesto que el término «metafísica» procede precisamente del deseo de ir más allá de la física. Una de las preocupaciones básicas de la filosofía a lo largo de los milenios ha sido el intento de penetrar en órdenes del ser que están más allá de lo físico.

Aunque nuestro proyecto es ontológico y cosmológico, al tratar de determinar y cartografiar la heterogeneidad del universo y nuestras relaciones con él, nuestro *problema*, en el momento actual, es *epistemológico*. Para poder hablar de otros órdenes del ser debemos acabar antes con el peculiar monopolio existente en el ámbito de la epistemología. Si no lo hacemos, no sabremos qué responder cuando los defensores de la epistemología actual, sean filósofos o científicos, nos pregunten cómo podemos *justificar* nuestras pretensiones, qué pruebas tenemos al respecto. Por «justificar» entienden una justificación física, en los «términos aceptados», dentro del marco de la epistemología empirista establecida y de esos derivados suyos denominados metodologías. Estas «argumentaciones justificadas» nos devuelven el universo empirista unidimensional. Por lo tanto, si queremos llegar a una epistemología pluralista, debemos ir más allá de esa limitación.

¿Se puede justificar la acupuntura? No, si por justificación se entiende una explicación satisfactoria de los fenómenos en el marco de referencia empirista que se acepta en la actualidad. Por otro lado, ¿cómo se puede justificar la reserva de conocimiento biológico que todos poseemos, de la que dependemos de una manera tan esencial y que reconocemos indirectamente cuando hablamos de instinto, astucia, presciencia, premonición, intuición, sabiduría, compasión? ¿Podemos justificar la telepatía, la clarividencia y otros fenómenos paranormales? No. Pero no podemos desdeñarlos por más tiempo afirmando que son «cosas de charlatanes». Philip Toynbee escribió lo siguiente:

> Uno de los aspectos más deprimentes de toda esta cuestión [la investigación de fenómenos paranormales] es que –al menos durante los últimos setenta años de investigaciones serias– el *establishment* científico se ha revolcado en un oscurantismo rencoroso y punitivo que verdaderamente recuerda a la Inquisición.[9]

La ecofilosofía señala el comienzo de una nueva epistemología: pluralista, arraigada en la vida y orientada hacia el cosmos, a diferencia de la epistemología actual, arraigada en la materia y orientada hacia el mecanicismo. Hay un aspecto que nunca debemos perder de vista: buena parte de la filosofía actual, en particular la de orientación analítica, consiste en meras notas a pie de página a la epistemología empirista. Recordemos que esa epistemología representa indirectamente un universo restrictivo concebido a imagen y semejanza de una máquina determinista. Por lo tanto, no debemos quedar atrapados en las redes de la epistemología actual y de sus diversas metodologías, con sus criterios de *justificación*, *prueba* y *validez*, pues todas ellas forman parte de la Mafia Cognitiva, que custodia el monopolio del universo físico objetivista y unidimensional. Estas metodologías no son más que ornamentos grabados en una tumba; no tienen nada que ver con la vida ni con la epistemología de la vida. La ecofilosofía insiste en que a la larga debemos

9. Philip Toynbee, *The Observer.*

crear la epistemología de la vida. Ahora la tarea consiste en apartar los escombros del terreno y exponer las limitaciones de la filosofía contemporánea, en la medida en que se ha convertido en una herramienta que perpetúa una concepción mutilada y mutiladora del universo.

12. Preocupada por la salud

La ecofilosofía es una filosofía que se preocupa por la salud, a diferencia de la mayoría de las escuelas filosóficas contemporáneas, que ignoran esta cuestión. Somos agregados físicos en movimiento, pero también lámparas de las que emanan pensamientos, emociones, compasión. La ecofilosofía abole el dualismo cartesiano mente/materia y considera que los diversos estados (u órdenes) del ser constituyen partes del mismo espectro físico-mental-espiritual. La historia del universo es la historia de la materia en su adquisición de la sensibilidad, hasta alcanzar la conciencia, la autoconciencia, la espiritualidad. La propia razón es una forma de sensibilidad de la materia. La responsabilidad de salvaguardar este espectro físico-mental-espiritual recae en nosotros, lo mismo que la de conservar nuestra salud. No somos máquinas que hay que reparar cuando una parte se rompe o se desgasta, sino campos de fuerzas exquisitamente complejos. Sólo cuando damos por descontado que los seres humanos y su entorno están constituidos por campos de fuerzas en interacción, empezamos a entender hasta qué punto resulta fascinante la conservación de la salud y hasta qué punto es milagroso que las cosas estén en orden y que gocemos de buena salud. Mantener este campo de fuerzas en un equilibrio constante entraña estar en contacto con la diversidad de fuerzas transfísicas que contribuyen a ese equilibrio. *Gozar de buena salud es estar en sintonía con el cosmos.*

Las nuevas ideas sobre la salud están penetrando en el corazón del *establishment*. En un número de la revista *Science* publicado en 1978, John Knowles, presidente de la Fundación Rockefeller, escribía lo siguiente (las cursivas son mías):

La prevención de la enfermedad conlleva el abandono de los malos hábitos en los que tanta gente encuentra disfrute [...] o, dicho de otro modo, conlleva hacer cosas que requieren un esfuerzo especial: hacer ejercicio de forma regular, mejorar la nutrición, etcétera [...]. La idea de la responsabilidad individual va a contracorriente de la historia de Estados Unidos, un país cuyos habitantes han santificado resueltamente la libertad individual mientras que progresivamente la han reducido mediante el desarrollo del estado de bienestar [...] la idea de responsabilidad individual ha dado paso a la idea de los derechos –o de las exigencias– del individuo, que deben ser garantizados por el Estado y atendidos por instituciones públicas y privadas. El coste de los excesos privados es en la actualidad una responsabilidad nacional, no individual. Esto se justifica en nombre de la libertad individual, pero para que unos hagan lo que les plazca con su salud, otros tienen que pagar más impuestos y primas de seguros. *Creo que la idea del «derecho a la salud» debería dar paso a la de la obligación moral de preservar la propia salud.*

¿Por qué elevar esta preocupación por la propia salud a la categoría de propuesta filosófica, cuando a todos los niños se les dice en la escuela elemental que tienen que ocuparse de su propia salud? Pues porque, para la ecofilosofía, ocuparse de la propia salud significa responsabilizarse del fragmento del universo que está más cerca de uno, expresar la reverencia ante la vida a través de uno mismo, una actitud que forma parte de una nueva táctica vital.

Un aspecto de nuestra responsabilidad ante nuestra salud total, o tal vez incluso una precondición de ella, es el reconocimiento de la santidad de la vida. La santidad de la vida no es algo que se pueda demostrar con la ayuda de la ciencia. La santidad de la vida es una presuposición sobre la naturaleza de la vida, particularmente tal como la perciben, la comprenden y la experimentan los seres humanos. El reconocimiento de su santidad es un prerrequisito necesario para la preservación de una vida digna de vivirse. Ahora bien, si yo experimento que la vida está dotada de espiritualidad y santidad, ¿quién es nadie para desechar mi experiencia con unos cuantos datos empíricos? De nada vale argumentar que «la ciencia no ofrece apoyo alguno a la suposición de la santidad de la vida», pues, en cierto sentido, la ciencia no hace nada. Es la gente, iluminada o sin iluminar, rapaz o compasiva, la que usa la ciencia en apoyo de sus ideas, opiniones y visiones. Pero aquí hay un problema. Nuestra percepción y comprensión se manifiestan, tienen validez y cobran sentido dentro de un marco conceptual dado. El marco conceptual cimentado por la ciencia parece excluir el reconocimiento de la santidad de la vida. Pero *este propio marco conceptual es una forma de mitología*. Al insistir en la santidad de la vida, estamos operando claramente en otro marco conceptual.

En última instancia, todas las visiones del mundo, como todas las civilizaciones, están arraigadas en mitologías. Empleo el término «mitología» para referirme no a una fábula o ficción, sino más bien a un conjunto de presupuestos y creencias que forman la base de nuestra comprensión del mundo. Los antiguos griegos tuvieron una mitología vivaz. La Europa medieval tuvo una mitología religiosa. Todas las llamadas sociedades primitivas tuvieron sus respectivas mitologías. Por mucho que afirme lo contrario, la ciencia es una forma de mitología. Tiene sus dogmas no escritos y no probados, que son los presupuestos en los que se basa. Acepta de forma acrítica y desinhibida una forma de vudú conocida con el nombre de método científico. Adora a ciertas deidades, conocidas con el nombre de hechos objetivos. Deifica ciertos modos de conducta, conocidos como la búsqueda de la objetividad. Sanciona determinado orden moral, conocido como neutralidad.

Como en las mitologías clásicas, todas estas características están interconectadas y son interdependientes. La neutralidad es un ingrediente moral necesario para convertir la búsqueda de la objetividad en un modo privilegiado, preferido y superior de conducta. La objetividad es necesaria para convertir los «hechos objetivos» en nuestras deidades. A su vez, convertir los hechos objetivos en nuestras deidades justifica el método científico, que está concebido para permitirnos explorar y consagrar precisamente esa clase de hechos. Los hechos objetivos y el método científico son necesarios, a su vez, para «justificar» los presupuestos de la ciencia, pues dichos presupuestos están concebidos para revelarnos únicamente lo que el método científico permite revelar, o, dicho de otro modo, lo que encaja en la idea de «hechos físicos». La estructura de la mitología científica no es menos compleja que la de las mitologías tradicionales, y no es menos autodefinitoria.

No estoy despreciando ni tratando de disminuir la importancia de la ciencia. Las mitologías tienen la máxima relevancia en la vida de las sociedades y las civilizaciones. No nos resulta fácil advertir que la ciencia es una forma de mitología porque la ciencia es el filtro o el telescopio a través del cual interpretamos el mundo. Cuando lo utilizamos, percibimos lo que revela, pero rara vez lo que es en sí mismo.

Además, transformar la ciencia y su mitología significa transformar la realidad entera que la ciencia ha construido para nosotros. Somos reacios a transformar nuestra visión básica de la «realidad» porque tal cosa supone un desafío demasiado grande a nuestra identidad, formada en parte por la visión científica del mundo. Nos aferramos tenazmente a la mitología de la ciencia porque en gran parte nos empapamos de ella en el colegio a una tierna edad. Para desafiarla, o para liberarnos de ella, debemos desarrollar una mitología alternativa. La creación de una visión del mundo o una mitología alternativas es el imperativo de nuestro tiempo. La ecofilosofía se ofrece como una posible candidata.

Para resumir, quiero subrayar que el primer diagrama (pág. 63) no es un catálogo de las virtudes de la ecofilosofía que expongo en este libro, sino una representación gráfica de la convicción de que, si no adquirimos un esquema conceptual (o una filosofía, si preferimos llamarla así) que sea lo suficientemente exhaustivo y sistemático, no seremos capaces de acomodar y articular la variedad de nuevas relaciones que se necesitan para construir una visión del mundo saludable desde un punto de vista ecológico y armoniosa desde un punto de vista humano.

Observemos las interconexiones esenciales entre los dos diagramas. Representan dos paradigmas completamente distintos. Cuando examinamos los elementos individuales de cada diagrama, advertimos que cada elemento, de una manera sutil, determina al siguiente y, a su vez, está determinado por el anterior. La filosofía contemporánea está muerta espiritualmente, puesto que su universo –la materia inanimada, los hechos físicos, las relaciones lógicas objetivas– está muerto. Por este motivo, al tener a su disposición los conceptos apropiados para este universo muerto, no está interesada en lo social, pues el interés en lo social no es una categoría objetiva. Es políticamente indiferente porque la política desborda con creces sus horizontes. Guarda silencio sobre la responsabilidad individual porque la idea de la responsabilidad está más allá de su ámbito y su jurisdicción. Busca constantemente información porque la información consiste en fragmentos que encajan perfectamente con sus exigencias, a diferencia de la sabiduría. Carece de conciencia ecológica porque su premisa oculta es que el medio ambiente existe para ser dominado por el hombre y explotado en su propio beneficio. Contribuye, aunque sea indirectamente, a la búsqueda del progreso material. Es ajena a la salud porque, según ella, se trata de un ámbito que pertenece a los especialistas en medicina. Es intolerante, incluso hostil, a los fenómenos transfísicos porque transgreden el universo de su discurso, que considera válido e inmutable. Tras la atenazadora estrechez de miras de la filosofía académica surge la sombra del empirismo lógico (con su concepción de los pseudoproblemas), antaño utilizado como un hacha para eliminar del ámbito de la filosofía los problemas más importantes y vitales.

Ahora bien, si partimos de otra premisa fundamental, por ejemplo la de que la filosofía está orientada hacia la vida y su misión es aumentar el valor de ésta, podemos deducir el resto de las características del primer diagrama, el de la ecofilosofía. La nueva filosofía debe estar espiritualmente viva para comprender al ser humano, un agente espiritual. Debe ocuparse de la sabiduría, pues nuestra vida no se compone únicamente de hechos físicos. Debe interesarse por la ecología y apoyar una economía que contribuya a mejorar la calidad de vida. En lugar de repetir las características de la ecofilosofía, subrayaré algunas de las principales conclusiones que se siguen de ella: la objetividad no existe en la naturaleza; la sabiduría es esencialmente incuantificable; una vida que no esté basada en criterios cualitativos carece de sentido; nuestras posiciones políticas se afirman menos con nuestro voto que con nuestra forma de vivir; la sociedad es una de las manifestaciones de nuestro ser espiritual. La epistemología pluralista muestra tolerancia ante los fenómenos transfísicos y abarca diversas modalidades del ser.

En su libro *Guía para los perplejos*, E. F. Schumacher sostenía que una de las tareas más urgentes de nuestra época es la reconstrucción metafísica. Cuando sepamos qué estamos haciendo y *por qué*, otras formas de reconstrucción, incluida la económica, acontecerán con mayor prontitud. Pues, indudablemente, si nuestros cimientos se están agrietando, no servirá de nada reconstruir o reparar la parte superior del edificio. Diversos autores han apoyado explícitamente el programa de Schumacher y han intentado ofrecer algunos elementos para esa reconstrucción. Pero, aunque sus obras tengan una orientación más práctica y económica que la mía, yo me centro en los cimientos mismos, en los problemas filosóficos y en las cuestiones axiológicas que están en el meollo de nuestro intento de reconstrucción metafísica.

Conclusión

Éste es, por lo tanto, el mensaje esencial de la ecofilosofía: podemos influir en todos los elementos de nuestra vida social, individual, espiritual, ecológica y política, no por separado, sino en bloque. Por otro lado, si no influimos en todos ellos, no influiremos en ninguno. Aquí tenemos, como mínimo, una explicación parcial de por qué tantos proyectos alternativos que en sí mismos son excelentes (como el movimiento ecologista) me parece que han fracasado. Su visión era demasiado limitada. Se dirigían únicamente a una parte de nuestro mandala y la confundían con el todo.

La ecofilosofía constituye un nuevo capítulo de nuestro diálogo continuo con el universo, siempre cambiante. Al transformarnos a nosotros mismos y al transformar nuestras relaciones con el cosmos, lo transformamos y lo cocreamos. Estamos saliendo del letargo de la inercia tecnológica con una conciencia acrecentada de nuestro destino, que consiste en construir un mundo responsable asumiendo nuestra propia responsabilidad, en dotar al mundo de sentido y compasión, y en continuar la historia inacabada de Prometeo, la historia del desarrollo de lo humano, que tiene en los grandes sistemas filosóficos del pasado un ejemplo esplendoroso y modélico.

Soy consciente de que en ocasiones mis análisis pueden resultar un tanto profusos. Lo que quiero poner de manifiesto es la necesidad de adelantarse y responder a los argumentos de los defensores del *statu quo*, que han monopolizado el lenguaje de nuestro discurso y, a un nivel más profundo, la epistemología. El camino hacia la liberación pasa por desmontar nuestro corsé epistemológico (que está vinculado con una visión del mundo concreta). Nuestra liberación empieza con la liberación de nuestra mente.

En el examen de la ecocosmología (capítulo 1) he demostrado que existe la siguiente conexión:

Cosmología $\rightleftarrows$ Filosofía $\rightleftarrows$ Valores $\rightleftarrows$ Acción

En este capítulo he articulado el segundo eslabón de esta cadena, la filosofía. En el siguiente capítulo articularé el tercer eslabón, los valores.

3. Conocimiento y valores

Comenzaré exponiendo algunas distinciones que son fundamentales para la visión científica del mundo y que, al mismo tiempo, son responsables de muchos de nuestros problemas actuales, y no sólo de tipo conceptual. Una es la distinción entre conocimiento y valores. La separación de ambos fue un acontecimiento trascendental en la historia intelectual de Occidente, puesto que desembocó en la emancipación de las disciplinas científicas especializadas respecto del cuerpo de la filosofía natural. Sin embargo, fue también un acontecimiento arriesgado, puesto que a la larga llevó a concebir el universo como un mecanismo de relojería y a eliminar gradualmente todos los elementos de nuestro conocimiento que no encajaban con esa visión mecanicista, incluidos los valores intrínsecos, que fueron reemplazados por los valores instrumentales.

Desde un punto de vista lógico, parece que se han dado dos procesos distintos: por un lado, una intensa exploración del mundo físico; por el otro, la lenta desaparición de los valores humanos intrínsecos. Sin embargo, esta separación lógica es engañosa, porque en realidad estamos ante dos aspectos del mismo proceso. La búsqueda de explicaciones científicas y el aumento de la importancia de las ciencias físicas coincidieron en el tiempo; de hecho, se produjeron en el contexto de un declive de la importancia de los valores intrínsecos. Por lo tanto, se puede decir que el inmenso depósito de nuestros conocimientos del mundo físico ha ido creciendo a expensas de los valores humanos. Se trata de una afirmación atrevida, que intentaré justificar en el presente capítulo. También argumentaré que parece existir una relación proporcionalmente inversa entre los conocimientos fácticos y los valores humanos intrínsecos: cuanto más nos centramos en los primeros, más nos olvidamos de los segundos. Si esta idea es correcta, entonces es posible la resurrección de los valores intrínsecos y su reincorporación al centro de nuestra existencia, pero sólo si prescindimos de nuestra devoción por la ciencia y por los hechos físicos, que hemos elevado indebidamente a la categoría de deidades.

Posiciones históricas básicas

Históricamente podemos distinguir, como mínimo, cuatro posiciones básicas sobre la relación entre valores y conocimiento:

La primera es la posición de la antigüedad clásica, tal como aparece ejemplificada en Platón: los valores y el conocimiento están unidos; ninguno es preponderante ni se somete al otro. Como sabemos, Platón creía en la unidad de la verdad, la bondad y la belleza. Dentro de este universo, los valores y el conocimiento son dos aspectos de la misma cosa; no hay conocimiento libre de valores, como no hay valores ajenos al conocimiento. Según Platón, poseer un conocimiento superior es llevar una vida superior. El conocimiento forma parte vital de la red de la vida. La mayoría de los pecados son fruto de la ignorancia.

En la Edad Media aparece una segunda posición: el conocimiento está al servicio de los valores, pero al mismo tiempo se subordina a unos valores determinados por la Iglesia. El conocimiento se funde con los valores y debe encajar con aquellos que se aceptan *a priori* como supremos. Captar el plan de Dios, el orden divino y los valores subsiguientes exigía a veces unas facultades más poderosas que el simple intelecto humano, que en ocasiones veía discrepancias entre la razón natural y dicho orden. La revelación se aceptaba como una forma de cognición porque permitía trascender la razón y encontrar una justificación a la fusión de conocimiento y valores bajo la supremacía de estos últimos.

Las dos posiciones restantes aparecen nítidamente en *el período posrenacentista.* La tercera posición separa el conocimiento de los valores sin conceder la supremacía a ninguno de los dos. El mejor representante de esta posición tal vez sea Immanuel Kant (1724-1804). Por una parte, Kant vio claramente en la física newtoniana un conocimiento indubitable que gobernaba el funcionamiento del universo físico, un ámbito separado por derecho propio; pero, por otra parte, Kant no sometió la autonomía y soberanía del hombre a ningún conjunto determinista de leyes físicas. De ahí que resumiera la autonomía de los dos ámbitos al hablar de «los cielos estrellados sobre nuestra cabeza y la ley moral en nuestro interior».

La cuarta posición es la sostenida por el empirismo clásico y sus extensiones: el positivismo en el siglo XIX y el empirismo lógico en el siglo XX. Esta posición separa los valores del conocimiento y, al conceder una importancia suprema al conocimiento de las cosas físicas y establecer que los valores no son conocimiento en sentido estricto, establece *ipso facto* la primacía del conocimiento sobre los valores. Esta tradición nos rodea de una manera tan continua y sistemática que a menudo somos incapaces de ver más allá y evaluar sus efectos sobre nosotros.

Por lo tanto, las cuatro posiciones básicas son las siguientes:

- Platón: la fusión del conocimiento con los valores sin afirmar la primacía de uno sobre el otro.
- El cristianismo: la fusión de ambos y la afirmación de la primacía de los valores.
- Kant: la separación de ambos sin priorizar ninguno.
- El empirismo: la separación de valores y conocimiento, y la afirmación de la primacía del conocimiento (fáctico) sobre los valores.

Por supuesto, la posición que queremos examinar con cierto detalle es la empirista, pues es la que proyecta una sombra más larga sobre nuestro horizonte intelectual; la tradición que se ha convertido en nuestra ortodoxia intelectual, que ha penetrado en nuestras formas de pensar y de juzgar, que ha traído el vacío de valores imperante en nuestra sociedad, en nuestras universidades y en nuestra vida como individuos.

La vida de las culturas y de las sociedades es una cuestión de extraordinaria complejidad. Debemos desenmarañar multitud de causas y efectos para entender de qué modo las visiones y las ideas de Bacon, Galileo, Descartes, etcétera, han dado lugar a doctrinas más amplias, han sido encauzadas para formar diversos afluentes del saber y de la vida, y han sido reforzadas a lo largo del proceso; y cómo este proceso sigue fortaleciéndose mediante la vigilancia de las fronteras de su territorio y el mantenimiento de un rígido control sobre lo que resulta legítimo y lo que no dentro de él. Ofrezcamos dos ejemplos específicos: la investigación en armas químicas es «legítima» porque constituye una extensión del «conocimiento objetivo» en la esfera de «determinados elementos químicos»; la investigación en acupuntura es «ilegítima» porque el propio fenómeno parece socavar ciertos principios fundamentales de la visión del mundo empirista. La conexión entre un fenómeno particular, o una estrategia particular, y los principios básicos de la visión del mundo es indirecta y suele estar a varios pasos de distancia, pero si tenemos la paciencia y la perseverancia necesarias para buscarla, la encontraremos.

Por extraño que parezca, esta conexión está más clara para los jóvenes rebeldes y «poco preparados» que para las mentes «sofisticadas» que gobiernan actualmente el mundo de los estudios superiores. Es destacable que, movidos por ciertos mecanismos morales, los jóvenes a veces reaccionen con una firme repulsa y con una absoluta convicción moral a los abusos del conocimiento que se dan en las universidades y en otros lugares, mientras el propio mundo universitario parece ajeno a dichos abusos.

La tradición intelectual que ha causado directa e indirectamente este vacío de valores hunde sus raíces en el siglo XVII, cuando las doctrinas de Bacon, Descartes, Galileo, Newton, Hobbes, Locke, Hume y otros autores dieron nueva forma al mundo, o a nuestra imagen de él, para volverlo independiente de la religión. En el siglo XVIII, el centro de gravedad se trasladó a Francia, donde D'Alembert, Condillac, Condorcet, Diderot, Voltaire, Laplace, La Mettrie y otros abundaron en la causa del laicismo y de la visión científica del mundo. Después, en el siglo XIX, la tradición continuó con Auguste Comte en Francia, con Jeremy Bentham y John Stuart Mill en Gran Bretaña y con las grandes luminarias del materialismo: Feuerbach, Marx, Engels y Lenin. En el siglo XX, la tradición fue articulada, refinada y dotada de un lenguaje más sofisticado por Bertrand Russell en Gran Bretaña y por los empiristas lógicos del Círculo de Viena.

Más recientemente, esta tradición ha encontrado una extensión en la filosofía analítica, en la psicología conductual, en las ciencias sociales matematizadas, en las ciencias políticas fascinadas por las cantidades y obsesionadas por los ordenadores, y en una amplia variedad de otras disciplinas, repletas de hechos y cifras aunque esos hechos y esas cifras apenas expliquen nada.

He trazado una línea que va de Francis Bacon a B. F. Skinner como si obedeciera a un despliegue ininterrumpido y homogéneo; como si nuestros problemas actuales fueran el resultado de algún proceso lógico inexorable. El proceso dista de ser homogéneo. Lo que resulta verdaderamente sobrecogedor es que, pese a la existencia de una enorme variedad de fuerzas intelectuales opuestas entre sí, la visión del mundo científico-empirista haya predominado de forma tan notable.

En paralelo con la tradición empirista ha discurrido –y sigue discurriendo– otra tradición que, a falta de una expresión más adecuada, podemos denominar antiempirista. Esta tradición ha estado representada por mentes que, como mínimo, han sido tan poderosas y extraordinarias como las del bando empirista: autores como Pascal, Leibniz y Spinoza en el siglo XVII, Rousseau y Kant en el siglo XVIII, y Hegel y Nietzsche en el siglo XIX buscaron un mundo liberado de las limitaciones de la teología escolástica pero que no fuera reducible a cantidades y cálculos.

El caso de Pascal resulta particularmente iluminador. Probablemente sea el autor del siglo XVII que apreció con mayor claridad no sólo el enorme valor y atractivo de la ciencia, sino también el enorme peligro que suponía someterse incondicionalmente a ella. «El conocimiento de la ciencia física», dejó escrito Pascal, «no me consuela de la ignorancia de la moralidad en tiempos de aflicción, mientras que el conocimiento de la moralidad siempre me consolará de la ignorancia de la ciencia física.»[1] El caso de Spinoza es igualmente iluminador. En la *Ética demostrada según el orden geométrico* sostiene que todo aquello que aumenta el conocimiento es bueno, y viceversa. La felicidad consiste únicamente en el conocimiento. La propia virtud es conocimiento. «La felicidad no es una recompensa por la virtud, sino la virtud misma.» También sostiene que el amor se puede concebir como la perfectibilidad del ser humano a través del conocimiento, pues el conocimiento mueve al amor, una posición que no se aleja mucho de Platón. Lo más curioso de la *Ética* de Spinoza es que intenta demostrar sus enunciados como si fuera un manual de geometría. Aunque se aparte radicalmente de la tradición científica que triunfó con posterioridad, Spinoza parece homenajearla (e incluso algo más) al tratar de ofrecer demostraciones geométricas (¿científicas?) de sus convicciones éticas.

En el siglo XVIII, Rousseau y Kant defendieron, cada cual a su manera, la autonomía del mundo humano frente a la invasión de la concepción del mundo mecanicista y la expansión del empirismo. Rousseau desempeñó el papel más vistoso; Kant, el más incisivo. Con elocuencia no siempre exenta de tonos dramáticos, Rousseau protestó contra la «civilización», que a su juicio nos apartaba de nuestra esencia y de nuestros congéneres. Las formas «artificiales» que la civilización nos impone están en la raíz de nuestra aliena-

---

1. Pascal, *Pensées*, núm. 23. [Trad. esp. de Xavier Zubiri: *Pensamientos*, Alianza, Madrid, 2015.]

ción individual y social. Aquí tenemos un preludio del clamor del siglo XX contra la ciencia y la tecnología por tratar de imponernos sus formas artificiales.

Por otro lado, Kant sostenía que, si el empirismo es correcto, no tenemos ningún conocimiento cierto del mundo físico; en cambio, si las leyes de la física nos proporcionaran dicho conocimiento, entonces el empirismo (según el cual las fuentes de ese conocimiento indubitable son los sentidos) se vendría abajo. Kant se sintió obligado a concluir que el conocimiento de la física únicamente nos proporciona un conocimiento de las apariencias de las cosas, no de las «cosas en sí». Asimismo sostenía que la moral se encuentra bajo la completa soberanía del ser humano y está sujeta al imperativo categórico: «Obra sólo según aquella máxima que puedas querer que se convierta al mismo tiempo en ley universal», que se aplica de forma universal a todos los seres humanos. El conocimiento de la ley moral no es derivable del conocimiento del mundo físico, sino aplicable únicamente al conocimiento de nuestro lugar en el universo y de nuestro «deber».

Tanto Rousseau como Kant crearon sistemas que se oponían a la homogeneización del mundo llevada a cabo bajo los auspicios del empirismo. Ambos se alzaron resueltamente contra el desafío del empirismo no con respuestas meramente defensivas, sino con sistemas imaginativos y constructivos. La situación cambió en el siglo XIX, cuando las protestas contra la propagación del materialismo y del positivismo se expresaron casi invariablemente desde posiciones defensivas y a menudo se tiñeron de desesperación, como en el caso de Nietzsche y de algunos poetas finiseculares.

Lejos de ser inevitable o inexorable, la tradición empirista, y la visión del mundo que ha traído consigo, era sencillamente una «corriente» intelectual concreta, que se impuso a otras tradiciones. Esas otras tradiciones siguen vivas; en particular, la convicción sobre la unidad del conocimiento y los valores perduró a lo largo de los siglos XVIII, XIX y XX (especialmente entre los poetas). Al protestar contra las perniciosas trampas del empirismo y sus vástagos, como el positivismo lógico, no somos lobos aullando en el desierto, sino herederos de una tradición intelectual tan amplia como excelsa.

El eclipse de los valores en el siglo XIX

Aunque los avances de las ciencias naturales en el siglo XVII fueron extraordinarios, los valores tradicionales se mantuvieron incólumes. El propio Newton escribió sus *Principios matemáticos de la filosofía natural* para atestiguar la grandeza, la gloria y la perfección de Dios. No obstante, empiristas como Locke y Hume ya estaban postulando la separación entre conocimiento y valores.

El siglo XVIII dio lugar a una transición. Los lemas de la Ilustración francesa eran, por una parte, liberadores (respecto de las ataduras de la anticuada visión religiosa del mundo) y, por la otra, ominosamente restrictivos, al iniciar el camino que condujo al materialismo vulgar, al positivismo vacío y a la aniquilación de los valores en el siglo XIX.

El siglo XIX supone el triunfo de la ciencia y la tecnología, así como una expansión sin precedentes de la visión científica del mundo. La agresiva afirmación del positivismo y del materialismo (de la que el marxismo formaba parte), de la racionalidad científica, de la eficiencia tecnológica y de la era de la industrialización (que, por desgracia, devino en la era de la devastación medioambiental) apuntaba a la creación de un mundo feliz donde los valores tradicionales (intrínsecos) quedaban en el limbo. Para entender por qué los triunfos de la ciencia significaron el eclipse de los valores debemos examinar este proceso con mayor detalle.

La ciencia no se desarrolló en un vacío social, sino como parte de la nueva cultura que se iba forjando. La batalla contra los aspectos petrificados de la religión institucionalizada se libró en los siglos XVII y XVIII casi con la misma intensidad que en el siglo XIX, aunque éste fue más agresivo y tuvo más éxito a la hora de limitar la influencia de la religión en el ámbito del pensamiento. La visión del mundo laica, racional y basada en la ciencia ocupó con paso firme su lugar en el escenario. El resto pareció reducirse simplemente a los detalles de la puesta en escena. Todo indicaba que el paraíso no tardaría en reinar sobre la tierra.

La batalla entre la ciencia y la religión no se limitaba en absoluto a los asuntos puramente intelectuales, a las formas de interpretar el mundo que nos rodea. Era también una batalla ideológica y escatológica, pues lo que estaba en juego eran los «fines» de la vida humana. La religión representaba el *statu quo*, se dirigía a lo interior, nos instaba a perfeccionarnos y a buscar la recompensa última en el otro mundo. La ciencia representaba un proceso continuo de cambio, se dirigía a lo exterior y prometía la salvación en la tierra. En esta batalla, la religión se aliaba con los valores intrínsecos, a los que apoyaba y en los que se apoyaba. Por su parte, la ciencia se aliaba con el progreso. Los corolarios de esas dos fuerzas en oposición –los valores intrínsecos en el caso de la religión, el progreso en el de la ciencia– se consideraban incompatibles. De hecho, a lo largo del siglo XIX, los «progresistas» y los «revolucionarios» desacreditaron con igual vehemencia tanto la religión tradicional como los valores tradicionales, que identificaban con el espíritu feudal y burgués, juzgándolos indignos de la nueva época, que exigía dureza, racionalidad, sensatez y pragmatismo. En este clima, los valores intrínsecos se desdeñaron cada vez más como vestigios de un mundo obsoleto. No es de extrañar, por lo tanto, que nuevas doctrinas sobre los valores intentaran, explícita o implícitamente, ponerse al servicio de la visión científica del mundo y justificar su supremacía. La doctrina del utilitarismo proclamaba que la piedra angular de nuestra ética y nuestras acciones debería ser el principio del mayor bien para el mayor número de gente. Formulado de esta forma, el utilitarismo no parece implicar la sumisión de la ética a los dictados de la ciencia. Sin embargo, el principio sufrió enseguida un proceso de vulgarización y pasó a significar la conveniencia de producir el mayor número de bienes materiales para el mayor número posible de personas. De hecho, ése no ha dejado de ser el espíritu subyacente a la sociedad tecnológica o de consumo. Por lo tanto, podemos ver que el utilitarismo se ha convertido en un apéndice del progreso material, en su justificación ética; el progreso material forma parte esencial de la visión científico-tecnológica del mundo. Un historiador escrupuloso podría objetar que esta interpretación violenta el significado original del utilitarismo, tal como lo expusieron Jeremy Bentham y John Stuart Mill, pero lo cierto es que hay que juzgar las doctrinas éticas por sus resultados prácticos. La facilidad con la que el utilitarismo fue «instrumentalizado» e integrado en la sociedad tecnológica únicamente demuestra hasta qué punto estaba en sintonía con «un mundo feliz» cada vez más homogeneizado. A fin de cuentas, Bentham y Mill eran empiristas decimonónicos de primer orden. Sus ideas presentaban todas las limitaciones típicas del empirismo.

Por otro lado, el nihilismo y el cientificismo predicaban

abiertamente el evangelio de la ciencia, adoraban los hechos como si fueran deidades y condenaban la «falta de sentido» o el carácter reaccionario de todos los productos del espíritu humano. Una de las expresiones más llamativas de esta nueva severidad es el personaje de Serguéi Bazárov creado por Turguéniev en su novela *Padres e hijos*. Como sabe el lector, Bazárov profesa una fe firme, decidida y entusiasta en la ciencia, en el materialismo y en un mundo cuyos valores supremos son los hechos y el conocimiento positivo. El arte, la poesía y demás «basuras románticas» le traen sin cuidado. En un pasaje de la novela, Bazárov dialoga así con otro personaje:

–Hemos decidido negarlo todo.
–¿Y a eso es a lo que llamáis nihilismo?
–Exactamente –dijo Bazárov–. A mi juicio, Rafael, como el resto de artistas, no vale ni una perra. Y en cuanto a todos los demás, los estimo en una cifra similar.

Bazárov compendia de manera exhaustiva el nihilismo, el materialismo, el cientificismo y el positivismo preponderantes en aquel entonces, los cuales, desde perspectivas diversas, consideraban que los valores intrínsecos eran secundarios, insignificantes e incluso inexistentes en el mundo de los hechos desapasionados, la objetividad fría y la razón científica.

Basta con reflexionar un instante para entender que la filosofía de Bazárov ha triunfado, que las grandes corporaciones son una encarnación de esa filosofía. El «bazarovismo», si se me permite la expresión, se ha convertido en la filosofía dominante –implícita– de la sociedad tecnológica, tanto en el mundo comunista como en el capitalista. La obsesión por el crecimiento económico continuo (erróneamente identificado con el progreso), la primacía del análisis de coste-beneficio (erróneamente identificado con la metodología más válida) y los incesantes intentos de matematizar todos los aspectos de la existencia humana (erróneamente identificados con la «racionalización» de la vida) forman parte de la misma filosofía.

En nuestras instituciones académicas estamos formando a Bazárovs. De hecho, están organizadas para formar y producir a esa clase de personajes. El problema es grave, pues aunque nos demos cuenta de la situación, no podemos hacer nada para evitarlo: *el bazarovismo, en cuanto filosofía social general, ha impregnado las estructuras de la sociedad occidental y de la enseñanza superior.*

Un aspecto sumamente alarmante de esta situación es que los Bazárovs de este mundo siguen considerándose «la antorcha del progreso», «la vanguardia de la humanidad», «los nuevos artífices de un mundo justo», cuando en realidad sirven a los intereses más burdos del *statu quo*, están en la vanguardia de la devastación ecológica y humana, y únicamente encarnan el conformismo y la servidumbre. En sólo cien años, los «revolucionarios» y los «progresistas» se han convertido en firmes defensores del *statu quo*. Esta dialéctica de la historia tal vez asombre hasta a los dialécticos más aguerridos. En los últimos diez años, los auténticos revolucionarios, los que han intentado reavivar nuestro interés por el bienestar de la humanidad en su conjunto, no han sido los racionalistas «férreos», aquellos que han «barrido los escombros de la historia» para abrir nuevos caminos, sino los «apacibles» creyentes en los valores intrínsecos, con sus ocasionales inclinaciones místicas y su frecuente desconfianza ante la ciencia y el progreso. A consecuencia de los tristes cambios experimentados por las palabras «razón», «sinrazón», «liberación» y «opresión», los liberales no saben en qué creer. Han invertido demasiado en la razón y el progreso, dos instancias que supuestamente nos iban a salvaguardar de la opresión y la explotación, pero entretanto la razón se ha convertido en una forma de opresión y el progreso en una fuerza de mutilación. En *El hombre unidimensional* y en el resto de su obra, Herbert Marcuse presenta el caso de manera cabal, de modo que nosotros no lo examinaremos con mayor detalle.

El clima intelectual del siglo XX –en los países occidentales desarrollados, como mínimo– no sólo ha favorecido el ascenso y el dominio de los Bazárovs, sino que además ha contribuido a impedir que los valores ocuparan un lugar central entre las grandes cuestiones de la vida y del pensamiento humanos. Uno de los errores más graves del pensamiento occidental moderno ha sido el de vincular los valores intrínsecos con la religión institucionalizada. A ojos de muchos, la quiebra de una forma institucionalizada de religión equivalía a la quiebra de la religión en cuanto tal, así como de los valores intrínsecos entretejidos en ella. Esta identificación se basaba en una lógica errónea. La religión, y en especial los valores intrínsecos, no es un instrumento con el que el clero somete a las masas (aunque de vez en cuando se la haya utilizado con ese fin); es un conjunto de formas y estructuras, elaboradas a lo largo de milenios de experiencia humana, que permiten al individuo trascenderse y, por lo tanto, dar lo mejor de sí como ser humano; es un conjunto de herramientas con el que la espiritualidad y la humanidad del hombre pueden adquirir su forma y conservar su vitalidad, y con el que nos definimos como seres autotrascendentes. En este sentido, los valores intrínsecos perfilan y definen el alcance de nuestra humanidad.

El ambiente del siglo XX nos ha vuelto insensibles a nuestro legado espiritual. La filosofía del siglo XX no ha hecho demasiado para remediar esta situación. Los positivistas lógicos se han vuelto tristemente famosos por manifestar su *insensibilidad* ante el problema de los valores. Incluso pensadores sobresalientes y filósofos cabales como sir Karl Popper, con fama de antipositivista, nos ofrecen demasiado poco. De hecho, es increíble (por no decir realmente vergonzoso) lo poco que tiene que decir Popper sobre los valores y lo insulsas que resultan sus ideas al respecto. La sombra del positivismo se ha apoderado de todos nosotros. El vacío de valores ha sido el resultado inevitable del desgaste de la religión y de la aparición de una visión secular del mundo.

Información – conocimiento – sabiduría

Se suele invocar el nombre de Copérnico para señalar la línea divisoria entre la Edad Media y los tiempos modernos. Sin embargo, sus ideas sobre el conocimiento están más próximas a Platón y san Agustín que a los empiristas modernos, puesto que los tres consideraban el conocimiento no como una reserva de hechos e información, conservada en el depósito de la memoria, sino como una parte intrínseca del ser humano. Los tres creían que el conocimiento era inseparable de las acciones y los juicios de las personas, de tal manera que el conocimiento correcto, en el sentido agustiniano, constituye la base de la conducta correcta. Incluso Newton, considerado por los empiristas como su mayor activo, estaba lejos de pensar que el conocimiento fuera «simple información», irrelevante para el resto de las preocupaciones del hombre o independiente de ellas. Newton trató explícitamente de mostrar la perfección de Dios a través de la armonía del universo, que, a su juicio, se revelaba en la unidad de las leyes de la física que gobernaban la conducta de los cuerpos terrestres y celestes.

Entre 1700 y 1900 ocurrió algo. Nos dividimos en mitades. Separamos nuestro conocimiento de nuestra esencia, de nuestros valores, de nuestras preocupaciones trascendentales. El conocimiento quedó aislado, colocado en un contenedor especial llamado cerebro. Este contenedor se llegó a considerar una caja de herramientas, que nos permite coger este o aquel instrumento para encargarnos de la tarea que tengamos entre manos. La unidad del hombre y de su conocimiento ha desaparecido. Únicamente existen herramientas especializadas para manejar instrumentos especializados. Llegados a este punto, el conocimiento se convierte en mera información. Al cabo de poco tiempo se empieza a traducir en «bits» de datos informatizados. Todo el proceso está despersonalizado, mecanizado, informatizado.

La separación de hechos y valores, del hombre y su conocimiento, de los fenómenos físicos y el «resto» de fenómenos, dio lugar a la atomización del mundo físico y del mundo humano. El proceso de abstracción y aislamiento (de un fenómeno respecto de otros fenómenos), una precondición necesaria para obtener resultados válidos en el ámbito de las ciencias naturales, era en realidad un proceso de *alienación conceptual*. A su vez, esa alienación dio lugar a una alienación humana: el hombre se separó tanto de su conocimiento como de sus valores. La alienación contemporánea tiene como causa primordial una concepción errónea del universo, en la que todo, incluido el ser humano, queda separado, dividido, atomizado, «desgarrado».

Nuestra actual compartimentación es antinatural. Para recuperar nuestra salud y recomponer nuestra identidad tenemos que revisar algunas premisas básicas. Para empezar, hemos de darnos cuenta de que *el estado de nuestro conocimiento es una característica importante del estado de nuestro ser*. Estamos ante una reafirmación de la visión del conocimiento sostenida por Platón, san Agustín y Copérnico. Se trata de una visión que todavía impera en algunas sociedades primitivas, en especial en ciertas tribus amerindias.

La afirmación de que nuestro conocimiento es un aspecto importante de nuestro ser, que en cuanto organismos biosociales ni podemos actuar ni actuamos independientemente de nuestro conocimiento, no es una expresión de nostalgia por un paraíso perdido, sino una descripción de la condición humana. ¿Cómo podemos darle validez, sobre todo en un momento en que el conocimiento parece divorciado de la vida? Si la integración del conocimiento relevante es indispensable para dar coherencia a la vida del individuo, se sigue necesariamente que privar a la gente de ese conocimiento puede ser una fuente de confusión e incoherencia. No hay que ser demasiado sagaz para advertir que eso es exactamente lo que ha ocurrido en la época contemporánea. Los jóvenes (y no sólo ellos) están perdidos, confundidos y alienados porque carecen del conocimiento relevante que les sirva de guía; carecen de una brújula, de un centro que dé sentido al mundo que los rodea. En lugar de eso se les suministran fragmentos de información y datos, junto con unos conocimientos que con frecuencia les resultan irrelevantes.

La situación es enfermiza: el conocimiento obnubila en lugar de esclarecer; la acumulación de información únicamente ahonda la alienación. Lo más grave de todo es que jamás en la historia de la humanidad se ha buscado el saber (y, supuestamente, el conocimiento) a una escala tan vasta como en el momento actual, y jamás el extrañamiento del individuo respecto del mundo y de sus congéneres ha sido mayor. La causa, por lo tanto, ha de residir en la naturaleza del conocimiento que buscamos. Un conocimiento alienado de la mente humana y de los valores humanos insensibiliza y aliena a su vez a las personas que lo adquieren.

Pero seamos cuidadosos al decir que este conocimiento es «irrelevante». Porque, en cierto sentido, es sumamente relevante: es relevante para el sistema económico, que está sobre todo interesado en la maximización de los beneficios. Es relevante para la sociedad tecnológica tal como la conocemos. Es relevante para la concepción del mundo como una fábrica. El sistema de explotación económica, ecológica y humana no está interesado en el conocimiento, y ya no digamos en la sabiduría. Pero está sumamente interesado en la información y la especialización; está interesado en operar sin ninguna clase de trabas, valiéndose de la eficiencia tecnológica. Por eso los estudiantes –y, en realidad, todos nosotros– obtienen información y competencia técnica, pero no conocimientos.

Llegados a este punto, debemos plantearnos una cuestión de orden general. ¿Existe algún motivo para este eclipse de los valores y para todos los males que se derivan? Tal vez la respuesta más sucinta a esta cuestión la haya proporcionado Max Scheler: «Concebir que el mundo es ajeno a los valores es una tarea que los hombres cargan a sus espaldas en nombre de un valor: el valor esencial del dominio y del poder sobre las cosas». En la actualidad nos hemos dado cuenta de que este dominio ha sido una ilusión, de que no podemos someter el mundo a nuestra propia voluntad sin destruirnos, o al menos sin dañarnos gravemente. Pese a todo, mantenemos y perpetuamos un sistema que fue diseñado para crear esta enorme y lamentable locura.

Otra cuestión de carácter general que debemos plantearnos es la de la relación entre teoría y práctica. Desde cierto punto de vista cabe considerar que la separación de los valores y del conocimiento es un asunto filosófico abstracto. Pero dicha separación es una parte indispensable del proceso por el que se engendran los Bazárovs de este mundo, con vistas a mantener intactas la actual sociedad de consumo y la concepción del planeta como una fábrica. No caigamos en el error de pensar que no existe relación alguna entre teoría y práctica, puesto que en realidad sí existe: se han creado ingeniosas teorías para justificar y mantener prácticas parasitarias en relación con nuestros semejantes y con la naturaleza. Subrayemos que el sistema parasita por igual a las personas y a la naturaleza. Es crucial que entendamos la relación entre las fuerzas económicas de una sociedad y su concepción de la naturaleza y del universo, entre nuestras prácticas diarias y nuestra visión del mundo. Estas perspectivas más amplias, o estas visiones del mundo, que se nos imponen de manera sutil y a veces insidiosa, justifican y motivan nuestras prácticas diarias. Seamos claros: si aceptamos la visión científica del mundo, con su racionalidad subyacente y su extensión natural –la tecnología moderna–, habremos perdido la batalla nada más empezar. Pues esta visión del mundo impulsa y justifica la conversión del conocimiento en información, de los valores en bienes económicos, de las personas en expertos. El aspecto peligroso de la ciencia moderna radica en las consecuencias en las que ha desembocado, y en los requisitos y demandas que implícitamente impone a la gente y al ecosistema. De nada sirve argumentar que el daño no procede de la ciencia, sino de las personas que la aplican. El conocimiento es inseparable de las personas. La ciencia ha moldeado la mentalidad del hombre tanto como el hombre ha moldeado la ciencia. El ocaso de la razón científica al que asistimos en la actualidad no es necesariamente el ocaso de la humanidad. La razón científica tendrá que debilitarse para que podamos liberarnos de sus poderosísimos tentáculos y reparar la relación entre conocimiento y valores.

Ello nos vuelve a situar frente a la idea de que el fenómeno del conocimiento es un aspecto inherente de nuestro ser. Este fenómeno se manifiesta no sólo en la alienación y la frustración de la juventud, cuyo conocimiento no le sirve de guía, puesto que está repleto de fragmentos irrelevantes de información, sino también en el fenómeno inverso: nuestra veneración por los sabios y nuestra necesidad de ellos.

Los sabios son aquellos cuyo conocimiento importa, que se encuentran en el estado del ser en el que el conocimiento brilla, que han logrado la integración, en el sentido de que su conocimiento les sirve como seres humanos. Los envidiamos porque es un estado difícil de alcanzar en el mundo contemporáneo. Su sabiduría consiste simplemente en haber integrado el conocimiento con los valores; es una demostración de que el conocimiento no es una vana reserva de información, sino una fuerza vital que sostiene la vida en todos los niveles de la existencia humana; es una resurrección de la propiedad universal del conocimiento, de la unidad entre vida y conocimiento.

La reintegración del conocimiento y de los valores tendrá que producirse no para que todos seamos sabios, sino para asegurar la supervivencia de la humanidad. Debemos tener perfectamente claro que no seremos capaces de afrontar la plétora de problemas que ha acarreado nuestro actual modo (científico-tecnológico) de relacionarnos con la naturaleza y con nuestros semejantes hasta que nuestro conocimiento vuelva a importarnos como seres humanos. Este conocimiento estará entrelazado con los valores y permanecerá a su servicio; será una nueva materialización, llevada a otro plano, de la idea de Platón y san Agustín de que para actuar correctamente hay que pensar correctamente, y tengamos en cuenta que pensar correctamente no es una mera característica abstracta del cerebro, sino una expresión del estado del ser; será una combinación de penetración intelectual y poder moral.

Este estado del ser, que se conserva todavía en las personas sabias, es semejante al estado de gracia. La palabra «gracia» está cargada de connotaciones. La evitan todos los «intelectuales que merecen tal nombre». Pero la connotación religiosa que adquirió en el pasado no es óbice para que hagamos buen uso de ella, pues nos pone claramente de manifiesto que pensar correctamente no es pensar diestramente, implacablemente, lógicamente: para pensar bien, nuestra mente y todo nuestro ser deben hallarse en un estado particular. Hay que cultivar y alimentar ese estado mental con la misma constancia con la que hemos cultivado y alimentado –durante largos años de pensamiento abstracto– la mente orientada hacia la «objetividad científica».

Para entender, adquirir y conservar ese estado mental en el que «pensar bien es una precondición de obrar bien», tenemos mucho que aprender de las culturas orientales, de la historia de nuestra civilización y de las sociedades primitivas que todavía existen en la actualidad. No se trata de adquirir nuevos conocimientos –cómo pensaban y actuaban «otras» sociedades– para incorporarlos sin más a los que ya tenemos, sino transformar la estructura de nuestro conocimiento y la estructura de nuestra mente, lo que nos conducirá –es de esperar– a terminar con la división entre valores y conocimiento y a eliminar en gran medida nuestra alienación actual.

Este cambio fundamental resolverá muchos problemas específicos que nos preocupan en la actualidad, cuestiones como a qué tipo de búsqueda debemos dedicarnos o cómo determinar si una investigación dada es beneficiosa o perjudicial. La respuesta (simplificada) a esta cuestión es la siguiente: para dedicarnos a una investigación valiosa debemos aspirar a una vida valiosa; tenemos que pensar «bien» en todos los sentidos de la palabra. Este tipo de pensamiento es mucho más complejo que el pensamiento simplemente abstracto, atomista y analítico. Si a alguien le parece que decimos que hay que estar en un estado de gracia para llevar a cabo una investigación valiosa, no está lejos de la verdad. Pues la fragmentación actual del mundo que nos rodea y de nuestros semejantes es directamente atribuible a una actitud mental *de la que está ausente la gracia*, una actitud propia de una mente desheredada, de una mente estrecha de miras y que no es digna de criaturas que se dan el nombre de seres humanos.

Si alguien intentara condenar esta actitud, a la que tentativamente he dado el nombre de «gracia», como un retorno a prejuicios precientíficos, al oscurantismo o a factores similares, mi respuesta sería la siguiente: ¿por qué un estado mental en el que a entidades abstractas llamadas «hechos» se las adora como deidades sería preferible a un estado mental en el que se adore los valores intrínsecos? Pues eso es todo lo que entraña el «estado de gracia». Cuando decimos que «la dignidad es un componente esencial del ser humano» o que «la libertad es una exigencia necesaria del concepto de humanidad», de hecho estamos «dotando de gracia» al hombre. Tenemos que cambiar el mundo que nos rodea, así como nuestros esquemas mentales y la estructura de nuestro conocimiento, para que esas expresiones no sean frases vacías de sentido.

Conclusión

A lo largo de los últimos tres siglos hemos redefinido el mundo que nos rodea, lo que ha resultado en una violación del mundo que nos rodea y de nosotros mismos. Tenemos que descartar mucha de la «sabiduría» de los profetas del progreso material, porque este progreso nos está llevando al desastre. Tenemos que apartar muchas dicotomías y distinciones espurias, porque a menudo se encuentran en la raíz de la alienación del mundo actual. Por encima de todo, debemos restaurar la unidad de conocimiento y valores, entender que la sabiduría o el «conocimiento iluminado» son la clave del *sentido* de la vida humana. Además, tenemos que crear una nueva filosofía holística que dé un nuevo sentido al mundo que nos rodea.

El bazarovismo ha penetrado en el tejido de la sociedad occidental. Este bazarovismo es la causa de nuestro actual vacío de valores y el responsable de la falta de sentido con la que destruimos la naturaleza y nos destruimos a nosotros mismos. No se trata de censurar una vez más la insensibilidad y la implacabilidad de la objetividad científica, sino de entender definitivamente que somos víctimas del invisible corsé cosmológico que manipula nuestro pensamiento, subvierte nuestros valores y rebaja nuestra vida. Volvemos a la cosmología, cuyas invisibles manos coreografían la danza visible de la vida.

4. Del humanismo arrogante al humanismo ecológico

En el siguiente punto de inflexión

El humanismo tradicional ha subrayado la nobleza, la independencia e incluso la grandeza de lo humano, forjada en el molde de lo proteico. Esta concepción de lo humano está ligada a la idea de apropiarnos de la naturaleza para nuestros propios fines y necesidades. El humanismo ecológico se basa en la premisa contraria. Considera al ser humano una mera parte del esquema más amplio de las cosas: la naturaleza y el cosmos. Hemos de trascender y eliminar la idea del hombre proteico (y la del hombre fáustico). Esta inversión tiene consecuencias de largo alcance.

El humanismo ecológico no es simplemente otra etiqueta elegante para referirse a la idea de que deberíamos ser más cuidadosos con los recursos de la naturaleza; entraña una reorientación fundamental de la percepción. En el pasado, la ecología y el humanismo recorrieron cada uno su propio camino y sirvieron a ideologías diferentes. La ecología, como movimiento, se ha centrado predominantemente en la *devastación del medio ambiente*. Ha buscado soluciones y remedios alternativos para devolver la salud al entorno natural. El humanismo, en cambio, se ha centrado fundamentalmente en la *devastación del ser humano*. Ha buscado soluciones y remedios (a las injusticias y a la alienación, mediante la reforma de las instituciones sociales y políticas) con el fin de devolver la salud al individuo.

Dada la parcialidad de sus visiones, ni el humanismo ni la ecología han captado de manera satisfactoria que los problemas del medio ambiente y los problemas de la especie humana tienen la misma causa, cuyos graves efectos resultan igualmente visibles en el mundo capitalista y en el mundo comunista. De hecho, los países comunistas cayeron en la ingenuidad de suponer que, como no eran capitalistas, no serían una amenaza para el mundo natural. En la actualidad es evidente que la destrucción del medio ambiente que se produjo en algunos países comunistas (como Polonia y Checoslovaquia) se cuenta entre los peores casos de toda Europa.

Desde Sócrates, la filosofía de la naturaleza y la filosofía del hombre han transitado por caminos diferentes y, en ocasiones, antitéticos. La ecología es una reafirmación reciente de la filosofía de la naturaleza, mientras que el humanismo (al margen de su denominación) es una expresión de la filosofía del hombre. Esta dicotomía occidental entre la filosofía de la naturaleza y la filosofía del hombre está en la raíz de nuestra errónea idea de que la naturaleza está ahí para que nos aprovechemos de ella, la sojuzguemos y la explotemos.

El humanismo ecológico –en cuanto parte de la ecofilosofía– señala el retorno a una visión unitaria en la que la filosofía del hombre y la filosofía de la naturaleza son dos caras de la misma moneda. La conjunción de ecología y humanismo, lejos de ser arbitraria, constituye el fruto de una percepción de la unidad esencial entre el mundo natural y el mundo humano. El humanismo ecológico exige una ampliación del concepto de ecología para que abarque el equilibrio del entorno humano; el mundo natural aparece entonces dotado del mismo «valor» que el mundo humano. Por otro lado, el equilibrio ecológico se convierte en parte del equilibrio humano. Por consiguiente, los conceptos de «ecología» y «humanismo» simplemente se fusionan. Tanto la ecología como el humanismo forman parte de nuestra visión ampliada del cosmos en evolución. En nuestros tiempos entendemos *de novo* en qué medida somos una parte esencial de la naturaleza.

El humanismo ecológico ofrece una alternativa real a la sociedad industrial. Sostiene los siguientes puntos:

• *La edad venidera será la edad de la gestión:* no estamos aquí para gobernar y explotar, sino para sostener y transformar creativamente, portando la antorcha de la evolución.

• *El mundo se debe concebir como un santuario:* pertenecemos a ciertos hábitats que son la fuente de nuestra cultura y nuestro sustento espiritual. Estos hábitats son los lugares donde, como si fuéramos pájaros, residimos temporalmente; son santuarios en los que las personas, como aves raras, necesitan que se las proteja. También son santuarios en el sentido religioso, lugares en los que el mundo nos llena de asombro; pero, además, somos los sacerdotes de estos santuarios, por lo que debemos mantener su santidad e incrementar su espiritualidad.

• *Hay que concebir el conocimiento como un estado intermedio entre nosotros y las fuerzas creativas de la evolución:* no como una serie de herramientas despiadadas para atomizar la naturaleza y el cosmos, sino como instrumentos cada vez más sutiles para ayudarnos a mantener nuestro equilibrio físico y espiritual, y para permitirnos sintonizar con transformaciones ulteriores de la evolución y de nosotros mismos.

La ética y la cosmología se determinan mutuamente

En la visión científica del mundo, la ética y la cosmología (la concepción del universo) están completamente separadas entre sí y no tienen nada que ver la una con la otra. Este aspecto ha sido especialmente recalcado por diversas escuelas de la filosofía positivista, y se aprecia claramente en la llamada actitud de «neutralidad científica». Pero en las concepciones precientíficas del mundo las cosas se consideran de otra forma: la ética de una cultura y su concepción del universo físico se determinan entre sí. En esas visiones del mundo, que han superado la prueba del tiempo y han servido para sostener a los pueblos que las han adoptado, existe una *coherencia* entre el sistema de valores o código ético de esa cultura y sus demás creencias, de manera que el universo se muestra como un lugar armonioso, solidario con los esfuerzos humanos. Esta coherencia desaparece en la visión científica del mundo. Como lamentó John Donne: «Todo está hecho pedazos, toda coherencia desvanecida». Si el universo nos parece un lugar hostil y solitario, es porque nuestra cultura ha hecho que sea así para nosotros. O, para ser más precisos, nuestra visión general de la estructura y el contenido del universo –cómo son las cosas, cuáles tienen importancia, qué creencias están «justificadas»–, los presupuestos filosóficos que moldean nuestra cultura, moldean a su vez al individuo para que responda positivamente a la cosmología que da origen a la cultura y la programa:

Cosmología → Cultura → Individuo

La cosmología, la cultura y el ser humano se retroalimentan. En la visión científica del mundo, el individuo se aleja del universo y es indiferente, incluso hostil, a la naturaleza, precisamente porque la cosmología científica ha convertido el universo en un lugar frío y hostil para nosotros. Todo esto ya lo hemos explicado en el capítulo 1.

La ecofilosofía intenta restaurar la coherencia entre nuestro sistema de valores y nuestra visión del universo para que sean las dos caras de una misma moneda, como en las culturas tradicionales. La ecofilosofía intenta rescatar al individuo no mediante un masaje superficial tras el que nuestro ego quede pacificado pero el resto de nuestro ser continúe hecho pedazos, sino mediante una reconstrucción minuciosa de nuestra cosmología, la cual, junto con la cultura, constituye la matriz de nuestro bienestar (o de nuestro malestar).

De los materiales de las viejas formas de vida surgen formas nuevas. Hay que construir nuevas formas de cultura a partir de la herencia espiritual que nos ha sido legada. Una cultura instantánea es una cultura falsa; una espiritualidad instantánea es una espiritualidad fraudulenta. Por consiguiente, la cosmología ecológica que aquí desarrollamos y el nuevo imperativo (ecológico) que aquí presentamos proceden de nuestra herencia ética y filosófica. En nuestro pasado hay muchas cosas dignas de conservarse, superiores, de hecho, a algunas de nuestras adquisiciones más recientes. Sin embargo, lo que aquí intentamos no es una resurrección de lo antiguo, sino una construcción completamente nueva a partir de materiales procedentes de nuestro tesoro moral y espiritual.

La cosmología de la Biblia

En la actualidad, la cosmología de la Biblia puede parecer anticuada, pero en tiempos ofreció al individuo una notable sensación de seguridad y un gran sentimiento de pertenencia. En la Biblia, el *universo* se considera una creación personal de Dios que está continuamente supervisada por Él. El universo tiene un propósito, y ese propósito es servir a las causas de Dios. Conocemos algunos de los propósitos y los planes de Dios; hasta ese punto, el universo es cognoscible. Otros diseños y propósitos los desconocemos; hasta ese punto, el universo es misterioso e incognoscible.

A los *humanos* se los concibe como a las criaturas elegidas por Dios. Nuestra importancia en cuanto seres protegidos por Dios es enorme, puesto que fuimos creados «a su imagen y semejanza». El resto de las criaturas son también una creación de Dios; somos más poderosos que ellas, pero eso no nos da derecho a explotarlas y destruirlas (como a algunos estudiosos les gustaría mantener).

Los *valores* regulan las relaciones entre Dios, el Creador, y los seres humanos, sus criaturas. Debemos entender con claridad que, en esta cosmología, los valores *informan* las relaciones personales y muestran las obligaciones del ser humano para con Dios y para con sus semejantes; no conectan la humanidad con el cosmos o la naturaleza, ni siquiera con otros seres vivos. Vivimos en un universo pequeño y bastante riguroso, y Dios rebosa ira, de manera que esos valores son fundamentalmente duras prohibiciones.

La cosmología científica

Examinemos ahora la estructura y las consecuencias de la cosmología científica. En ella, el *universo* se concibe como un sistema físico de enormes dimensiones, que obedece a leyes físicas. Carece de propósito, no tiene causa ni sirve a causa alguna. El universo es cognoscible. Es aprehensible por medio del conocimiento fáctico. Y éste es el único conocimiento genuino. De lo cual se sigue que todo lo que queda más allá de ese conocimiento o es incognoscible o es (en cierto sentido) inexistente. Se trata de un universo curiosamente vacío, de un espacio vacío con algunas galaxias aquí y allá, en el que nosotros somos un accidente más que una consecuencia de nada.

La *humanidad* se concibe como una especie de insignificante mobiliario en la infinita vastedad del universo físico. No somos más que pedazos de materia física, puntos insignificantes que vagan sin rumbo fijo por la inmensidad del espacio-tiempo físico. En última instancia, según algunos autores (La Mettrie, Skinner), somos máquinas y estamos sometidos a leyes deterministas; según otros (los humanistas tradicionales), somos el punto terminal de nosotros mismos, el punto de partida y el punto de llegada. Pero incluso en este caso no tenemos justificación o importancia más allá de nosotros mismos.

Los *valores* son un producto humano y no hay una trascendencia más allá de nosotros mismos. Cuando nuestro conocimiento nos asegura que en el universo físico sólo existen la materia y las leyes físicas, y que el único sentido de nuestro destino es el de perecer y desintegrarnos en átomos, nuestro único anclaje parece ser el de nuestra existencia transitoria. El auge del individualismo en nuestra cultura es un reconocimiento de la falta de sentido de todo lo que está más allá y por encima del individuo. Los antiguos griegos eran mucho más individualistas que nosotros, pero no *necesitaron* una doctrina del individualismo. El individualismo en nuestra cultura, particularmente en la cultura anglosajona, se ha convertido en una búsqueda desesperada de sustitutos de nuestro centro perdido. Los excesos del individualismo son una expresión de la paranoia de una cultura y un pueblo sin raíces, de la reducción del individuo a la condición de materia física. El individuo, en el marco del individualismo occidental, es un dios salvaje que se rige por su propia ley. Sobre estas bases no se puede construir ninguna ética firme y genuina.

La otra corriente de nuestra ética secularizada es la del instrumentalismo. Cuando se concibe el universo como un mecanismo de relojería o como una inmensa fábrica, sólo parecen importar los objetos físicos, los procesos físicos y las transformaciones físicas. El progreso se convierte en simple progreso material, y las aspiraciones y logros de las personas cada vez se miden más en términos cuantitativos. Las aspiraciones y los valores orientados hacia la obtención de mercancías requieren una evaluación cuantitativa. La beatitud materialista se rige por la escala cuantitativa. Al no aceptarse la existencia de valores intrínsecos, los valores instrumentales tienden a volverse cada vez más universales, y se los equipara con el criterio último de todos los valores.

Por lo tanto, existe una clara relación entre nuestra imagen del mundo como una inmensa fábrica, dentro de cuyos confines nuestro conocimiento físico nos permite comprender y manipular sus operaciones, y el incremento de nuestra dependencia respecto de los valores instrumentales, que nos lleva a manipular el mundo, a nuestros semejantes y a nosotros mismos. El imperativo instrumental acaba dando lugar al imperativo tecnológico, que nos exige obrar conforme a las modalidades dictadas por el impulso hacia el incremento de la eficiencia característico de la tecnología. El imperativo tecnológico, al que en las sociedades extremadamente industrializadas estamos sujetos cada vez en mayor medida, constituye un triunfo notable del *modus operandi* mecanicista, determinista y objetivista en el ámbito de los asuntos humanos. Lo propio del mundo físico inanimado se injerta ahora en el delicado tejido de la vida humana.

La secularización del mundo y la instrumentalización de los valores no acontecieron de la noche a la mañana. Pero cuando el proceso empezó a desplegarse y a acelerarse, los resultados aparecieron con tal prontitud y firmeza que engendraron una mecanización del mundo sin precedentes en la historia. Es curioso, por no decir asombroso, que este proceso, sobre el que se han escrito tantas páginas, sea tan escasamente comprendido. Seguimos considerando que los valores son algo ajeno a nuestra visión del mundo, una especie de dominio privado, casi independiente de las vicisitudes de la sociedad y la civilización. Fijémonos en esos infinitos, interminables e impotentes debates sobre los valores, en los que se formulan afirmaciones pretenciosas y sentimentales sobre lo fácil que sería cambiar el mundo sencillamente transformando un poco nuestro corazón y siendo un poco más caritativos.

Estos debates están condenados a la impotencia si no advierten que nuestro corazón –y, por lo tanto, nuestra mutua indiferencia– no puede sino reflejar el espíritu de la civilización y de la sociedad que nos ha condicionado. Constituyen una prueba elocuente de que aún no hemos entendido que los valores están conectados íntimamente con la cosmología, con el hecho de que la reflejan, la protegen, la justifican. La separación de los valores respecto del conocimiento cognitivo, y por lo tanto respecto del conocimiento sobre el mundo, y por lo tanto respecto del mundo mismo, forma parte de la herencia del positivismo, la filosofía imperante en nuestros tiempos. Si se considera que el positivismo es la parte más explícita de ese paraguas que constituye la visión científica del mundo, entonces dicha visión, tal como se manifiesta en las estrategias y las maniobras cognitivas del positivismo, está sumamente interesada en que no lleguemos a entender la relación que existe entre los valores y la cosmología. De hecho, la visión científica del mundo está interesada en producir Bazárovs, como he sostenido en el capítulo 3. Aunque se ha escrito mucho sobre la vacuidad y las insuficiencias de la filosofía positivista, ésta es en cierto sentido inmune a unas críticas que le traen sin cuidado, puesto que ha penetrado en el espíritu de toda la cultura materialista: los imperativos superficiales e unilaterales de la filosofía positivista circulan incesantemente por la gran red de la cultura.

Tres alternativas: Kant, Marx, Schweitzer

El hecho de que no todo era perfecto en «el mejor de los mundos posibles» (a saber, la civilización occidental) se entendió en un momento histórico tan temprano como el siglo XVII, sobre todo por parte de Pascal. Desde entonces se han formulado numerosas alternativas. Abordaré someramente tres de ellas, dada su importancia para la construcción de nuestra cosmología ecológica.

Immanuel Kant reviste en este aspecto una importancia particular, no sólo porque representa un punto central en el desarrollo de la visión científica del mundo, sino también porque ofreció algunas respuestas a los problemas de la moral humana en la era científica que han demostrado tener un valor perdurable. Kant aceptó el carácter irrevocable de las leyes físicas. Pensaba –y no era el único en su época– que la física revelaba las leyes últimas que gobiernan el funcionamiento del mundo físico. Intentó resolver dos problemas al mismo tiempo. El primero era el siguiente: ¿cómo es posible que, a pesar de la evidente falta de fiabilidad de nuestros sentidos, las leyes físicas, que están basadas en los datos sensoriales, sean irrevocables? Kant llegó a la conclusión de que al conocimiento de las leyes físicas no se llega mediante el mecanismo de los sentidos, sino mediante algo que torna imperativo que dicho conocimiento sea al mismo tiempo intersubjetivo e irrevocable. Ese «algo» es la estructura de la mente, con sus categorías fijas, que las leyes físicas se limitan a reflejar.

Karl Popper tenía razón al afirmar que la ciencia ha dado lugar a todos los problemas epistemológicos y ontológicos importantes de la filosofía moderna. Pero la estrechez del marco de referencia de Popper, e incluso su universo mismo, no le permite advertir el segundo problema que se planteó Kant. En sus reflexiones sobre Kant, Popper apenas tiene nada que decir sobre la forma en que éste trató de resolver esta otra cuestión: si la ciencia física proporciona un conocimiento último y parece abarcar el universo entero, ¿cuál es el lugar de la humanidad en ese universo? Kant era demasiado inteligente para no darse cuenta de que, si admitimos que la ciencia física tiene un poder universal *sobre todo lo existente*, entonces nosotros quedamos reducidos a la más absoluta insignificancia. La solución de Kant, como dijimos en un capítulo anterior, se resume en la siguiente frase: «Los cielos estrellados sobre nuestra cabeza y la ley moral en nuestro interior».

Esta sentencia establece una separación entre el universo físico y el universo moral. Además, declara la completa soberanía de lo humano frente a la supuesta universalidad de las leyes físicas. De ahí el imperativo moral de Kant: debemos tratar a cada ser humano como un fin en sí mismo. «Obra de tal modo que trates a la humanidad, tanto en tu persona como en la persona de cualquier otro, siempre al mismo tiempo como fin y nunca simplemente como medio.»[1] Era una respuesta trascendental y ambiciosa a todos los intentos de instrumentalizar la humanidad, es decir, de convertir al ser humano en un medio para otros fines.

En la concepción de Kant de la especie humana hay un elemento trascendental. Aunque se le separe de la religión, el ser humano es considerado, en cierto sentido, un ser sagrado. La reverencia con la que Kant habla de la especie humana como un fin en sí misma nos hace tomar conciencia de que somos criaturas que estamos más allá del barro e incluso más allá de las estrellas. Esta concepción de lo humano, sostenida por Kant y por autores posteriores, pervive en nuestro consciente y en nuestro inconsciente, y nos ha protegido frente a la creciente invasión de los valores instrumentales.

Sin embargo, ¿qué ocurre con la relación entre las concepciones éticas de Kant y sus concepciones cosmológicas? El idealismo trascendental de Kant es el vínculo entre ambas. La naturaleza de los valores humanos es trascendental, como la naturaleza del mundo físico. La física explora únicamente la superficie, los fenómenos, las cosas «reales», las «cosas en sí»; los *noumena* están más allá del alcance de la física y de nuestro entendimiento. Se puede debatir si Kant creó su cosmología trascendental para justificar la naturaleza trascendental del ser humano. De lo que no hay duda es de que Kant era consciente de que un universo completamente físico, completamente cognoscible y descriptible mediante leyes físicas, nos brinda poco consuelo y nos ofrece escaso significado.

1. Immanuel Kant, *The Groundwork of the Metaphysics of Morals*, II 67, trad. al inglés de H. J. Paton, Harper & Row. [Trad. esp. de Manuel García Morente y Carmen García Trevijano: *Fundamentación de la metafísica de las costumbres*, Tecnos, Madrid, 2009.]

También podemos preguntarnos si el imperativo moral de Kant, tan admirado al menos desde un punto de vista intelectual, ha sido ineficaz en el ámbito social y humano porque ha tratado de situarnos en un mundo (la realidad trascendental) mientras la sociedad y la civilización trataban incesantemente de situarnos en otro (la realidad empírica/pragmática). Para evitar la esquizofrenia (la consecuencia natural de estar continuamente desgarrados por diferentes concepciones de la vida), hemos optado gradualmente por la realidad pragmática y empírica, incluso en lo tocante a los valores.

Las soluciones ofrecidas por Kant al problema epistemológico, «¿cómo podemos adquirir un conocimiento que sea irrevocablemente cierto mediante nuestros poco fiables sentidos?», y al problema moral, «¿cómo podemos garantizar la soberanía del hombre en un mundo gobernado por leyes físicas deterministas?», tenían un alcance impresionante. Pero la implacable fuerza que impulsaba a Kant era la convicción de que las leyes de la mecánica clásica estaban más allá de toda refutación y guardaban un extraordinario isomorfismo con la realidad física (o al menos con la parte de ésta que resultaba accesible a nuestra comprensión). En la actualidad ya no tenemos esa convicción, pues consideramos que *todo* conocimiento es revocable y tentativo.[2] Si Kant hubiera tenido nuestros conocimientos, o hubiera podido lanzar una mirada retrospectiva, sin duda habría

2. Véase especialmente Karl Popper, *Conjectures and Refutations*. [Trad. esp. de Néstor Míguez: *Conjeturas y refutaciones: el desarrollo del conocimiento científico*, Paidós, Barcelona, 1994]. (Aquí debemos señalar que, aunque su crítica al positivismo lógico fuese penetrante, Popper era un positivista en el sentido más amplio del término: buscaba las soluciones para todos nuestros problemas en la cognición, y su universo intelectual parecía atenerse únicamente a ella; una limitación típicamente positivista.)

elaborado otras soluciones para los dos problemas. Su caso resulta iluminador por dos razones. Una es que las grandes mentes pueden concebir soluciones maravillosas incluso en las circunstancias más restrictivas (como la creciente universalidad y rigidez de la estructura física del universo). Y la otra es que incluso las mentes más brillantes están a merced de los presupuestos de su época. En conjunto, la insistencia de Kant en tratar a la especie humana como un fin en sí misma constituye una defensa saludable de la soberanía del ser humano frente al universo determinista.

Otra opción era la de Karl Marx. Aunque mucho más influyente que la de Kant, la alternativa marxista a la visión del mundo capitalista resulta lamentablemente superficial e inadecuada cuando se la examina en detalle.

En la segunda mitad del siglo XIX y la primera mitad del siglo XX, muchos consideraban que el marxismo era la única alternativa valiosa al sistema capitalista. Pero el marxismo comparte los presupuestos fundamentales de la civilización posrenacentista que produjo la ciencia, la tecnología moderna y el capitalismo moderno. Marx fue un pensador complejo y profundo. No sabemos qué valoraba más, si la liberación del ser humano en cuanto tal o la perpetuación de la Ilustración en cuanto ciencia, dado que Marx estaba enormemente impresionado e influido por las ideas de la Ilustración. Sin embargo, una cosa es segura: en conjunto, el marxismo es una variación sobre el tema de la salvación secular; la salvación del ser humano mediante el progreso material, la ciencia y la tecnología.

La cosmología marxista es *agresivamente* materialista y se muestra incluso más radical que los empirismos tradicionales en la tarea de despojar al universo físico, social y humano de los elementos espirituales e «idealistas». De ahí que la etiqueta de «materialismo vulgar» resulte muy apropiada para la filosofía marxista. Pero incluso cuando no se limita a esta forma extrema de «materialismo vulgar», la cosmología marxista representa un universo lamentablemente restringido. Además, ese universo (tal como lo entiende el materialismo dialéctico e histórico) siempre está celosamente protegido contra la posibilidad de infección por parte del idealismo, que se desdeña apresuradamente como «religiosidad» o «vestigio del espíritu burgués». Cuando uno emplea toda su energía en defender una cosmología contra posibles infecciones, las perspectivas de llevar una vida positiva bajo su inspiración resultan escasas.

Una de las grandes tragedias del marxismo fue que tuvo que luchar simultáneamente en dos frentes: contra la sociedad existente y contra toda clase de religión. Al luchar contra la religión, se separó del legado espiritual de la humanidad con mayor radicalidad que el propio «espíritu filisteo burgués». Si el marxismo se hubiera embarcado en una renovación social y espiritual, la historia del siglo XX podría haber tomado un curso muy distinto. Pero tal vez eso no fuera posible. La flecha del tiempo apuntaba en otra dirección. Los movimientos «progresistas» tenían que adquirir un carácter todavía más laico, todavía más impregnado de la «ilustración» antirreligiosa, para que el drama de la civilización secular pudiera desarrollarse hasta su último acto. *Si la ética marxista ha demostrado ser estéril y paralizante, ha sido porque estaba construida sobre la misma visión del mundo que la nuestra, una visión del mundo inadecuada.*[3]

La alternativa de Albert Schweitzer carecía del alcance de las de Kant o Marx, pero Schweitzer era lo bastante perspi-

---

3. Lo que he ofrecido aquí ha sido una crítica ecológica (o ecofilosófica) del marxismo, probablemente la primera de su especie. En mis artículos he realizado un análisis más exhaustivo del marxismo desde este punto de vista.

caz para entender que el problema fundamental era el de los valores. A este respecto escribió lo siguiente: «Los ideales de la verdadera civilización se han vuelto impotentes porque hemos ido perdiendo paulatinamente la actitud idealista ante la vida en la que están arraigados». También se dio perfecta cuenta de que no bastaba con criticar la civilización y sus males; había que tratar de crear algo constructivo. Su contribución constructiva fue una ética basada en la *reverencia por la vida*. En el momento en que, después de numerosas luchas, su nuevo principio ético se le apareció con claridad, escribió: «¡Al fin he descubierto mi camino hacia la idea en la que la afirmación del mundo y la ética van de la mano!».[4]

La ética de la reverencia por la vida expuesta por Schweitzer anticipa de modo llamativo la ética ecológica, tal como la desarrollaré en el capítulo 8. Los defensores de la ética medioambiental conocen, y en ocasiones mencionan, el principio de la reverencia por la vida, pero distan de haberlo comprendido en toda su profundidad. Si escuchamos atentamente los argumentos y las razones de la ética medioambiental, a menudo descubriremos que el motivo por el que debemos cuidar del hábitat ecológico es que éste cuida de nosotros. Destruirlo sería contraproducente; en consecuencia, debemos preservarlo. Ser cuidadosos con nuestros recursos responde a un principio de buena gestión. Por lo tanto, en última instancia, el hábitat ecológico se convierte en un *recurso*. Así pues, la ética medioambiental se basa en un cálculo de la optimización de nuestros recursos. Con ello se convierte en una ética *instrumental*: el hábitat ecológico carece de valor en sí mismo; es únicamente un instrumento, un

4. Albert Schweitzer, *Out of My Life and Thought*, NAL, 1953 (publicado originalmente en 1948). [Trad. esp. de Concha Aguirre: *De mi vida y mi pensamiento*, Aymá, Barcelona, 1966.]

medio para sustentarnos. Por esta razón, algunos pensadores ecologistas han insistido tanto en que la ética medioambiental no es suficiente.

En este nivel de análisis aparece una diferencia fundamental entre el principio de reverencia por la vida de Schweitzer, que proclama el valor intrínseco y sagrado de la propia vida –«Un hombre es ético sólo cuando la vida como tal es sagrada para él»–, y el aparente culto al nicho ecológico, que no es sino un culto a nuestros recursos físicos. Ahora bien, ¿existe una incompatibilidad irremediable entre ambos? No necesariamente, como demuestro en este libro. Sin embargo, muchos representantes del movimiento ecológico han sufrido una sutil manipulación por parte de los valores instrumentales.

Hay otra razón por la que la enseñanza de Schweitzer ha tenido menos influencia de la que merece. Para empezar, Schweitzer era un pastor protestante y nunca dejó de serlo. La religión cristiana institucionalizada tal vez fuera más preciosa para su corazón que su amor por la humanidad. A su juicio, el valor de la ética cristiana era universal, duradero y permanente, y no veía conflicto alguno entre el principio de reverencia por la vida y la ética cristiana. Lo fundamental es que no se dio cuenta de que en realidad sucedía lo contrario, que el principio de reverencia por la vida y sus consecuencias implicaban una ética mucho más general, de la cual la ética cristiana era sólo una manifestación *particular*. La ética cristiana se sigue de la reverencia por la vida a modo de consecuencia, pero no puede afirmarse lo contrario; de la ética cristiana no se sigue que toda la vida sea sagrada. Schweitzer era consciente en ocasiones de lo primero: «La ética de la relación del hombre con el hombre no tiene una existencia autónoma: es sólo una relación particular que resulta de la relación universal». Pero era demasiado cristiano para darse cuenta de lo segundo, a saber, que la ética de la reverencia por la vida *desborda* a la ética cristiana.

Podemos extraer una provechosa lección de Schweitzer. Para preservar nuestra santidad y nuestra integridad, incluso para preservarnos a nosotros mismos como seres humanos, debemos ir más allá del fenómeno del hombre tal como lo conciben los humanistas tradicionales. Si el hombre es nuestra referencia última, no existe base alguna para la santidad de la vida.

La herencia prometeica

Con el paso del tiempo, y casi con la inevitabilidad de los acontecimientos funestos en la tragedia griega, la búsqueda incesante y despreocupada del progreso material da origen al imperativo instrumental y al imperativo tecnológico, que se convierten en los imperativos morales dominantes de la sociedad tecnológica, con las devastadoras consecuencias que ello entraña. Sin embargo, debemos admitir que la búsqueda del progreso no es una aberración de la condición humana, sino una expresión de ella. No obstante, cuando el ideal de progreso sufre un empobrecimiento radical, aparece un progreso que resulta banal y, en última instancia, destructivo.

La herencia prometeica forma parte de nuestra herencia *moral*. Ser un agente moral es ser capaz de trascender las limitaciones de los condicionantes físicos y biológicos. Preservar un universo moral es emprender continuamente actos trascendentes. El progreso en sentido real es un proceso de trascendencia perpetua. El imperativo prometeico representa la necesidad de trascendencia. El imperativo prometeico significa el progreso en sentido real.

La idea darwiniana de la evolución y sus consecuencias no constituyen una prueba contra la divinidad de lo humano; no nos «reducen inevitablemente» a la condición de «brutos despreciables», ni a la de materia sin conciencia ni propósito. Al contrario, si observamos cuidadosamente, incluso la evolución darwiniana se puede considerar un proceso de trascendencia perpetua y creciente.

Nos cuesta mucho concebir la evolución como un proceso benéfico, dado que nos han enseñado a considerarla dentro del marco del sistema de libre empresa regido por la competitividad, en el que la evolución se interpreta como una expresión de darwinismo social, y del que en apariencia hemos de extraer una lección moral: o eliminas a los otros o los otros te eliminan a ti. Por lo tanto, la idea de evolución se utiliza como arma ideológica para justificar e incrementar la competitividad y la explotación. El universo existente dentro de esa ideología casi se reduce a un mercado abierto, regulado por las habilidades emprendedoras de los que están en lo alto de la escala jerárquica. De hecho, se puede considerar que el universo mismo es un emprendedor, aunque pertenezca a una variedad más sutil que los emprendedores del sistema de libre empresa.

Hubo una época en la que era importante subrayar nuestros vínculos con el resto del reino animal. Ya no es así. Como sostiene Theodosius Dobzhansky:

> Desde los tiempos de Darwin hasta hace aproximadamente unos veinticinco años hubo que demostrar que la humanidad era como otras especies biológicas. Es una tarea que hemos realizado con éxito. Ahora ha pasado a un primer plano un problema diferente, y en cierto sentido diametralmente opuesto: establecer la singularidad evolutiva del hombre. En diversos aspectos, la humanidad es un producto singular y extraordinario

del proceso evolutivo. La evolución biológica se ha trascendido a sí misma engendrando al ser humano, como hizo la evolución orgánica al engendrar la vida.[5]

La evolución es un proceso prometeico en el que la desmesura desempeña un papel crucial. En cada paso de ese proceso se adoptaron importantes «decisiones existenciales» de grandes consecuencias morales. La transición desde la ameba hasta el pez fue un gran salto *moral* hacia delante, puesto que permitió a la materia viva organizarse de una manera más satisfactoria en su camino hacia una moralidad explícita. La transición desde el pez hasta el hábil mono fue otro salto moral hacia delante. La transición desde el principio del «ojo por ojo» hasta el principio «ama a tu prójimo y a tu enemigo» fue un salto hacia delante todavía mayor. Sin embargo, el anuncio de la idea *«homo homini lupus»* (Hobbes) fue un salto moral hacia atrás. Por lo tanto, no es en absoluto casual que la ideología posrenacentista secular diera nacimiento al empirismo, al capitalismo y a una serie de principios que justifican una competitividad encarnizada, ensalzan la idea de que «el hombre es un lobo para el hombre» y, en última instancia, se convierten en enemigos de la vida. Lo cierto es que el *modus operandi* de nuestra concepción del mundo, tal como se manifiesta en el funcionamiento de sus instituciones, está minando la versatilidad biológica de la vida. Nos está costando mucho comprenderlo.

Debemos observar el conjunto desde un punto de vista evolutivo, desde una perspectiva que vaya mucho más allá de los confines de la civilización tecnológica. Si aceptamos

---

5. Theodosius Dobzhansky, «Advancement and Obsolescence in Science», en *Great Ideas Today: A Symposium on Tradition*, Encyclopaedia Britannica Education, 1974.

el contexto y el marco de la sociedad tecnológica, el hecho de que el individuo actúe según el principio «*homo homini lupus*» no sólo es justificable, sino ineludible. Es el propio marco lo que resulta destructivo para la vida en su conjunto, dado que disminuye la variedad y la unidad integral de las cosas, el equilibrio mismo de los sistemas vivos.

El imperativo prometeico nada tiene de malo. El progreso nada tiene de malo. La búsqueda prometeica en el contexto de la visión del mundo y de la mitología griegas fue una forma de progreso. Pero el impulso prometeico en el universo absolutamente mecanicista, gobernado por valores instrumentales, es una forma de progreso muy distinta. En este caso, el progreso queda reducido a la condición de progreso material, y el imperativo prometeico, sin su vector de trascendencia, se convierte en un mero imperativo instrumental.

Dicho esto, o bien nos tomamos en serio la evolución, el hombre y la moral, y admitimos que pensadores como Teilhard de Chardin tienen una relevancia enorme, o bien únicamente fingimos que nos los tomamos en serio, y entonces nuestra indolencia y falta de lucidez permitirán que triunfen el nihilismo y el relativismo (recordemos que el instrumentalismo en el ámbito de los valores es un aliado formidable del nihilismo moral y del relativismo absoluto). Si nos tomamos la evolución en serio y comprendemos que ocupamos un lugar especial dentro de ella, entonces nos lanzaremos a una movilización de nuestras facultades más profundas y facilitaremos nuevas visiones.

La trascendencia forma parte de nuestra herencia prometeica y, por lo tanto, de nuestra herencia moral. Considerar el significado de la vida humana al margen de los actos de trascendencia que hemos realizado en el pasado y que vayamos a realizar en el futuro equivale a vaciarlo de su contenido esencial. Y, sin duda, podemos afirmar lo mismo del sentido del proceso evolutivo en su conjunto. Como lo humano recapitula y corona el proceso evolutivo, comprender a fondo la naturaleza del ser humano es comprender la estructura esencial de la propia evolución. En este punto, la concepción de lo humano propuesta por Teilhard, según la cual lo humano es un capítulo de la evolución que dista de haber llegado a su final, no sólo está justificada, sino que resulta convincente. Si se lee como es debido, la obra de Teilhard nos ofrece una clave para hacernos cargo del legado prometeico en nuestro mundo postecnológico.

El gran logro de Karl Popper fue demostrar que para entender la naturaleza de la ciencia debemos entender su crecimiento, su despliegue dinámico y dialéctico; debemos ir más allá de los meros productos de la ciencia. Tenemos que ver la evolución bajo la misma luz: para entender su naturaleza debemos ir más allá de su estructura molecular y de su reconstrucción lógica como una simple teoría científica; debemos entender su crecimiento, su despliegue dinámico, su dialéctica, sus transformaciones. Y esas transformaciones son realmente mágicas.

La nueva cosmología

Ahora estamos preparados para reunir las claves y los fragmentos que han generado nuestras consideraciones y que forman parte de la cosmología alternativa, y para exponer el imperativo moral alternativo. En esta sección reanudaré el examen sobre cosmología que iniciamos en el capítulo 1. Concretamente, sostendré que existe una conexión profunda entre cosmología y ética.

La vida se perpetúa a través de aquello de lo que se compone. Sería absurdo pensar en la posibilidad de crear *deus ex machina* un nuevo paradigma de conocimiento o de valores. Incluso las propuestas más novedosas hunden sus raíces en conceptos y visiones antiguas. La evolución avanza, *da lugar a nuevos patrones*. El proceso de trascendencia continúa.

Antes de centrarnos en el nuevo imperativo categórico, hemos de desbrozar el sendero cosmológico. Pues si nos mantenemos presos de la cosmología científica, seguiremos encallados y frustrados. Tenemos que desprendernos de la ilusión de que la visión científica del mundo ha sido nuestra salvación y de que, si se le da una oportunidad, creará un mundo armonioso, humano y satisfactorio. Para expresarlo con las palabras de Erwin Schrödinger:

> La imagen científica del mundo real que me rodea es muy deficiente. Ofrece mucha información factual, dispone toda nuestra experiencia en un orden maravillosamente coherente, pero guarda un silencio espectral sobre todo lo que verdaderamente nos importa. Nada nos dice sobre el rojo y el azul, lo amargo y lo dulce, el dolor y el placer físicos; nada sabe de lo hermoso y lo feo, lo bueno y lo malo, Dios y la eternidad.

Las fronteras de la física se han trasladado ahora a la física subatómica, la teoría cuántica y el reconocimiento de que, en última instancia, el observador y lo observado se funden. Estas nuevas ampliaciones de la ciencia transforman profundamente y hasta socavan la visión del universo estática, determinista y mecanicista que nos ha legado Newton. Aun así, hasta ahora no se las ha admitido ni en el ámbito del sentido común ni en nuestra concepción del método científico.

Estamos en una situación de veras paradójica, puesto que la ciencia contemporánea no ofrece mucho apoyo a lo que popularmente se denomina la visión científico-tecnológica del mundo. Sin embargo, aunque esta visión del mundo ha quedado gravemente socavada por la propia ciencia, está poderosamente sostenida por diversas instituciones, como las escuelas y universidades actuales. ¿Qué es entonces lo que otorga a esta visión del mundo su legitimidad y su sustento? Por encima de todo, nuestros ideales de salvación secular, que han creado una gran profusión de instituciones socioeconómicas, incluida la industria del motor y nuestros conspicuos hábitos de consumo.

Solemos adherirnos a esta visión del mundo porque creemos que no debemos traicionar los ideales del humanismo. Tanto se ha construido e invertido en esta visión del mundo (la tradición de la Ilustración, la tradición de la *Liberté, Égalité, Fraternité*) que cuestionarla seriamente nos parece poco menos que un sacrilegio. Al mismo tiempo, olvidamos que las consecuencias de esta visión del mundo, en la segunda mitad del siglo XX, han contribuido cada vez en mayor medida a transgredir el humanismo, la sabiduría y la libertad.

Desde un punto de vista físico, nuestro cuerpo es infinitamente pequeño pero el universo es infinitamente grande. Sin embargo, esa inmensidad ha sido el laboratorio en el que hemos llegado a ser lo que somos. Se podría decir que la evolución ha necesitado de esta inmensidad y de esta densidad de materia –densidad que en general es homogénea en todo el universo–, así como de la combustión de las estrellas, para continuar el proceso hasta el nivel de la mente humana. Si la densidad del universo no fuera homogénea, grandes zonas serían tan densas que habrían sufrido un colapso gravitatorio, mientras que otras, según John Archibald Wheeler,[6] serían tan ligeras que no habrían podido dar lugar al nacimiento de estrellas y galaxias. Pero la historia no termina ahí. ¿Por qué es tan grande el universo? ¿Por qué contiene

6. John Archibald Wheeler, *op. cit.*, págs. 688 y sigs.

un número de partículas que, según nuestros cálculos, es de 10^{80}? ¿Y por qué existe desde hace tanto tiempo? Para permitir que la vida evolucionara. Estamos enumerando algunos de los argumentos que llevaron a formular el principio antrópico; fueron expuestos por John Archibald Wheeler a mediados de la década de 1970, antes de la enunciación del principio antrópico.

Para que surja la vida, hemos de contar con elementos más pesados que el hidrógeno, puesto que «nunca ha existido mecanismo vital que no precise de ellos».[7] Para obtener átomos más pesados a partir del hidrógeno ha de producirse un proceso de combustión termonuclear. Pero ese proceso «exige miles de millones de años de combustión en el interior de una estrella». Sin embargo, según la teoría de la relatividad, para que el universo tenga una antigüedad de miles de millones de años, su extensión debe ser de miles de millones de años luz. Las dimensiones y la composición del universo se explican porque «gracias a ellas existe la humanidad». Es la conclusión del propio Wheeler.[8] Así es como ha surgido una nueva imagen del universo, a la que doy el nombre de ecocosmología. La nueva cosmología, como iremos viendo, no gira en torno a Dios (como la Biblia), ni en torno al ser humano (como en el humanismo tradicional), ni en torno a la materia (como en la visión científico-tecnológica del mundo, que está dando los últimos coletazos), sino en torno a la evolución.

La ecocosmología nos ofrece una nueva perspectiva del universo, de la humanidad y de los valores.

En la ecocosmología, el *universo* se concibe como una totalidad misteriosa y compleja, que está en continuo proceso

---

7. R. H. Dicke, en *Nature*, núm. 192, 1961, págs. 440-441.
8. John Archibald Wheeler, *op. cit.*, pág. 689.

de evolución y se encuentra regida por unos mecanismos extraordinariamente sutiles. En sus segmentos espacio-temporales está gobernada por leyes físicas, pero dichas leyes sólo reflejan algunos aspectos de su funcionamiento. Aunque el universo es cognoscible en parte, nos resulta difícil imaginar los misterios que todavía puede albergar. J. B. S. Haldane ha escrito lo siguiente: «Es posible que el mundo sea más extraño no sólo de lo que imaginamos sino también de lo que *podemos* imaginar». El hecho de que ningún sistema de conocimiento recoja todos los contenidos del universo significa que podemos aceptar diversos sistemas de conocimiento. La vida es una parte tan intrínseca y una característica tan esencial del universo como la materia, las estrellas y las galaxias. Si queremos entender sus rasgos más importantes, debemos entender su evolución. Esta evolución ha dado lugar a estructuras cada vez más complejas y jerarquizadas, hasta culminar primero en los organismos biológicos y después en el ser humano.

Debemos concebir el universo como el hogar de la especie humana. No somos un insignificante polvo de estrellas que habita en un rincón oscuro del universo; somos una causa, o como mínimo un resultado, de un proceso absolutamente espectacular al que han contribuido todas las fuerzas del universo. Esta perspectiva nos resulta deslumbrante, pero al mismo tiempo nos inspira un sentimiento de humildad. Somos los custodios de la evolución en su conjunto, y al mismo tiempo no somos más que la punta de la flecha de la evolución. Hemos de sentirnos cómodos en el universo, porque no somos una anomalía sino su mayor gloria. No estamos perdidos en él ni somos unos extraños para él, puesto que *somos él*.

La revolución copernicana no tenía como consecuencia necesaria el distanciamiento del ser humano respecto del universo. *De Revolutionibus* es un himno a la divinidad del hombre en la divinidad del cosmos. Sólo más adelante, cuando los profetas del materialismo vacuo empezaron a moldear el curso de nuestra civilización, se degradó lo humano y se pervirtió la revolución iniciada por Copérnico. Si observamos con cuidado y atención, veremos que no hay *ni un solo* elemento en toda la física, particularmente en la física newtoniana, que nos impida ver el universo como el hogar del ser humano, en el sentido que estamos exponiendo. Lo que nos llevó a *interpretar* que la física significaba la defunción del hombre trascendente fue nuestra estrechez de miras y la pobreza de nuestros ideales.

En el marco de la ecocosmología se considera que la especie humana tiene una importancia extraordinaria, no en sí misma sino en cuanto partícula luminosa del despliegue del proceso evolutivo. Es posible que la humanidad no fuera en su origen más que polvo cósmico, pero a lo largo de miles de millones de transformaciones la evolución ha creado estructuras tan complejas, sutiles y maravillosas que el producto final es verdaderamente milagroso. En la medida en que encarnamos, conservamos e intentamos refinar esta exquisita organización, nosotros somos el milagro, lo sagrado. Nuestra sacralidad radica en el carácter único de nuestra constitución biológica, dotada de un potencial tan refinado que nos permite llegar al plano de lo espiritual. Nuestra sacralidad radica en la conciencia de nuestra espiritualidad y en nuestro impulso interior a conservarla. Nuestra sacralidad es la conciencia de la extraordinaria responsabilidad que ha recaído sobre nuestros hombros como resultado final del proceso evolutivo, un proceso que ha culminado en nosotros pero que debe seguir adelante. En cierto sentido, la humanidad es sólo una vasija, pero los poderes y las responsabilidades que la adornan la convierten en una vasija sagrada.

Algunos partidarios de la ecología profunda me han acusado de antropocentrismo. Según esas mismas voces, la especie humana es un cáncer sobre la superficie de la Tierra. Esta idea me parece absurda, además de un insulto a la grandeza del proceso evolutivo. Hemos cometido errores. También los han cometido otras especies, al precio de su desaparición. Sin embargo, para no apreciar que la vida y la evolución son maravillosas, hay que tener una sensibilidad francamente malsana. No debemos profanar ni la belleza de la evolución ni la belleza de la condición humana.

Nuestro carácter único no procede del hecho de que estemos separados del resto de la naturaleza o de que seamos «la medida de todas las cosas», como han sostenido los humanistas tradicionales, sino de que percibimos las características más valiosas que ha llegado a desarrollar la vida y somos los custodios del tesoro de la evolución. Aunque hemos perdido un poco de la grandeza y la gloria que nos atribuían las viejas concepciones humanistas, hemos ganado algo que tiene un valor incalculable: ahora somos uno con el resto del cosmos, ya no estamos separados de él. Formamos parte del ciclo, estamos íntimamente entretejidos con el resto de sus elementos, al igual que éstos se hallan íntimamente entretejidos con nosotros: los átomos en bruto y las células en estado de semiconciencia han cooperado para engendrarnos.

Ser uno con el resto de los elementos no equivale a estancarse o disolverse en la materia primordial. Por el contrario, en esa unidad está lejos de reinar la quietud. La evolución ha sido un drama prometeico de principio a fin, lleno de desmesura y sacrificios. Nuestra vida es el resultado de innumerables actos de trascendencia, algunos de los cuales se han conseguido con sangre, sudor y lágrimas. *Damos sentido a nuestra vida cuando intentamos trascenderla.* Ésa es la historia de la vida preconsciente. Y ésa es la historia de la vida dotada de autoconciencia. Esta concepción del sentido de la vida es absolutamente válida tanto para las formas de vida prehumanas como para las formas de vida humanas; se aplica por igual al arte elevado y a la actividad humana, allá donde aspiramos a tener éxito y a «hacerlo siempre un poco mejor». En todas esas esferas, nuestra capacidad para crear sentido no estriba en limitarnos a aceptar lo que ya está hecho, sino en tratar de ir más allá. Cuando la especie humana apareció sobre la faz de la Tierra, el universo estaba sometido a un proceso de trascendencia continua, un proceso que nos corresponde proseguir, aunque sólo sea para existir.

En la ecocosmología, los *valores* regulan no sólo las relaciones entre los individuos sino también las relaciones entre el individuo y la vida. Los valores no giran alrededor de Dios o de los humanos, sino de la evolución. En última instancia, podemos decir que los valores humanos, los valores por los que debemos regirnos en el universo humano, un universo que no está habitado únicamente por los seres humanos, guardan relación con el proceso de despliegue del cosmos y derivan de él, por cuanto que ese cosmos, como ya hemos explicado, es un componente que codefine a la humanidad en su proceso evolutivo. También podríamos decir que esos valores guardan relación con la estructura del despliegue evolutivo y se derivan de él. Ahora bien, cuando afirmamos que los valores giran alrededor de la evolución, o que se derivan de la estructura de la evolución, debemos ser cuidadosos, porque el sentido de esas afirmaciones depende en gran medida del sentido que otorguemos al término «evolución». Si la evolución se concibe como un proceso de permutaciones ciegas, que acontecen en un universo esencialmente físico-químico, los valores que giran alrededor de la evolución pueden llevar, en el peor de los casos, a santificar la brutalidad y la crueldad en nombre de la supervivencia de los más aptos, y, en el mejor, a idolatrar la naturaleza inanimada. No obstante, si la evolución se concibe como una humanización y una espiritualización de las cuestiones primordiales, el sentido de la evolución desde un punto de vista humano equivale al sentido de los valores humanos. Los valores son los aspectos más refinados de la conciencia, de las inclinaciones y de las aspiraciones humanas, en definitiva, de todo aquello que ha hecho que la vida sea algo más que pura biología, que la ha vuelto espiritual, que la ha tornado humana.

La santidad de los valores procede de nuestro reconocimiento, de nuestra valoración, incluso de nuestra adoración de esas características de la vida, así como de las estructuras y jerarquías que les sirven de sostén y que dotan a la vida de su esplendor humano. Vivir la vida de un ser humano es acoger lo sagrado y participar de ello, dos actos que, no obstante, únicamente se nos dan en potencia. Hay que esforzarse y trabajar, a veces con enorme denuedo, para actualizar ese potencial.

Así pues, en la ecocosmología nos reconocemos como parte del cosmos en evolución. Esta evolución nos permite atribuir santidad al ser humano, una santidad que nos libera de la tiranía de los absolutos, a diferencia de lo que ocurría con formas anteriores de lo santo, al tiempo que nos permite trascender el nihilismo y el relativismo moral, con su arbitrariedad y su desorden. Debemos insistir una y otra vez en que el relativismo y el nihilismo de nuestra época no son el resultado de la inmoralidad de nuestros contemporáneos, sino la consecuencia de una cosmología errónea.

El nuevo imperativo

No queremos hacer un dios de la biología, de la evolución, de la naturaleza. Nuestros valores son específica e intrínsecamente atributos humanos. Deben ser expresados en términos humanos, es decir, que abarquen un gran arco de connotaciones en distintos niveles, que calen en nuestra mente, en nuestro corazón y en nuestro cuerpo. De hecho, esos valores encarnan, incorporan y concretan la variedad de formas que han surgido como fruto de la evolución. Aunque esos valores sean, por una parte, el producto de un proceso y, por otra, una etapa transitoria, puesto que nuestra evolución nos conduce a crear nuevas formas, hay que entenderlos como el conjunto de las características distintivamente humanas, como el anclaje existencial de la humanidad. En ellos se resumen las diversas fases de la evolución, pero además son guías que orientan la conducta humana: los principios que dotan de sentido a la vida humana tal como se vive en un universo que es al mismo tiempo humano y suprahumano.

¿En qué consideración debemos tener a estos valores que, por un lado, son la suma de la sensibilidad de la evolución y que, por el otro, sirven para guiar la acción humana en *este* mundo? ¿Cuál es nuestro nuevo imperativo moral?

• Actuar para preservar y potenciar el despliegue de la evolución y de todas sus riquezas.

• Actuar para preservar y potenciar la vida, condición necesaria para seguir adelante con la evolución.

• Actuar para preservar y potenciar el ecosistema, condición necesaria para seguir potenciando la vida y la conciencia.

• Actuar para preservar y potenciar las capacidades que constituyen la forma más desarrollada del universo evolucionado: la conciencia, la creatividad y la compasión.

• Actuar para preservar y potenciar la vida humana, que

es la vasija en la que se dispensan los logros más preciosos de la evolución.

Estas cinco características del nuevo imperativo moral son únicamente variaciones sobre el mismo tema. Todas se siguen de la primera formulación. Este hecho no sólo es inevitable, sino que es de lo más apropiado. Un imperativo moral debe ser, por una parte, lo bastante general para servir como cimiento filosófico de los valores y, por la otra, lo bastante fértil para ofrecer consecuencias específicas y guías para la acción. En última instancia, tenemos que relacionarlo con las acciones concretas de nuestra vida cotidiana, y derivar de él los criterios que nos permitan rechazar valores incompatibles con los nuestros.

Si hemos examinado algunos imperativos morales del pasado no ha sido para demostrar que son espurios, sino para poner de manifiesto que apuntan a tientas en la dirección correcta. De hecho, podemos trasladar a nuestro nuevo imperativo la esencia de algunos de ellos. Si empleáramos las categorías y los conceptos de los antiguos imperativos, podríamos expresar el contenido del nuevo imperativo del siguiente modo:

• *El imperativo prometeico* o la necesidad de trascendencia.

• *El imperativo kantiano* o la celebración de los más altos logros de la evolución.

• *El imperativo ecológico* o la necesidad de preservar y potenciar el hábitat natural que nos rodea.

En cambio, debemos establecer una nítida distinción entre el nuevo imperativo y estos dos:

• *El imperativo instrumental,* que es el imperativo prometeico despojado de su trascendencia.

• *El imperativo tecnológico,* que es el imperativo instrumental llevado a su conclusión lógica: el instrumento, la máquina, dicta las modalidades de la conducta humana.

Esta presentación explica de forma meridianamente clara qué parte de nuestra tradición queremos incorporar y qué parte queremos rechazar. A continuación examinaré los cinco imperativos uno por uno, dado que todos ellos se relacionan con nuestro nuevo imperativo.

El componente prometeico del nuevo imperativo hace hincapié en que el deseo de mejorar, perfeccionar y trascender nuestra condición es inherente a nuestra vida y constituye un impulso *moral*. No podemos entender el despliegue de la vida, en especial el de la vida humana, si no nos percatamos de que el impulso de ir siempre un paso más allá –sea cual sea la etapa en la que nos encontremos– está en la naturaleza misma de la vida. En este sentido, el progreso no sólo está justificado, sino que es inevitable. Sin embargo, el objetivo de este progreso es alcanzar una trascendencia y una perfección cada vez mayores, y, en el plano de la vida humana, no se puede separar de la conquista y la potenciación de la espiritualidad.

Por lo tanto, el progreso es siempre progreso espiritual. Pero, como muestra la historia de Prometeo, el camino hacia el progreso se logra a fuerza de sacrificio, y a veces da lugar a la desmesura. En la medida en que nos sacrificamos, consciente o inconscientemente, nos convertimos en instrumentos que permiten alcanzar otros objetivos. La historia de la evolución es la historia de este autosacrificio. Cada fase de la evolución se ha convertido en un medio, en un instrumento para alcanzar la siguiente fase. Lo mismo ocurre con la vida humana. El sacrificio, el altruismo y la devoción son tan naturales como inevitables.

El altruismo forma parte de nuestra naturaleza, es un componente del instinto humano. Reconocerse como humano es reconocer nuestra capacidad de altruismo.

Las sociedades que eliminan el altruismo como forma de

conducta social acaban desgarradas por los conflictos, como ocurre con la sociedad actual. Por otro lado, el altruismo es una parte *esencial* de la naturaleza de la evolución. La evolución habría cesado hace tiempo si su *modus operandi* no fuera el altruismo. La base del altruismo es la cooperación. Si la evolución no contara con la cooperación de sus partes integrantes, sería un proceso nulo y vacuo. Todas esas teorías de la agresión que se deleitan con la naturaleza en apariencia destructiva del ser humano y se basan supuestamente en la evolución, olvidan la obra que ésta ha llevado a cabo a través del altruismo. Con esto no pretendo decir que la agresividad no forme parte de nuestra herencia, sino que el altruismo ha prevalecido y prevalecerá, porque forma parte de la naturaleza de la evolución. Ni siquiera en la más despreciable de las sociedades es posible vivir un solo día sin que se produzcan continuos actos de altruismo.

A la luz de su esplendor evolutivo, la vida humana es una antorcha que se consume. Realizamos innumerables sacrificios porque creemos que merecen la pena. Nos convertimos en instrumentos porque pensamos que la causa es digna de ello. Los aspectos prometeicos de nuestra vida, incluso cuando nos sacrificamos y nos inmolamos, suelen ofrecer una intensa satisfacción al individuo: pensemos en los exploradores que mueren solos en aras del conocimiento, de la sabiduría y de la humanidad. Estos sacrificios son intensamente satisfactorios porque están en armonía con el imperativo general: preservar y potenciar lo mejor que hay en la especie. La dimensión prometeica de la vida humana se manifiesta en el proceso de atribución de un sentido a la vida: «Damos sentido a nuestra vida cuando intentamos trascenderla».

Pero la vida humana nunca debe quedar reducida a un simple medio. No existe causa lo bastante elevada para justificar el sacrificio del ser humano si, en el proceso, el ser humano no se realiza *como ser humano*. De ahí la importancia de la segunda parte de nuestro imperativo, el imperativo kantiano: tratar la vida de todo ser humano como si fuera un fin en sí misma. Desde un punto de vista evolutivo, este segundo elemento de nuestro nuevo imperativo entraña celebrar el punto máximo que ha alcanzado la vida hasta el momento. A lo largo de su despliegue, la evolución ha creado tales maravillas («¡Qué obra maestra es el hombre!») que nuestra conciencia de ellas no puede por menos de llevarnos a concebir al ser humano como algo sagrado. Vivir una vida humana es acoger lo sagrado y participar de ello. En esta fase de la evolución, la humanidad es un valor último. En lugar de situarla al margen del resto del universo o de tratarla como una «cosa en sí», reconocemos con humildad el trabajo de la evolución. Este reconocimiento tiene como premisa tácita que la evolución sigue adelante, que podemos trascendernos a nosotros mismos y a nuestra condición actual, y que así lo haremos; además, apoya la idea de que la especie humana debe convertirse en un instrumento en aras del futuro, del perfeccionamiento de la humanidad y de la evolución en su conjunto. La dialéctica entre los medios y los fines de la vida humana es complicada y no resulta fácil de reconciliar. En última instancia, nunca debemos exigir del individuo un sacrificio en aras «del futuro» si ese sacrificio es incompatible con el destino que le corresponde en cuanto ser humano. Como ya hemos dicho, podemos convertirnos en instrumentos sin por ello dejar de realizar una parte de nuestro destino humano. Podemos ser fines y medios al mismo tiempo. Lo que no es admisible es convertir al ser humano en un *simple* medio, como hacen y siempre han hecho los regímenes totalitarios. Aquí es donde el aspecto kantiano de nuestro imperativo se manifiesta con toda su fuerza.

Dotando al imperativo kantiano de un sentido evolutivo, recogemos su lógica intrínseca y la incorporamos a nuestro nuevo imperativo. Kant no tenía conciencia de nuestras ideas cosmológicas ni podía saber nada de nuestros problemas ecológicos. Para garantizar la soberanía del ser humano, se sintió obligado a separar el mundo humano del mundo físico y a elaborar la noción de «cosa en sí». Nosotros, en cambio, podemos conservar la soberanía del individuo sin por ello dejar de verlo como parte del proceso evolutivo del universo. No cabe la menor duda de que el imperativo kantiano es un aspecto de nuestro nuevo imperativo: consagrando al ser humano, preservamos y potenciamos la creación más lograda de la evolución. Los llamados «derechos inalienables» del individuo, que en ocasiones se vinculan con el imperativo kantiano, no sólo están en armonía con nuestro imperativo, sino que se siguen claramente de él. En realidad, esos «derechos» encuentran una justificación mucho más coherente y poderosa en nuestro imperativo que en el marco del individualismo o de cualquier otra ética situacional.

Alimentar la vida humana, protegerla y conservarla sólo es posible si alimentamos y conservamos el hábitat ecológico que nos acoge a todos. De ahí la importancia del tercer componente de nuestro imperativo: el imperativo ecológico. Constituimos una unidad con el hábitat ecológico porque representa las formas de vida de las que somos parte. Sin embargo, existe una importante diferencia entre afirmar que debemos cuidar del hábitat ecológico porque nos da de comer y afirmar que debemos hacerlo porque forma parte de nosotros y nosotros formamos parte de él. En el primer caso, la naturaleza y el ser humano son entidades separadas, y la función de aquélla es estar a nuestro servicio. Aquí se trasluce claramente una actitud instrumental: tratamos el ecosistema como un medio, como un recurso. En el segundo caso, la naturaleza y el ser humano son uno y el ecosistema tiene un valor intrínseco.

La vida humana merece reverencia, exactamente igual que la vida del hábitat ecológico. El hábitat ecológico tiene un valor intrínseco, forma parte de la vida en general. Llegados a este punto, debemos reintroducir el principio de reverencia por la vida propuesto por Schweitzer. Tratamos la vida humana y el hábitat ecológico con reverencia; los tratamos como valores intrínsecos porque representan altísimos logros del universo en su despliegue. Ni que decir tiene que el imperativo de Schweitzer es coherente con nuestro nuevo imperativo. Pero la idea misma de «reverencia por la vida» pertenece a dos cosmologías diferentes y, por lo tanto, presenta dos sentidos diferentes. En la cosmología cristiana, para la que todo pertenece a Dios, la ética basada en la reverencia por la vida es una anomalía. En la ecocosmología, que considera que el universo es el hogar de la especie humana, el principio de reverencia por la vida se deduce de forma natural.

No obstante, siempre habrá conflictos, choques y sufrimientos en el ámbito de la vida, sencillamente porque no podemos conservar todas las formas de vida. En la estructura de la evolución, cuanto más desarrollado está un organismo, mayores son su complejidad y su sensibilidad, y más razón hay para tratarlo como más valioso y precioso que los otros. En pocas palabras, la exquisitez del ser humano es más preciosa que la exquisitez del mosquito. En momentos de conflicto, nos preocupamos más por la vida de los seres humanos que por la vida de los mosquitos. El instinto nos ha dicho siempre que la vida de un ser humano es más valiosa que la vida de un mosquito. Nuestro nuevo imperativo ofrece una explicación convincente de las razones de este fenómeno.

Resulta francamente asombroso que algunas voces (procedentes, una vez más, del movimiento de la ecología profunda) sostengan que todas las especies del planeta son igualmente valiosas. Del principio de reverencia por la vida se desprende claramente que debemos valorar todas las especies, pero no que todas ellas sean *igualmente valiosas*. En lo más profundo de su corazón, los defensores del llamado igualitarismo radical tienen muy claro que es inconcebible sacrificar a un ser humano para salvar a un mosquito o incluso a un gato. ¿Por qué pretenden llevar entonces hasta sus últimas consecuencias esos ideales tan insostenibles? Lo que necesitamos son ideales que contribuyan a la vida, no ideales que suenen bien.

Debemos cuidar del hábitat ecológico porque es una extensión de nuestra sensibilidad. Somos guardianes y administradores del ecohábitat, no meros «usuarios», exactamente igual que somos guardianes y administradores de la vida humana y de nuestra herencia espiritual. Eso es lo que entraña el nuevo imperativo en relación con nuestros hábitats ecológicos y con el desarrollo de la nueva ecoética.

Examinemos ahora más de cerca los imperativos instrumentales y tecnológicos que han ejercido una gran influencia en nuestra época pero que *no* forman parte de nuestro nuevo imperativo. Los valores instrumentales, representativos del imperativo instrumental, encuentran su legitimidad en el imperativo prometeico. De hecho, se derivan de él y, en cierto sentido, constituyen uno de sus aspectos. Pues los valores instrumentales representan un intento de mejorar las condiciones materiales y, por lo tanto, indirectamente, la condición humana. Pero los valores instrumentales de la sociedad se han «liberado» de lo más esencial del imperativo prometeico: el elemento de la trascendencia. (Por trascendencia entendemos el aumento y la potenciación de nuestra espiritualidad.) Los valores instrumentales desafiaron la idea de desmesura y se convirtieron en portadores de venganza. Aunque se derivan del imperativo prometeico, los valores instrumentales no tienen cabida en nuestro nuevo imperativo, pues al aprovecharse de un aspecto de nuestro desarrollo, se olvidan del propósito real de éste. Esta característica resulta especialmente llamativa en el imperativo tecnológico, que es una derivación del imperativo instrumental. La razón de ser del imperativo tecnológico no es potenciar la evolución en su conjunto, sino incrementar la eficiencia industrial.

Hemos examinado el nuevo imperativo desde el punto de vista de los conceptos e imperativos del pasado, pero no sería apropiado concebirlo como una mera suma de viejos códigos, ni siquiera como una síntesis de todos ellos. La síntesis pertenece al ámbito de la química. Para realizarla hay que saber por adelantado cómo combinar los diversos elementos. Las visiones del mundo y los imperativos morales no son síntesis de esa clase. Surgen del desarrollo de la humanidad, al igual que en el transcurso de la evolución surgen nuevas especies. No se puede decir que sean meras síntesis. Son más bien creaciones, no combinaciones. Sin embargo, a la luz de la intensidad de nuestras investigaciones en pos de una ética no relativista, y de los numerosos intentos de reflexionar sobre nuestros problemas cosmológicos, todo indica que antes o después alguien será capaz de conectar ambos elementos y demostrar que la ética y la cosmología se definen mutuamente, o, en todo caso, se complementan, y que una ética no relativista para los tiempos futuros tendrá que estar arraigada en una cosmología en la que el universo se conciba como el Hogar de la Humanidad. Demostrar esto ha sido el objetivo principal de este capítulo. Comoquiera que sea, en este momento me parece incuestionable que *los valores se pueden derivar de «las leyes de la evolución»*, aunque no en un sentido trivial o evidente.

Cuando las primeras amebas trascendieron su estado biológico original y se convirtieron en algo más complejo y más refinado, ese acto fue genuinamente trascendente, aunque no quepa decir que fuese divino. Sin embargo, en el transcurso de la evolución, la sensibilidad y la potencialidad de la materia continuaron refinándose hasta engendrarnos a nosotros, que en nuestras luchas y en nuestra actualización del potencial del que estamos dotados realizamos actos trascendentes, espirituales y divinos.

La sacralidad no es algo que un dios benévolo y omnipotente nos entregue en bandeja de plata, sino algo que se adquiere con el transcurso de la evolución. La espiritualidad, la sacralidad y la divinidad son atributos singulares del capítulo humano de la evolución, atributos que se han obtenido a través de numerosas batallas biológicas, cognitivas y espirituales. Estas victorias son increíbles, habida cuenta de que nuestro equipamiento biológico no favorecía especialmente el desarrollo de la espiritualidad.

Somos fragmentos de una divinidad emergente. La espiritualidad y la divinidad no aparecen al principio del proceso de espiritualización de la materia, sino al final. Actualizamos a Dios y, por así decirlo, lo traemos al plano de la existencia cuando actualizamos la sensibilidad, la sacralidad y la divinidad latentes en nosotros. Dios está al final del camino. Nosotros somos sus fragmentos actuales: rudos, limitados, toscos.

La trascendencia, entendida como el continuo perfeccionamiento de nuestros logros y capacidades, no depende de la existencia de Dios. De hecho, este concepto de trascendencia es el único justificado desde una perspectiva verdaderamente evolutiva: una trascendencia carente de un dios creador. Si colocamos a Dios al principio del proceso, entonces la trascendencia representa un proceso caracterizado por un curioso retraso, por un retroceso, en lugar de un proceso de avance que nos lleve cada vez más allá, hasta alcanzar la pura espiritualidad.

La ecocosmología sostiene que *nosotros* somos el universo en proceso de formación. Luchamos por descubrir el sentido de las cosas a través de nuestros esfuerzos existenciales. Dotamos de sentido al universo a través de la humanidad que adquirimos. Desarrollamos la sensibilidad estética como parte del proceso evolutivo. Adquirimos la Mente y sus diversas capacidades cognitivas a través de nuestros esfuerzos (y de los esfuerzos de la evolución). Adquirimos la espiritualidad como resultado de nuestro despliegue evolutivo. Adquirimos la devoción por lo divino convirtiéndonos en dioses al final de nuestro trayecto evolutivo.

Conclusión

A tenor de las ambiciones del programa de la ecofilosofía, cabría preguntarse si son realistas. El «realismo» de nuestro pensamiento actual es absolutamente *irreal*. La ecofilosofía no es un saber que se pueda demostrar mediante la argumentación, sino un saber que debemos incorporar a la estructura de nuestra vida. A mi modo de ver, esta incorporación se ha producido ya en ciertos lugares, en ciertas formas de vida, a veces conscientemente, aunque casi siempre de manera inconsciente. Por lo tanto, en cierto sentido me he limitado a recoger y codificar las nuevas formas de vida que están apareciendo. Por encima de todo, he intentado demostrar que la ecofilosofía es una filosofía coherente, que no se opone a la razón, puesto que es una expresión de la razón considerada en su despliegue evolutivo.

Immanuel Kant se preguntó: «¿Qué es el hombre?». Su intención no era describir la naturaleza humana tal como es, con los datos que puede descubrir la investigación empírica, sino averiguar el pleno alcance del potencial humano.

Realizar el potencial humano es trascender nuestra condición actual y cumplir las exigencias de la evolución. Nuestra supervivencia biológica y medioambiental depende por completo, a corto y a largo plazo, de nuestra capacidad para volver a crear el mundo desde dentro. Los valores ecológicos son en estos momentos la expresión de una necesidad histórica. Ir más allá es el imperativo evolutivo y el imperativo de nuestra condición actual. De hecho, tenemos que progresar si no queremos desaparecer. *Trascendencia y urgencia son una y la misma cosa*. Como escribió Robert Browning: «Ah, pero aquello a lo que aspira el hombre debe superar lo que es capaz de alcanzar / pues, de lo contrario, ¿para qué necesitaríamos el cielo?».

En los capítulos que siguen intentaré desarrollar con más detalle las ideas de la ecocosmología y de la ecofilosofía. Desarrollar ideas forma parte de la creación. Además de alumbrar nuevas concepciones, debemos plasmarlas en nuevas formas de vida y vivir conforme a ellas, para ofrecer un testimonio palpable de la viabilidad de nuestro nuevo logos. Sólo entonces se completa el círculo: el logos y la vida se abrazan y se funden. La filosofía se convierte en una forma de vida.

5. El hombre ecológico

El ser humano, tejido por los hilos del sueño griego del poder de la mente, forzado y reducido por la sujeción medieval a la religión, liberado en parte durante el Renacimiento, sujeto nuevamente a los grilletes de la esclavitud llamada Revolución industrial y cegado por la embriagadora utopía materialista durante la primera mitad del siglo XX, al fin se convierte en *el hombre ecológico*.

Del valle del Tigris, de Mesopotamia, Asiria y Babilonia, surgieron civilizaciones grandes y orgullosas. En la cuenca del Egeo, el espíritu humano alcanzó un grado de refinamiento que no había tenido hasta entonces. Los tiempos en que nos parecíamos a las tortugas y los orangutanes habían quedado atrás. De repente se abrió el horizonte de una gran aventura, de grandes logros espirituales, de grandes saltos adelante, que deslumbraron nuestra imaginación y espolearon nuestro coraje. Sin embargo, tras el extraordinario salto que representó la Grecia antigua, parece que hayamos sucumbido a una curiosa anemia espiritual. Es como si nuestro inmenso potencial nos intimidara. Cegados por el sol que habíamos creado, o tal vez envidiosos de la suerte de la tortuga, volvimos a *avanzar con lentitud y pegados al suelo.* Aun así, nuestro lugar no está ya entre las tortugas. Estamos condenados a un destino estelar, a la necesidad de una continua trascendencia. Si no queremos traicionar la humanidad que habita en nuestro interior, debemos enfrentarnos una y otra vez con nuestro inmenso futuro. El destino humano es una prisión de perfectibilidad interminable con forma de espiral.

Desde el interior del túnel de la jungla industrial, donde el consumo reina por encima de todas las cosas, observamos tímidamente una nueva luz. Somos más ricos que antes en lo que respecta al progreso material, a la libertad de movimientos, a la capacidad de ver el mundo entero encerrados entre los muros de nuestra sala de estar, pero somos más pobres por la cantidad de selvas y bosques que hemos destruido, por los innumerables valles que hemos cubierto con fajas de hormigón, por todas las culturas que hemos borrado de la faz de la Tierra. Cargamos con el dolor de saber que debemos recorrer nuevos caminos. Estamos despertando del sopor materialista y cobrando conciencia de que el mundo es un *mysterium tremendum.* Algunos siguen envueltos en el capullo del sueño materialista. Debemos dejar de lado sus incoherencias sonámbulas sobre las maravillas del paraíso del consumo.

Pero estamos sólo al comienzo. Debemos dar un salto imaginativo para pasar de la concepción newtoniana y determinista del mundo, en la que estamos condicionados e impulsados por fuerzas físicas inexorables, a una concepción del mundo cuyos agentes seamos nosotros, en la que cocreemos el mundo al crear nuevas formas de sensibilidad y de conciencia. Debemos tener el valor de imaginar hasta qué punto seremos *extraordinarios* dentro de 500 millones de años. Pero a los escépticos eso no les impresiona. Nos dirán que vivimos *en el presente*, no dentro de millones de años. En realidad, *el presente* se extiende a lo largo de los siglos y de los milenios. Al menos, tengamos el coraje de pensar en el nuevo milenio. Lo que entonces veremos es la aparición del hombre ecológico.

Antes de examinar con más detalle los atributos del hombre ecológico, observemos el escenario que nos rodea y preguntémonos por qué las actuales concepciones del mundo, propias del siglo XX, no nos resultan satisfactorias ni pueden llegar a serlo.

Las deficiencias de las filosofías del hombre occidentales que imperan en la actualidad

La filosofía occidental del siglo XX ha demostrado un inmenso poderío y ha aportado abundantes novedades en el ámbito de la lógica, la semántica y la filosofía del lenguaje. No podemos decir lo mismo si nos fijamos en la filosofía del hombre. La situación es comprensible, aunque no resulte evidente. Si el universo de nuestro discurso está tan limitado que únicamente considera válidos el elemento físico y el elemento lógico, no podemos desarrollar –al menos dentro de esas coordenadas– una filosofía del hombre digna de ese nombre. El fenómeno humano comienza donde termina la materia bruta. La filosofía del hombre comienza cuando tratamos de perfilar y expresar lo que hay de único en nosotros, aquello que va más allá de lo físico, de lo lógico, de lo analítico. Una filosofía del hombre que esté a la altura de las circunstancias debe intentar expresar nuestra naturaleza trascendente, pues el fenómeno humano, en la medida en que es único, trasciende lo físico y lo biológico, y también lo lógico y lo analítico.

Al afirmar que somos seres trascendentes me limito a sostener que un ser humano es un producto de la evolución que se trasciende a sí mismo sin cesar. En la medida en que la filosofía analítica evita cualquier noción de trascendencia, en que intenta limitarse a algunos aspectos inmanentes de lo humano e insiste en expresar el fenómeno humano únicamente mediante términos analíticos y descriptivos, está condenada a pasar por alto el fenómeno humano, aquello que nos hace únicos, y a crear una filosofía tan artificiosa y constreñida que no es digna de ese nombre. Por lo tanto, mientras la filosofía analítica se mantenga fiel a sus herramientas y metodologías, no podrá expresar el carácter único de la especie humana. El principal problema de la filosofía analítica en relación con la filosofía del hombre se podría expresar como sigue: la filosofía analítica ha desarrollado poderosas herramientas conceptuales para hacerse cargo del elemento físico y del elemento lógico; sin embargo, dichas herramientas son absolutamente inadecuadas para ocuparse de lo humano, de lo existencial, de lo espiritual. Por esta razón, la filosofía analítica es del todo inadecuada para enfrentarse al fenómeno humano. Para decirlo de forma sencilla: ¿de qué nos sirve tener un lenguaje depurado si nuestro concepto de la humanidad es erróneo?

Como resultado de las lamentables deficiencias de la filosofía analítica a la hora de abordar el fenómeno humano (así como las esferas de la ética y la estética), el marxismo y el existencialismo han sido las filosofías del hombre que han gozado de mayor predicamento en el transcurso de los últimos cincuenta años. A mi juicio, tanto la filosofía marxista como la filosofía existencialista, en particular la de Sartre, son fundamentalmente inadecuadas porque merman el fenómeno humano y nos despojan de nuestros más altos atributos: nuestra naturaleza trascendente, nuestra divinidad, nuestra dignidad; indirectamente, además, nos privan de nuestras esperanzas más nobles y nuestros horizontes más vastos; en última instancia, son filosofías de la desesperanza.

Una filosofía viable y sostenible del hombre debe ser una filosofía de la esperanza, una filosofía con aspiraciones elevadas que nos aliente a perfeccionarnos en todos los planos, incluido el cultural, el espiritual y el trascendental. Hasta el momento, la historia de la humanidad ha sido la historia de una trascendencia continua, de un proceso de *actualización* continua que nos ha llevado a ser más versátiles, más sabios, más sensibles.

Las religiones y las culturas han desempeñado un papel esencial para que el ser humano se convirtiera en un animal simbólico. La creación de religiones y culturas nos ha llevado a inventar símbolos estimulantes, superiores a nosotros, que nos han incitado a progresar. No debemos caer en la ingenuidad de afirmar que la fabricación y el uso de herramientas han hecho posible que nos humanizáramos. No. El ser humano es un animal simbólico por excelencia; los símbolos nos permiten desarrollar nuestro potencial.[1] Somos lo que pensamos: si no pensamos nada, no somos nada; si pensamos en símbolos superiores a nosotros, poco a poco podemos llegar a ser la imagen de esos símbolos. Una cabeza hueca que no piensa o que dice trivialidades contribuye a una concepción trivial de la humanidad y a una sociedad trivial. La profundidad o la superficialidad de nuestro pensamiento determinan la profundidad o la superficialidad de nuestra realidad, incluida la realidad del ser humano. La ingenua creencia de que las fuerzas de pro-

---

1. Véanse especialmente los textos de Carl G. Jung, Mircea Eliade y Joseph Campbell.

ducción lo determinan todo ha resultado trágica para el marxismo, como filosofía en general y como filosofía del hombre en particular. Esa creencia lo ha llevado a erosionar y a disminuir el fenómeno humano, construyendo en su lugar un concepto del ser humano creado a imagen y semejanza de las fuerzas de producción: mecanicista, insensible, rudimentario. El principal problema del marxismo en relación con la filosofía del hombre se podría expresar de la siguiente forma: ¿de qué sirve entender bien las relaciones económicas si las relaciones humanas, culturales y espirituales se entienden mal?

Antes he dicho que el existencialismo y el marxismo son filosofías de la desesperanza, no de la esperanza; sin embargo, todo el mundo parece sostener que el marxismo es una filosofía optimista, incluso utópica, que plantea aspiraciones trascendentales para el futuro. Seré breve. A mi juicio, estas aspiraciones no son tan ambiciosas, y su optimismo es más bien superficial. Los horizontes del marxismo son bastante limitados. Aunque apoyemos la materialización de la utopía comunista, al final nos encontraremos con otra forma de sociedad consumista. No faltará quien proteste al oír estas palabras y argumente que, en una sociedad comunista, la avaricia, la explotación y la opresión implacable de una clase social a manos de otra quedan eliminadas. Es posible que así sea, pero, a pesar de todo, esa sociedad no dejará de ser consumista; no puede dejar de serlo si elimina lo espiritual, lo religioso, lo trascendental. Recordemos que la gran aspiración de los países comunistas es alcanzar los niveles de producción y consumo de Occidente.

Despojar el concepto de humanidad de su dimensión espiritual y su sentido de la trascendencia es tan lamentable como inadecuado. Por ese motivo, la filosofía marxista me parece sumamente pesimista y carente de esperanza.

Sé que llenar el estómago de los pobres es importante. Pero después de llenar el estómago hay que vivir la vida, dotarla de sentido, gozar de su belleza, perseguir sus grandes horizontes, elevarse hasta un cielo trascendente. Sé que en su juventud Marx escribió que el hombre debía ser granjero por la mañana, poeta por la tarde y filósofo por la noche.[2] Sin embargo, poco es el partido que se puede extraer de esos pasajes, puesto que no están en armonía con el resto de la filosofía marxista, que (para ser marxista) debe insistir en la primacía de lo material sobre lo espiritual, de los modos de producción sobre las formas de conciencia, de los objetos puramente materiales sobre lo bello, lo sensible, lo moral. A fin de cuentas, «el ser determina la conciencia». Ése es el credo básico del marxismo. Si he examinado con cierto detalle la concepción marxista de la condición humana no ha sido porque pretenda liquidarla, o porque me parezca carente de utilidad. La concepción marxista es, como mínimo, incoherente, y esa incoherencia permite encontrar en ella algunos elementos positivos. Lo que pretendo demostrar es que no se trata de una filosofía de la esperanza, que no ofrece una alternativa real a la concepción avariciosa, rapaz y explotadora de la humanidad que caracteriza al sistema de libre empresa; en suma, la concepción marxista está aquejada de unas limitaciones tan severas como las de la concepción empirista-capitalista. Ambas son fruto del secularismo y del materialismo, y la visión extremadamente empobrecida que tienen de la humanidad reviste graves consecuencias. Las dos están obsesionadas con el crecimiento material y la idea de progreso.

2. Véase especialmente Karl Marx, *The Philosophical and Economic Manuscripts of 1844*; cuando uno reflexiona sobre esta obra, se queda asombrado ante su ingenuidad. [Trad. esp. de Wenceslao Roces: *Manuscritos económico-filosóficos de 1844*, Grijalbo, Barcelona, 1975.]

Apenas he hablado sobre la concepción existencialista de la humanidad. Tal vez no precise explayarme, dado que dicha concepción surge también como resultado de una visión empobrecida; es fruto del secularismo y del materialismo, doctrinas para las que esa solitaria mónada llamada ser humano está irremediablemente perdida en un universo tan vasto como impersonal. El único sentido que puede sustentar a esa mónada es el de compadecerla por su triste condición. Espero no estar exagerando ni incurriendo en una caricatura del existencialismo. De hecho, fue el existencialismo el que hizo una caricatura del ser humano, al considerar que el individuo era un pobre jorobado, un enano que se ahogaba en su propia desgracia, y gozar perversamente de tamaño espectáculo.

Resulta de lo más aleccionador saber que en su última entrevista, poco antes de su muerte, Sartre rechazó la filosofía de la desesperación:

> Jamás me he sentido desesperado. Nunca he pensado ni por lo más remoto que la desesperación pudiera afectarme. En este aspecto, Kierkegaard ejerció una considerable influencia sobre mí.
>
> Era la moda. Estaba convencido de que había algo de mí mismo que yo no lograba conocer y que me impedía sentirme desesperado. Pero como otros hablaban de aquel sentimiento, tenía que aceptar que para ellos existía. Observará usted que la desesperación apenas volvió a aparecer en mi obra desde entonces: era una cosa de la época.[3]

Resulta francamente extraño que un filósofo de relevancia mundial diga: «Era la moda. [...] Pero como otros habla-

---

3. Jean-Paul Sartre, «Where I got it Wrong on Despair», conversación con Benny Levy, en *The Observer*, Londres, 20 de abril de 1980.

ban de aquel sentimiento, tenía que aceptar que para ellos existía». A continuación, Sartre hablaba sobre la esperanza:

Creo que la esperanza forma parte intrínseca de la naturaleza del hombre. La acción humana es trascendente: sitúa su meta, su realización, en el futuro. La esperanza está inscrita en el propio mecanismo de la acción, en la determinación de un objetivo que alcanzar.[4]

Eso era lo que pensaba Sartre –un Sartre al que apenas conocemos– al final de sus días, y tal vez lo que pensó durante toda su vida.

Otro aspecto que me gustaría destacar es que la herencia de Goethe, Blake y Nietzsche queda completamente olvidada en la concepción de la humanidad propia del existencialismo, del marxismo y, por supuesto, de la filosofía analítica. El principal problema del existencialismo en relación con la filosofía del hombre se puede expresar así: la concepción existencialista acierta al intentar definirnos en unos términos que pongan de manifiesto nuestro carácter único, pero yerra al creer que el ser humano es una mónada solitaria, una criatura perdida que navega a la deriva en un universo carente de sentido. Para decirlo de un modo sencillo: ¿de qué sirve captar el carácter único del hombre si se lo reduce a un asfixiante velo de desesperación?

Una filosofía viable del hombre debe ser una filosofía que justifique el carácter único del fenómeno humano, una filosofía de la esperanza, que resulte útil a la hora de explicar nuestro ascenso evolutivo y que apoye nuestras luchas futuras, necesariamente encaminadas a la conquista de lo trascendental. A mi juicio, la concepción ecológica del ser

4. *Ibid.*

humano constituye un paso conveniente en esa dirección. Llegados a este punto, debo aclarar que cuando hablo del hombre ecológico lo hago desde una concepción trascendental-evolutiva de lo humano. Tradicionalmente, el enfoque evolutivo entrañaba la reducción del ser humano a formas de vida inferiores y la aniquilación de la divinidad que habita en el hombre. Tradicionalmente también, el enfoque trascendental conllevaba la aceptación de la divinidad del hombre (derivada de ciertos absolutos) y la exclusión del proceso evolutivo. El hombre ecológico busca y encuentra la divinidad de la humanidad en el proceso evolutivo.

Para Tillich, la ontología es el ámbito central de la filosofía. Para Sartre, Heidegger y otros existencialistas, la investigación fenomenológica reviste la mayor importancia. Para la ecofilosofía, la cosmología es la esfera primordial. De la estructura del cosmos, concebido apropiadamente, se deducen el imperativo moral y la comprensión de las características esenciales de la humanidad.

El hombre ecológico

Los comienzos de la humanidad permanecen ocultos en el polvo cósmico. Sin embargo, en el transcurso de un proceso de «creatividad» iniciado hace miles de millones de años, la evolución ha originado estructuras y seres tan sutiles y complejos que rozan lo milagroso. El ser humano es una de las manifestaciones de tamaña sutileza y complejidad. El mérito no es nuestro; únicamente somos las vasijas en las que la evolución ha almacenado y cultivado algunos de sus bienes más valiosos. El lento desarrollo de la conciencia ha conducido –en el plano del *Homo sapiens*– al desarrollo de la autoconciencia y, posteriormente, a la estructura de la conciencia dotada de divinidad. La divinidad de la humanidad es una de las cristalizaciones específicas del proceso evolutivo.

Nuestro carácter señalado no se debe a que estemos separados del resto del cosmos y *condenados* a la soledad, como sostienen los existencialistas, ni a que seamos la medida de todas las cosas, como pretendían Protágoras y los humanistas tradicionales, sino a que somos los custodios de esta increíble casa museo que ha creado la evolución.

Esta visión de la humanidad nos hacer perder una parte del encanto que los humanistas tradicionales veían en la condición humana, pero a cambio nos lleva a ganar algo mucho más importante. Ahora estamos en unión con el cosmos, somos parte integral de éste. Formamos parte del maravilloso ciclo en el que los primeros átomos y el polvo cósmico, al igual que las primeras amebas y las galaxias distantes, han cooperado para alumbrar la vida y el fenómeno humano. La astrofísica y la física de partículas confirman cada vez más esta concepción del universo y del lugar que ocupamos en él.[5]

Podemos definir al hombre ecológico como un haz de facultades sensibles sometido a un proceso de continuo refinamiento. Las facultades sensibles han desempeñado el papel más importante en el progreso de la evolución y en la aparición de la humanidad; nuestro ascenso se ha producido como resultado de la continua ampliación y del refinamiento incesante de las facultades sensibles creadas por la evolución, hasta que hemos llegado a las facultades sensibles estéticas, a las facultades sensibles morales y al sentimiento de la divinidad. Por lo tanto, el sentimiento de la divinidad es una adquisición evolutiva. La perspicacia lógica, es decir,

5. Véase John Archibald Wheeler, *op. cit.*

la capacidad para ocuparse de la lógica, es una de esas facultades sensibles; la intuición, que gobierna nuestra capacidad de adquirir conocimiento y ocuparnos de él, es otra.

El propósito de estas facultades sensibles es la potenciación y el engrandecimiento de la vida. Cuanto mayor es el alcance de nuestras facultades sensibles, más plena es la vida que vivimos y la realidad que nos rodea. Cuando el ojo apareció como una nueva forma de sensibilidad, y cuando la evolución comenzó a *ver* a través de sus criaturas, se dio un tremendo paso adelante en la articulación del universo. La visión es una forma de sensibilidad, como el pensamiento y el éxtasis místico. Por consiguiente, se puede definir al ser humano como el laboratorio donde se incrementa el alcance de nuestras facultades sensibles. La evolución es un laboratorio todavía mayor, un taller alquímico en el que no dejan de crearse y refinarse nuevas formas de sensibilidad.

Esta concepción de la evolución nos permite observar el cosmos entero bajo una nueva luz, volver a evaluar nuestros valores y reestructurarlos en relación con el cosmos y con nuestros semejantes. (Desarrollo aquí las ideas propuestas en el capítulo 3.) El hombre ecológico aprecia y acepta el hecho de que los valores humanos, en especial los que dotan de sentido a nuestra vida y forman la base de nuestra relación con otros seres humanos, no constituyen un don divino ni son elementos puramente subjetivos y convencionales, sujetos a los caprichos humanos, sino que tienen su raíz y encuentran su sentido en la naturaleza misma del proceso evolutivo, de nuestro *devenir* como especie, como seres morales y como agentes que se autosensibilizan.

Si consideramos la evolución como un proceso de humanización y de sensibilización continua de la materia (es decir, de transformación de la materia en espíritu), vemos claramente que los valores son modalidades de conciencia articuladas y cristalizadas. No hay formas de sensibilidad más refinadas que los valores, adquiridos, codificados y legislados por la humanidad gracias al proceso de la evolución. Los valores morales, es decir, los admitidos oficialmente como tales, son formas cristalizadas de nuestra sensibilidad en relación con la lealtad, el altruismo, la reverencia, el amor y la compasión.

Somos perfectamente conscientes de que las leyes morales y los códigos morales únicamente contienen una parte de nuestra disposición moral, y que sólo una parte de nuestra conducta moral se refleja en ellos. Hay situaciones en las que actuamos de forma moral (y lo sabemos), aunque nuestra conducta no se apoye en ningún código moral. Nuestro conocimiento de la existencia de toda clase de disposiciones morales y de numerosas formas de conducta moral que no están sustentadas por ningún mandamiento moral es el resultado de nuestra *sensibilidad moral*, que forma parte intrínseca de nuestro yo interior y es un atributo de nuestro ser. Quienes carecen de esa sensibilidad y son incapaces de distinguir entre el bien y el mal son seres humanos radicalmente dañados que a menudo llegan a cometer crímenes. En la medida en que la sociedad tecnológica merma nuestra sensibilidad moral, es culpable de un crimen.

La importancia crucial y, en cierto sentido, el carácter sagrado de los valores morales se deben a que éstos sintetizan y coronan esos aspectos de la existencia humana que la convierten en un fenómeno luminoso, transbiológico, divino. Vivir una vida plena es participar de esa luz y de esa divinidad. Sin embargo, la luz y la divinidad únicamente se nos dan en potencia. La actualización de esa potencia es un proceso difícil y espinoso, que en ocasiones parece imposible. Era prácticamente imposible que la evolución diese lugar a la especie humana, pero lo hizo; parece prácticamente imposible que lleguemos a realizar la humanidad latente en nosotros, pero lo haremos.

El hombre ecológico es una creación de la evolución: ha surgido en cierto momento del proceso evolutivo humano (un momento bastante turbulento, por lo demás) y desaparecerá cuando la evolución (a través de nosotros) se trascienda una vez más. La evolución es incesante: transforma sus formas, sus aspiraciones, la condición humana. No conoce absolutos; es un flujo de autotrascendencia permanente.

El hombre ecológico y la celebración de la vida

El ser humano tiene como sostén toda la herencia de la vida, de la vida en su despliegue, en su desarrollo, en su creación de nuevas formas. Somos una forma de vida. Somos conscientes de nuestro carácter único y de nuestra superioridad sobre otras formas de vida. Pero esa superioridad no es tanto la superioridad *del hombre* como la superioridad de la naturaleza, de la propia vida, que en virtud del proceso evolutivo es capaz de alumbrar la autoconciencia y de escribir poesía valiéndose de nosotros como instrumento.

La vida no ha creado esta extraordinaria diversidad de formas para ser extinguida por una especie ebria de poder, por una civilización cuyo desarrollo unilateral ha acabado desquiciándola. La vida es más poderosa, más duradera, más astuta, más extraordinaria que una de sus especies. Creo que la vida perdurará a pesar de nosotros, a pesar de la pulsión de muerte que predomina en nuestra civilización.

La vida encontrará un camino que le permitirá utilizarnos astutamente para alcanzar sus propios fines. Más pronto o más tarde, la vida transformará esas estructuras destructivas que amenazan no sólo a las sociedades humanas sino al legado evolutivo. De forma indirecta e ingeniosa, nuestro instinto de supervivencia, o, en términos más generales, el genio de la vida para afirmarse y perpetuarse, nos llevará a volver a diseñar las instituciones sociales que en la actualidad son incoherentes, a renunciar a nuestras costumbres más parasitarias, a abandonar muchos de nuestros deseos. Los seres humanos sobreviviremos porque la vida sobrevivirá, porque es más fuerte y más duradera que cualquiera de sus especies. Mis palabras no son fruto de un optimismo ciego ante el futuro, ni tampoco una proclamación de la nobleza y la bondad intrínsecas del género humano, sino una expresión de optimismo sobre el futuro de la Vida. *La vida conservará sus bienes protegiéndonos de nosotros mismos si es necesario.* El poder creativo y la genialidad de la vida son más que suficientes para lograrlo. Ahora bien, si alguien insistiera en que esta concepción de la vida entendida como un despliegue incesante, perdurable y creativo entraña que la Vida es Dios, yo no protestaría demasiado.

Podemos concebir la vida como pura química, y la química como pura física. En consecuencia, podemos concebir la vida como meras relaciones mecánicas de cuerpos físicos y partículas químicas. Con ello demostramos nuestro carácter «científico» y obedecemos los criterios de la racionalidad instrumental. Pero ¿afecta este pensamiento científico a la vida tal como la vivimos? En resumen, podemos violentar el significado de la vida humana trasladándolo a estructuras meramente físico-químicas, pero no podemos eludir la sensación de que con ello estamos degradando el significado de la vida.

Las extraordinarias capacidades creativas de la vida, que bordean lo milagroso, justifican que la califiquemos de «divina». Aunque eso no significa que hayamos de volver a las religiones tradicionales, lo cierto es que algunos aspectos de éstas añaden elementos significativos a nuestra sustancia que no podemos rechazar o desdeñar sin causar un daño a nuestra vida. *No adorar es hundirse; no adorar nada es no ser nada.*

Actualmente se observan signos de un renacer espiritual en multitud de lugares y bajo multitud de formas. Después de décadas de angustia existencial promovida por la filosofía de la nada, en la que el ser humano navega sin rumbo por un universo despojado de sentido, como una partícula terriblemente sola, estamos empezando a ver el fenómeno humano de una nueva forma.

Las religiones tradicionales han estructurado nuestra necesidad de adorar ideales más grandes que nosotros. La práctica y el ritual suelen mistificar y distorsionar esa necesidad. No obstante, las distorsiones y mistificaciones no deberían ocultarnos el hecho de que la función primaria de las estructuras religiosas es ofrecer un marco de expresión a ideales que inspiran y sostienen nuestra vida.

Atribuimos a nuestras deidades los atributos más ilustres que aspiramos a alcanzar y, al emularlos, llegamos a ser alguien, como seres humanos y como seres espirituales. Nuestra humanidad es el producto de imitar en nuestra vida las cualidades que hemos atribuido a nuestras deidades. La transformación simbólica de la realidad ha sido tan importante para la elevación de la especie humana como la invención de herramientas y la creación del lenguaje. El papel de la religión en esta transformación simbólica ha sido de primer orden. La religión transforma creativamente la realidad para volvernos desinteresados y altruistas; nos inspira ideales trascendentales que nos ayudan a vivir en el seno de la familia humana y contribuyen a reconciliarnos con nosotros mismos. Este aspecto de las religiones tradicionales es saludable y muy importante.

En última instancia, la religión es un instrumento que contribuye a nuestra búsqueda de la identidad y de la integridad, y a nuestras dolorosas luchas para alcanzar y preservar nuestra humanidad y nuestra espiritualidad. La vida ha creado un arsenal de medios y recursos para potenciarse y perpetuarse. En el plano de la conciencia y de la cultura humana, ha creado el arte y la religión para salvaguardar sus más altos logros. Desde una perspectiva más amplia, el arte e incluso el lenguaje son instrumentos al servicio de la autoexpresión de la vida.

No debemos dejarnos impresionar en exceso por los aspectos secundarios de la religión, del arte o del lenguaje. Concretamente, no debemos centrar nuestra atención en sus aspectos patológicos, sino observarlos como vehículos de la expresión y del refinamiento de la vida en general.

Cuando el culto y la religión se conciben como instrumentos de la perfectibilidad de la humanidad, tienen una función positiva. Nuestra obsesión con el ideal del progreso material nos ha llevado a olvidar los muchos aspectos saludables de la religión tradicional. Pensadores modernos como Nietzsche, Marx, Engels, los marxistas y un gran número de humanistas agrupados en la actualidad bajo diversas denominaciones se han centrado únicamente en las funciones secundarias y negativas de la religión. Al renegar de la religión, a menudo han negado la herencia espiritual de la humanidad. Al luchar contra los últimos vestigios de la religión tradicional, el cristianismo en particular, han empobrecido inadvertidamente el sentido de nuestra existencia, reduciéndolo tan sólo a nuestra actividad económica. Examinaremos más detalladamente el problema de la religión en los dos últimos capítulos.

La vida como forma de conocimiento

El hecho de que estemos vivos y seamos un exquisito depósito de vida entraña que somos portadores de un saber inmenso. Nuestra herencia evolutiva nos acompaña incesantemente, y el ingenio y la astucia con los que a veces empleamos el conocimiento que tenemos almacenado pueden llegar a resultarnos incomprensibles. No podemos entenderlo mediante las categorías del conocimiento aceptado; no podemos *explicarlo* recurriendo a ellas. Sin embargo, en lo más profundo de nosotros mismos lo entendemos perfectamente. En la actualidad, contamos tan sólo con epistemologías que se ocupan de la explicación de lo físico. Aún no hemos elaborado una epistemología de la vida.

Es más sencillo postular que la vida es conocimiento, y que la vida y el conocimiento están vinculados, que explicarlo. Nos faltan recursos para entender la epistemología de la vida *porque* nuestro entendimiento ha estado condicionado y determinado por el entendimiento abstracto, objetivo, científico. El entendimiento objetivo es una parte del entendimiento en general, pues la naturaleza nos ha dotado de una mente versátil. Uno de los atributos de la mente es su capacidad de objetivar.

No debemos rechazar o desdeñar sin más el entendimiento objetivo, siempre y cuando ocupe un lugar adecuado dentro del entendimiento compasivo. Con todo, el entendimiento abarca la intuición, la abstracción, el razonamiento, la objetividad y los saltos de la imaginación. Sólo cuando la objetividad suprime los demás aspectos de nuestro entendimiento se convierte en una amenaza. La empatía es una forma de entendimiento. En la actualidad nos cuesta menos emplear la empatía como una forma de entendimiento que justificarla en nuestros sistemas de conocimiento. A menudo entendemos a través de la empatía, pero cuando nos piden que expliquemos en qué consiste ese proceso, no nos resulta fácil dar una respuesta.

Todos llevamos a cuestas el laboratorio del mundo. Toda la química del cosmos circula en cada uno de nosotros. Las cadenas de energía se transforman en vida. Pero cabe preguntarse lo que ocurre en ese proceso. ¿Acaso dos gramos de energía se transforman en un gramo de vida? ¿Sabemos qué es esa energía que se transforma en vida? ¿Y sabemos cómo surge la conciencia? Consideremos por un momento la relación entre química y conciencia. Sabemos que esa relación existe: si privamos al cerebro de oxígeno, la conciencia se desvanece. Pero ese fenómeno es tan sólo una minúscula faceta de todo el proceso. Debemos excavar los estratos cognitivos de nuestra evolución.

Recurrimos con mucha frecuencia al conocimiento almacenado en los estratos de nuestra evolución, y en ocasiones tenemos conciencia de ello. El lenguaje del cuerpo, el lenguaje de la piel, el lenguaje de los ojos...: todos tienen su gramática interna. ¿Qué habría sido de nuestra vida sin esos lenguajes? Cuando mis ojos se encuentran con los tuyos, sé al instante quién eres, aunque no pueda decírtelo ni decírmelo con palabras. Avanzo por la vida evitando a aquellas personas contra las que mis ojos me previenen y lanzando una red invisible sobre aquellas otras que mis ojos aprueban. Hay un saber en mis ojos, y yo lo sé. Cuando te miro a los ojos, eres una cantera abierta en la que puedo ver todas las formas labradas por la vida.

Puedo entenderte a través de mi piel. Puedo captar el estremecimiento de tu sistema biológico por las chispas de tus ojos. Puedo sumergirme en tu ser, porque mi ser y el tuyo han sido moldeados por las mismas fuerzas evolutivas y comparten la misma herencia vital. A través de mi piel y mis tejidos, a través de la unión de mis sentidos y mi mente, puedo escuchar la música de la evolución en ti y en mí. Mi cuerpo, mi piel, mis ojos son los tentáculos por los que pasa la vida, por los que sintonizamos con la música de la evolución, de la que formamos parte. Ser racional es entender la música de las esferas. Ser verdaderamente racional es combinar y reconciliar la racionalidad del cerebro con la racionalidad de la vida; ahí radica la sabiduría que trasciende la pura destreza intelectual.

¿Niega lo poético de mi expresión el sentido de las palabras que pronuncio? ¿Los objetos estéticos carecen de sentido porque no pueden pasar por el filtro de la verificación empírica? Al contrario, la función de la belleza es la potenciación de los aspectos biológicos y estéticos de la vida. *La función de la poesía es una expresión simbólica condensada de la vida.* A la larga, la investigación de la epistemología de la vida y de los modos empáticos de entendimiento seguirá avanzando y se convertirá en materia de tratados discursivos. Tal vez llegue un momento, cuando nuestro entendimiento sea mucho más ágil y directo, en el que ya no necesitemos los tratados discursivos, las muletas de la lógica. En la actualidad, cultivamos y utilizamos esta epistemología y este modo de entendimiento a título individual y con frecuencia de forma subrepticia contra los dictámenes explícitos de la razón discursiva.

Para elaborar la epistemología de la vida[6] debemos cartografiar los territorios de nuestras facultades implícitas y nuestros recursos cognitivos, incluido lo subconsciente, lo

---

6. Aunque Gregory Bateson alude a la epistemología de la vida y habla sobre ella en *Mind and Nature: A Necessary Unity*, E. P. Dutton, 1979, no ofrece ningún ejemplo al respecto. Sin embargo, algunas de sus ideas son constructivas. [Trad. esp. de Leandro Wolfson: *Espíritu y naturaleza*, Amorrortu, Buenos Aires, 3.ª ed., 2011.]

intuitivo y lo extrasensorial, que participan en nuestros actos de percepción y comprensión y nos guían a través del laberinto de la vida real –del que somos conscientes, aunque sea de manera vaga, circunstancia esta que la epistemología de la vida debe tener muy presente–, y que determinan de manera indeleble y única el *modus operandi* de nuestra vida en distintos niveles del ser, así como el carácter de nuestras relaciones con otras modalidades del ser. Debemos tener claro que todo esto acontece más allá de los confines y los criterios de nuestras epistemologías empírico-discursivas.

La primera precondición para establecer una epistemología adecuada de la vida es reconocer que *el proceso de la vida es un proceso de conocimiento*, que el conocimiento del cerebro no se puede separar del conocimiento archivado en nuestras células elementales y que el conocimiento abstracto se sitúa en un extremo de un espectro cuyo otro extremo es el conocimiento de las amebas, a partir del cual nos hemos desarrollado y que conservamos (como ocurre con todos los escalones de la escalera evolutiva) a nivel celular, dado que compartimos el aire que respiramos y latimos con el mismo ritmo de vida. A las formas de conocimiento que compartimos con otras formas de vida, y a las formas prediscursivas o transdiscursivas de cognición que tenemos almacenadas en los estratos de nuestro ser, las llamo *conocimiento biológico*.

La epistemología de la vida reemplazará a la epistemología actual, centrada en lo inanimado y lo muerto. Tendremos que crear nuevas formas de conocimiento, nuevas escuelas y academias, en las que la mente se abra y se una a la gloria de la vida, cantando y expandiéndose.[7]

7. Después de sentirme constreñido y asfixiado en los auditorios y en las aulas de la universidad, que parecen jaulas en lugar de salas desti-

Mis precursores filosóficos en el siglo XX son White-head, Teilhard de Chardin y Heidegger. En el otro bando se encuentran Russell, Carnap y Austin, autores que han perseguido el refinamiento del lenguaje a expensas de nuestra comprensión de problemas filosóficos de mayor calado. Esta tradición, que es la de la filosofía analítica, no ha dejado de dominar la filosofía académica actual. La ecofilosofía se opone a ella y aspira a sustituirla. La epistemología de la vida es una expresión de la ecofilosofía. Uno de los principios de la ecofilosofía es su compromiso con la vida (véase el mandala de la pág. 63). Su compromiso con la vida entraña su comprensión de ésta, lo que a su vez significa que debe celebrar la vida, no de manera vulgar, externa y bulliciosa, sino con una conciencia profunda, casi metafísica, de la naturaleza maravillosamente compleja y misteriosa de la vida.

El entorno plastificado es una de las creaciones del genio académico del siglo XX, pero el ser humano siempre vuelve a la naturaleza. El entorno natural es la materia de la que estamos hechos. Aunque sólo sea inconscientemente, los entornos plastificados nos ahogan, pues en ellos la vida se ha extinguido, y nosotros, para sentir que estamos vivos, necesitamos que la vida bulla a nuestro alrededor.

Albert Szent-Györgyi, premio Nobel de Fisiología, ha descrito con bellas palabras el enfrentamiento entre la naturaleza elusiva de la vida y la ciencia:

En mi búsqueda del secreto de la vida, empecé mi investigación en la histología. Insatisfecho con la información que la morfología celular podía ofrecerme sobre la vida, me volví

---

nadas al conocimiento, encontré un lugar en las montañas, en el pueblo de Teologos, en la isla griega de Tasos, donde he intentado desarrollar una filosofía que sea un homenaje a la vida.

hacia la fisiología. Al ver que esta disciplina era demasiado compleja, me dediqué a la farmacología. Como me parecía que las cosas eran aún demasiado complicadas, me volví hacia la bacteriología. Pero las bacterias continuaban siendo demasiado complejas, así que descendí al nivel molecular, aplicándome al estudio de la química y de la química física. Después de veinte años de trabajo, llegué a la conclusión de que para entender la vida hay que descender al plano de la electrónica y al mundo de la mecánica ondulatoria. Pero los electrones no son más que electrones; la vida no está en ellos. Por supuesto, a lo largo de todo este camino, la vida se me había escapado entre los dedos.

La ciencia es la ortodoxia del presente. Cuenta con el respaldo de casi todas las personas instruidas, aunque sólo sea porque éstas han pasado por el filtro de una educación orientada científicamente y han quedado condicionadas, o más bien obnubiladas, por los preceptos del conocimiento científico. Sin embargo, el progreso real no es obra de las mayorías vociferantes, escandalosas y agresivas, por mucho que estén guiadas por la ciencia, sino de pequeñas y obstinadas minorías. Desde tiempos inmemoriales, cuando las primeras amebas empezaron a multiplicarse y a engendrar organismos más complejos, *la historia de la vida ha sido la historia de las minorías desviadas*, cuya disconformidad con el orden establecido las ha llevado a desarrollar nuevas características y nuevas funciones. A escala evolutiva, el progreso ha sido cosa de minúsculas minorías, que a paso muy lento han creado nuevos mutantes y, en última instancia, nuevas formas de vida: genéticas, biológicas, culturales, intelectuales, espirituales. La poesía de la vida es inagotable. La vida no es objetiva sino acuciante y autotrascendente. La feroz intensidad del latido de la vida es el único ritmo digno de escucharse.

Aún no sabemos cómo esta minoría, al cuestionar la omnipotencia y la omnisciencia del progreso científico-tecnológico, logrará guiarnos hacia una vida saludable, en la que nuestra relación con la naturaleza y con nuestros semejantes se oriente por nuevos parámetros. Al final de su vida, Martin Heidegger, en un estado de completa desesperación, sostenía que sólo Dios puede salvarnos. La opción de trasladar nuestra responsabilidad a agentes extrahumanos dista de ser nueva. No necesitamos un milagro, sino una *voluntad* concertada para modificar nuestro destino. Necesitamos colaborar con la propia vida para superar el horrible bache que ha creado nuestra civilización tecnológica supuestamente con vistas a potenciar el progreso. En el pasado hemos superado baches semejantes, pero no lo hemos logrado dejándonos llevar por la inercia y la indolente presuposición de que «nos salvará el genio de la vida». Nuestra sabiduría y determinación forman parte del genio de la vida.

La vida triunfará porque es más fuerte que cualquiera de sus manifestaciones particulares. Una vez alcanzado el nivel de la conciencia y la iluminación, cuya guardia y custodia corren a cargo de los seres humanos, no se dejará reducir a un nivel inferior. La vida es algo más que la materia orgánica y sus procesos vitales. La inventiva de la naturaleza forma parte de su *modus operandi*. El genio de la naturaleza es un aspecto intrínseco de su desarrollo. Ningún organismo o forma de vida renuncia a los logros y las capacidades que ha adquirido en el curso de su evolución. Y eso también es cierto en la vida en general. Conservará su inventiva y su genio, primero porque son sus bienes más preciados, y después porque son modalidades intrínsecas a su existencia.

La astucia de la vida es infinita; no en vano, se trata de uno de los recursos que pueden asegurar la inventiva de la vida y su marcha hacia delante. La vida nos utiliza a nosotros y al resto de sus vástagos para perpetuarse. No importa que ésta sea una reflexión antropomórfica. Si alguien dice que este enfoque es metafísico, no lo negaremos. La vida está ciertamente más allá de la física, y eso es exactamente lo que significa la palabra «metafísica»: más allá de la física. Si se nos despoja del genio de la vida, ¿qué es lo que nos queda? ¿Una paloma de Skinner, que reacciona ante estímulos básicos con respuestas automáticas? Pero incluso la paloma es una maravilla de la inventiva de la naturaleza. Comprender lo que es la paloma es aceptar la metafísica de la vida.

La vida y la evolución son una misma cosa. Para entender la vida debemos entender la evolución, y viceversa. El conocimiento de la evolución es el comienzo de la sabiduría. Someterse a la evolución y al flujo de la vida no es resignarse y esclavizarse, sino iluminarse y alcanzar un entendimiento más profundo de la condición humana. Apenas hemos empezado a comprender las infinitas riquezas y capacidades de la vida.

Aprenderemos a manejar las sutilezas del despliegue de la vida porque la vida va a utilizarnos como instrumento para alcanzar sus propósitos. Aprenderemos la epistemología de la vida. Aprenderemos a lidiar con la enorme responsabilidad de aceptarnos como fragmentos de la divinidad en el proceso de nuestro devenir. Que el esplendor pueda surgir de la penumbra es una gloriosa contingencia. No debemos lamentar el hecho de que seamos un instrumento con el que la vida se perfecciona y se perpetúa a través de nosotros; no tenemos otra alternativa. Por encima de todo, debemos intentar comprender que ésa es la naturaleza de las cosas. Ha dado la casualidad de que hemos nacido en un universo que ha alumbrado la vida, junto con las características que le son propias.

La vida no es perfecta y la evolución está llena de traspiés y comienzos poco propicios. El hecho de que nuestro ciclo vital no coincida con las exigencias de la vida a largo plazo, el hecho de que hayamos nacido en una civilización que cabalga a lomos de la muerte, no debería preocuparnos demasiado: como hojas caídas, debemos nutrir el terreno que dará lugar a formas de vida más beneficiosas, a seres humanos más inteligentes, a sociedades más fructíferas. La vida triunfará, y en su victoria habrá fragmentos y aspectos de nosotros.

Para decirlo con las *Upaniṣad*:

> ¡Sé favorable a nosotros, oh Vida, con esa invisible forma tuya que está en la voz, el ojo y el oído, y que vive en la mente! No te apartes de nosotros.
>
> ¡Como una madre a sus hijos, protégenos, oh Vida! Concédenos sabiduría y gloria.[8]

La sabiduría, la tecnología y el destino humano

El becerro de oro ha tentado a la imaginación humana desde hace milenios. A lo largo de la historia ha adoptado diversas formas y manifestaciones. En los últimos tiempos ha asumido la forma de la abundancia tecnológica. Cuando la persecución de los deseos materiales significa la destrucción de senderos más elevados que conducen a una vida más plena, cuando la satisfacción del estómago significa la privación del espíritu, no merece la pena continuar por ese camino.

La tecnología ha banalizado radicalmente el alcance del destino humano y del mundo que nos rodea. Nos ha empobrecido al dirigirnos sistemáticamente hacia objetivos

8. *The Upanishads*, trad. al inglés de Joan Mascaró, Penguin Books, 1970. [Trad. esp. de Daniel de Palma: *Upaniṣads*, Siruela, Madrid, 2011.]

banales apartándonos de ideales humanos más elevados: la compasión, el amor, la sabiduría y la paz interior. Cuando hablamos de tecnología y destino humano, no podemos dejar de examinar la existencia de ideales humanos superiores, pues el destino humano se realiza a través de ellos. No sólo nuestro mundo interior ha quedado banalizado por una avalancha de cachivaches superficiales, sino que nuestro lenguaje ha quedado tan empobrecido y distorsionado por nuestro marco tecnológico de referencia que nos cuesta hablar de amor, compasión y sabiduría. La época tecnológica destacará en la historia como un ejemplo de la enorme destreza de la mente humana; una destreza tan extraordinaria que llegó a eclipsar la existencia de horizontes humanos más grandiosos. Estamos demasiado cerca de esta época para percibirla históricamente, pero, a pesar de todo, no se trata más que de un pasaje de la historia. Característico y único, por supuesto, como todas las épocas que han dejado huella en la evolución humana.

Indudablemente, la época tecnológica ha sido un gran y deslumbrante experimento. Teníamos que ver adónde nos conducía determinado camino de desarrollo, hasta qué punto determinado conjunto de herramientas (derivadas de la ciencia cuantitativa y de la tecnología de alta potencia) nos podía ayudar en nuestra búsqueda de sentido. Hemos heredado una visión tecnológica del mundo, y vivimos en ella con la mejor de las fes y con las más nobles esperanzas. En la medida en que nuestras esperanzas han quedado frustradas y la promesa de una buena vida no ha sido cumplida, es lógico y necesario que nos embarquemos en un nuevo viaje, que busquemos una nueva visión, que recorramos otro camino.

Desde la perspectiva evolutiva, no debemos aplaudir ni condenar la época tecnológica. Dentro de los límites del destino humano, la época tecnológica se debería considerar un experimento que nos ha permitido explorar un nuevo camino para la humanidad, hasta que hemos visto lo que al final nos deparaba.

A escala evolutiva, la época tecnológica ha ofrecido un conjunto particular de variaciones, un epiciclo particular. De hecho, ha resultado un epiciclo más que ninguna otra cosa; un epiciclo en el sentido astronómico del término: el curioso movimiento de un planeta que se sale de su órbita para volver después a ella.

¿Cuál es la órbita propia del destino humano? Regresar a esos grandes ideales que nos convierten en seres humanos, que nos hacen más grandes y que contribuyen a nuestra evolución. La evolución es un poder que no cede ante ningún otro. La evolución lo es todo, es el contexto por antonomasia. Ha elaborado sus formas y figuras, su inteligencia y su propósito, valiéndose de las amebas y los peces, de los elefantes y los tigres. Y se está valiendo de nosotros para seguir articulándose.

Sería ridículo pensar que la evolución ha creado todas sus maravillas para que podamos coronar al hombre tecnológico como el pináculo de su existencia. Tampoco sería atinado asumir que la evolución, después de llegar tan lejos, se ha agotado y no puede seguir adelante. Forma parte de la locura egocéntrica de muchas sociedades dar por supuesto que la historia ha llegado con ellas a su culminación. De hecho, ésa ha sido la presuposición de la sociedad tecnológica. Adoptar una perspectiva realmente evolutiva nos enseñará a ser un poco más humildes.

La evolución continúa. Y con ella seguimos avanzando nosotros, trascendiendo la Edad del Bronce, la Edad del Hierro, la edad tecnológica. ¿Cuál es, por lo tanto, la siguiente fase en la articulación de la condición humana?

Para encontrar guía y dirección en el futuro, debemos dirigir la mirada al hombre ecológico. Éste reconoce la naturaleza necesaria y redentora del sufrimiento, de la compasión, del amor, de la sabiduría. El hombre ecológico considera que la condición humana se puede definir en virtud de cuatro elementos.

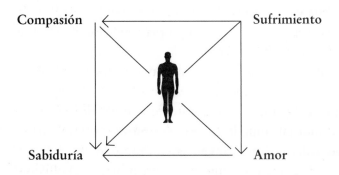

El sufrimiento es una parte necesaria de la compasión y del amor. La persona que no ha sufrido nunca desconoce el significado de la compasión y el significado del amor. El sufrimiento, en consecuencia, no se debe evitar a toda costa; como afirmó el Buda y sostienen los budistas, hay que abrazar gozosamente el sufrimiento –en el sentido de que hay que aceptar lo que en última instancia resulta beneficioso para nosotros– como una parte necesaria de nuestra existencia. El sufrimiento espurio debe ser eliminado, por supuesto. Y siempre que sea posible, hay que reducir el sufrimiento. Pero a través del sufrimiento llegamos a conocer el sentido de la condición humana y el sentido de nuestra propia vida.

La propia evolución ha alumbrado innumerables formas y criaturas, y lo ha hecho a través de la tensión y del sufrimiento que eso conlleva. En el mundo ideal de las formas matemáticas puras tal vez sea diferente, pero en este mundo, limitado y contingente, toda creación y toda articulación surgen como resultado de la ruptura con las viejas formas, asumiendo el estrés y el sufrimiento que eso entraña. El sufrimiento es un modo de estar en el mundo.

La compasión debería cultivarse porque es el refinado fruto del sufrimiento, el resultado de la comprensión profunda de que todas las criaturas sufren y de que nada hay de excepcional en nuestra propia condición. Pero no deberíamos purificar y rarificar la compasión hasta el punto de convertirla en una forma absoluta de desapego; de lo contrario, vuelve imposible el amor. El amor es apego; el amor que no es apego es una categoría intelectual abstracta, no el amor tal como lo experimentamos los seres humanos. El verdadero amor es un apego tan profundo y desinteresado que da contento a quienes se sacrifican por el objeto de su amor. Una compasión absolutamente alejada y distanciada de todo lo humano se puede convertir en una búsqueda sin amor. Por lo tanto, la compasión y el amor deben guardar un equilibrio. El amor también presenta sus peligros; el apego que conlleva puede llegar a resultar tan posesivo que se convierta en el impulso egoísta de poseer a la persona o al objeto de nuestro amor. Por lo tanto, la compasión no debe convertirse en una búsqueda sin amor de un desapego absoluto; y el amor no debe convertirse en un apego obsesivo que nos impulse a convertirnos en dueños de lo que amamos.

La sabiduría es el fruto del sufrimiento, de la compasión, del amor. Es también la posesión del conocimiento correcto. Pues la sabiduría es un conocimiento iluminado por el amor, consagrado por la compasión, refinado por el sufrimiento. Es propio de la condición humana vivir con sabiduría, que es una forma de armonía y equilibrio, pero con una sabiduría que se renueve continuamente. La sabiduría nos permite alcanzar el equilibrio en relación con el resto de los seres humanos y con el cosmos entero. No debemos eludir palabras como «cosmos», pues somos criaturas del cosmos, y hasta que no encontremos un lugar en él es improbable que hallemos la paz y esa clase de equilibrio a la que llamamos sabiduría.

La sabiduría no es la posesión de una serie de principios permanentes, y por lo tanto no la podemos encontrar en las *Upaniṣad* o en la Biblia, en la *Bhagavadgītā* o en el Corán, en *La doctrina secreta* de Blavatsky o en la *Divina comedia* de Dante. Cada uno de estos grandes textos constituye una respuesta a una serie de condiciones y problemas específicos. Cada uno representa un *equilibrio*, pero sólo para cierta clase de problemas, para ciertas realidades históricas. Con el paso del tiempo, las condiciones, los problemas y las realidades históricas van cambiando. La sabiduría es la posesión del conocimiento adecuado para cierto estado del mundo, para ciertas condiciones de la sociedad, para cierta articulación de la condición humana. Como el estado del mundo va cambiando, como las condiciones de la sociedad van transformándose, como la articulación del conocimiento prosigue su camino, como (en consecuencia) la articulación del ser humano continúa progresando, como la mente y las facultades sensibles del hombre van refinándose, no podemos quedarnos para siempre con una sabiduría dada, sino que *tenemos que buscar otra sabiduría, una forma diferente de equilibrio para cada época.* La sabiduría es un producto evolutivo; transforma su estructura y sus manifestaciones con el paso del tiempo. No podemos beber la sabiduría de pozos ajenos. Adquirir la sabiduría es como esculpir nuestro yo interior.

Por consiguiente, la sabiduría es una categoría histórica, un conjunto de estructuras dinámicas, no una serie de formas permanentes; en cuanto tal, necesita siempre de reconstrucciones, de reestructuraciones, de reajustes, de reformulaciones. La sabiduría evolutiva nos hace comprender que la condición humana va cambiando con el paso de los siglos, de los milenios, de los eones. Sólo esa concepción de la sabiduría puede ayudar a la especie en su viaje evolutivo.

¿Qué hay más allá de la sabiduría? La iluminación y lo sagrado, que están más allá de todo conocimiento; o no, en realidad, puesto que representan formas de sabiduría y conocimiento que sanan e iluminan. ¿Se trata de un estado reservado a una selecta minoría? En realidad, no. Cada uno de nosotros posee los *rudimentos* de esa iluminación y de esa sacralidad. Las personas escogidas las poseen en grado sumo, en una forma que emana de ellas y resulta manifiestamente luminosa. Pero ni siquiera el Buda o Jesucristo fueron siempre luminosos e inspiradores. En nuestra época, algunas almas humildes, como Gandhi y la madre Teresa de Calcuta, han sido luminosas e inspiradoras. Los espíritus distinguidos abren nuevos senderos. En la actualidad son excepciones singulares; en el futuro serán la norma. Todo es natural. La iluminación y la sacralidad son naturales. Todo forma parte de la dotación natural de la evolución, que desbroza nuevos caminos a través de nosotros y a través de los espíritus elevados.

Habrá quien sostenga que los más altos atributos de la condición humana, en especial la iluminación y la sacralidad, son un regalo de Dios o de alguna otra potencia sobrenatural. Pero los poderes sobrenaturales son naturales. Si hay quien encuentra edificante y necesario derivar esos altos atributos de divinidades transhumanas, ¿quiénes somos nosotros para destruir sus creencias? Pero podemos considerar que esos atributos son naturales: el resultado del proceso

evolutivo, la toma de conciencia de nuestra propia responsabilidad, la comprensión suprema de quiénes somos, qué
somos y qué queremos llegar a ser.

Por lo tanto, el hombre ecológico no busca justificación
para lo más sublime y distinguido que hay en nosotros (incluida nuestra divinidad, por tenue o radiante que sea su
luz) en la existencia y la benevolencia de Dios o de algún
poder superior. La evolución es la respuesta: es el poder último de trascendencia y transformación, y nosotros somos
su vanguardia.

Estamos ante una concepción de la divinidad natural que
hay en lo humano. La divinidad natural no nos despoja de
nuestra dignidad. Únicamente vuelve más difícil nuestra
condición, pues nos advierte de que no hay nadie que nos
ayude, salvo nosotros mismos. De hecho, somos nosotros
quienes tenemos que ayudarnos: ése es nuestro destino.

¿Cómo ayuda la sabiduría evolutiva a alimentar a los pobres? ¿Cómo ayuda a superar la inflación y el desempleo?
¿Cómo nos ayuda a aliviar el estrés que la sociedad tecnológica impone a sus miembros? Ante todo, volviéndonos
conscientes de que la sabiduría no sirve para encontrar soluciones instantáneas. Las soluciones instantáneas son soluciones desechables.

La sabiduría evolutiva nos hace saber que el matrimonio
instantáneo, el amor instantáneo, la sabiduría instantánea,
la sociedad instantánea son un matrimonio desechable, un
amor desechable, una sabiduría desechable, una sociedad
desechable. Cultivemos en su lugar una sociedad duradera
y perdurable, pues es la única que nos puede sostener como
seres sociales. Cultivemos en su lugar unas relaciones humanas perdurables, pues son las únicas que pueden realizarnos
como seres humanos. El movimiento y el cambio incesantes
son una adicción que nos lleva por un camino desechable.

La sabiduría nos hace saber que muchos de los males y problemas crónicos que nos afectan en la actualidad (la inflación, el deterioro del medio ambiente, el vacío de nuestra vida interior) son el resultado de la búsqueda de la necedad a gran escala. A la larga, el mal karma sólo puede traer malas consecuencias.

Conclusión

El hombre ecológico no indaga en los síntomas sino en las causas profundas. No es un ser milagroso, sino alguien que comprende que las soluciones duraderas no pueden ser instantáneas, que la senda correcta puede resultar un tanto dura, un tanto ardua, pero que es la única que debe seguirse. En primer lugar hay que emprender un trabajo de reconstrucción interior, para adquirir de ese modo cierto equilibrio, cierta armonía interna, cierta claridad de visión, y captar el lugar que ocupamos en el universo; para adquirir, en resumen, cierta sabiduría. Sólo entonces podremos ocuparnos de reconstruir el mundo exterior de forma coherente. Sin sabiduría, seremos como Don Quijote luchando contra los molinos de viento. La condición humana ha sufrido una distorsión, un deterioro. Hay que restaurarla, purificarla, renovar su vigor y otorgarle un nuevo propósito.

Muchos pensarán, y no se cansarán de repetirlo, que aunque la concepción ecológica de lo humano resulta hermosa y sumamente deseable, por desgracia no es realista ni práctica. Pensar así es un acto de renuncia, una manera de renunciar a intervenir en la realidad mediante la creación de nuevas imágenes. No hay nueva concepción de lo humano que no empiece como sueño, como visión, como utopía. Sólo *llega a materializarse* cuando hombres y mujeres resueltos y determinados perciben su atractivo y, con voluntad y coraje, la transforman en realidad. *No hay* realidad humana que no esté tejida de sueños. Cuando esos sueños se llevan diariamente a la vida cotidiana, se convierten en una realidad tangible y sólida. El hombre económico es una red de sueños (de una clase inferior) que se rige por ellos a diario. El hombre ecológico es una red de sueños de una clase muy superior: *en nuestra mano* está convertirla en realidad, si actuamos de acuerdo con ellos.

Sólo somos polvo, pero polvo que resplandece. Somos el polvo que puede ver el polvo que ningún otro polvo puede ver. Guiados por ese resplandor creamos imágenes de Dios, imágenes que transforman el polvo en estatuas de mármol.

Sólo somos polvo, pero polvo que ve, que siente. Somos el polvo con el que la evolución elabora el pensamiento. Y el pensamiento transforma el polvo en imágenes de perfección.

Sólo somos polvo, pero polvo que piensa. La mente es sólo polvo, pero polvo milagroso. El polvo milagroso crea el universo a nuestra imagen y semejanza, a imagen y semejanza del polvo luminoso que quiere resplandecer con mayor fuerza.

6. El poder: mito y realidad

El mito del poder

Somos la civilización más poderosa que ha existido jamás. Sin embargo, como individuos, nos contamos entre los hombres menos poderosos que han existido nunca. Las raíces de esta paradoja constituyen una parte de nuestra tragedia. Al exteriorizar el poder, al concebirlo como un instrumento de dominación del mundo exterior, nos hemos despojado (en cuanto individuos) del poder que los seres humanos pueden atesorar. En su lugar, nos dedicamos a «disfrutar» con la enorme variedad de poderes que tenemos al alcance de la mano, los cuales carecen de toda fuerza. Nuestra ansia de poder sobre las cosas (y sobre otras personas, reducidas a la condición de cosas) forma parte de un anhelo trascendental; es un intento de identificarse con una visión más amplia. Somos una civilización fuerte y racional, en la que el individuo está firmemente afianzado como principio y fin de toda su organización. Pero el anhelo trascendental de superar los límites propios persiste en todos y cada uno de nosotros.

Anhelar el poder exterior sobre las cosas es un espejismo de trascendencia. En palabras de Gregory Bateson:

> Lo que corrompe no es tanto el «poder» como el mito del «poder». Tenemos que desconfiar de todas las metáforas casi físicas, como «energía», «tensión» y, por supuesto, «poder», que es una de las más peligrosas. Quien codicia una abstracción mítica será siempre insaciable. Como maestros, no debemos promover ese mito.

Entre las muchas posibles connotaciones y manifestaciones del poder, hemos elegido sacralizar una de ellas: el poder concebido como fuerza bruta al servicio del control y la dominación. Es esta manifestación particular la que ha quedado entretejida con esa estructura a la que llamamos civilización secular occidental; y es esta forma de poder la que causa estragos y es «una de las más peligrosas».

Tras la búsqueda fáustica de poder no sólo se oculta el proyecto social dirigido a la dominación del medio ambiente, sino algo más elusivo y mucho más profundo: una nueva escatología. La elevación del mito del poder a su peligrosa posición actual (en la civilización occidental) se ha producido porque los pueblos occidentales han renunciado a una forma de salvación y han adoptado otra (desde el final del Renacimiento). La idea de la salvación se apartó del cielo y se colocó sobre la tierra. Con el paso del tiempo, esta salvación se convirtió meramente en gratificación material. Para ello había que utilizar, que dominar, que subyugar la tierra. El goce del fruto de la tierra era sólo una parte de ese plan; la otra parte era el disfrute del poder sobre la tierra, sobre la naturaleza, sobre las cosas.

En el marco de la ideología secular occidental, la religión pasó a significar estancamiento y atraso. A consecuencia de ello, la perfectibilidad interna por la que aboga la religión y los poderes que ésta aspira a desarrollar pasaron a verse como antiguallas. Tal es la única razón de que formas de poder pertenecientes al ámbito espiritual llegaran a considerarse pintorescas y pasadas de moda. La escatología secular, que predicaba nuestra realización en la tierra y se valía del vehículo del progreso material como instrumento de la transformación física del mundo, acabó por mostrarse abiertamente desdeñosa con las aspiraciones humanas no materiales. Ése es el trasfondo sobre el que se ha alzado el mito del poder.

Viviendo entre los actuales mercaderes del poder, que nos embriagan con sus búsquedas fáusticas, no resulta difícil pensar que el poder lo es todo. Si leemos los actuales tratados políticos –que se limitan a reflexionar sobre la embriaguez que el poder produce en nuestros tiempos–, llegaremos fácilmente a la conclusión de que la búsqueda del poder es el motivo dominante de la vida humana. Grandes escuelas de ciencias políticas, especialmente en Estados Unidos, carentes de perspectiva histórica y profundidad psicológica, se han convertido en notarios indiferentes (y, por lo tanto, en promotores) del poder como fuerza nuda. Todo el ámbito de las ciencias sociales rebosa de palabras y esquemas complejos, pero está falto de una comprensión certera de la realidad. Fenómenos claramente efímeros y patológicos se consideran normales y universales. Un sagaz observador de este panorama, el filósofo político W. Stankiewicz, ha llegado a la conclusión de que «los libros se convierten en catálogos»: en lugar de procurar entender lo que ocurre, se limitan a reflejar de forma lineal la realidad unidimensional del poder. «Los argumentos y las especulaciones son deficientes.» De nada sirve penetrar la fachada verbal de los llamados tratados académicos, dado que «rezuman la pobreza intelectual de los periódicos y los catálogos por correo».

A lo largo de este capítulo argumentaré que, en última instancia, el poder es una propiedad de la vida: reside en los sistemas biológicos, y por lo tanto una transferencia de poder es una transferencia de fuerza vital. Cada vez lo hemos invertido en mayor medida en objetos y mecanismos. Esta transferencia –de los sistemas biológicos a los mecanismos– se ha conseguido con la transformación de todo el contexto civilizador. Al transformar el contexto hemos creado el mito del poder inspirado por el demoníaco doctor Fausto. Veamos la cronología histórica de este proceso.

Paracelso como el precursor de la búsqueda moderna de poder

¿Cuáles son los orígenes del actual mito del poder? Muchos son los afluentes que van a dar a él. Sin embargo, creo que deberíamos empezar por los alquimistas medievales y su incesante búsqueda de la piedra filosofal, en la que veían la llave que les permitiría transformar la naturaleza de las cosas. Lo que buscaban era la llave para la transformación *física* de las cosas, el poder sobre las cosas exteriores. Nadie ejemplifica mejor esta atracción por la transformación que Philippus Aureolus Theophrastus Bombastus von Hohenheim, conocido como Paracelso (1493-1541). Su incansable empeño en transformar objetos externos y sus enfrentamientos con la religión lo han convertido en un arquetipo del espíritu occidental. Hombre sutil, complejo, profundo, tenía una personalidad fascinante, tan imaginativa como belicosa. Sus logros, rodeados de misterios, fueron menospreciados por los pedantes escolásticos de su época. Escribió sobre la imaginación: «La imaginación es un sol, una estrella. Si un hombre imagina fuego, habrá fuego; si imagina una guerra, habrá guerra [...]. *La imaginación es superior a todo. La imaginación resuelta puede lograrlo todo».* Parece que estemos ante un sermón con el que se venera al dios llamado imaginación. Pero, ante todo, Paracelso era médico y alquimista. Escribió lo siguiente sobre magia y medicina:

> La magia es una maestra de la medicina infinitamente superior a todos los libros. La magia –que no se puede enseñar en la universidad ni crear con la concesión de diplomas, sino que procede directamente de Dios– es la auténtica maestra, preceptora y pedagoga en el arte de curar a los enfermos. Os digo que sólo es médico de verdad quien se ha instruido en sus misterios y ha adquirido poderes mágicos. Y si nuestros médicos poseen esos poderes, se pueden quemar todos sus libros y arrojar al mar todas sus medicinas. El mundo saldrá beneficiado.

Aquí hay una ambigüedad que bordea lo misterioso. Pero este texto es además una clara declaración de fe en las facultades creadoras del hombre; incluso una expresión de su arrogancia. El hombre aspira en él a la omnipotencia, una actitud que no es coherente con la doctrina de la Iglesia.

La cuestión fundamental es la siguiente: ¿estaba el cristianismo en aquella época ya en proceso de desintegración, incapaz de sostener a las gentes del siglo XVI que buscaban orientaciones radicalmente diferentes para alcanzar una realización que la religión ya no era capaz de proporcionar? ¿O, *al contrario*, el incansable espíritu de las gentes de aquella época, desatándose en todas direcciones, hizo que el cristianismo resultara inadecuado, al no ser capaz de satisfacer las nuevas exigencias dirigidas a lo externo? Se trata de un problema fascinante, que probablemente nunca seamos capaces de resolver.

Algunas voces me han advertido que Paracelso y los alquimistas medievales estuvieron precedidos por los cruzados, que representaban claramente el impulso expansionista que Occidente no tardaría en manifestar. Es cierto. Pero los cruzados me recuerdan a los protagonistas de las historias de aventuras: su búsqueda incansable de una nueva identidad no es la anticipación de la ideología materialista. En realidad, los cruzados estaban al servicio de la religión, aunque sólo de forma aparente. El espíritu secular, poseído en nuestros tiempos por el afán de poder, representa un fenómeno diferente.

La Alta Edad Media vio también la aparición de nuevas tecnologías. Pero, una vez más, en el siglo XX hemos dado a esas tecnologías un valor que nada tiene que ver con el que poseían en su época. El órgano hidráulico se inventó en torno al año 1100. Los molinos de agua comenzaron a usarse un poco más adelante. Con el paso del tiempo, el primero daría lugar a las fugas de Bach que llenaban los espacios celestiales de las catedrales barrocas; los segundos, a los satánicos molinos de la Revolución industrial. ¿Cuál de estas dos invenciones constituye un logro de mayor calibre?

En resumen, la promesa latente en la tecnología medieval era ambigua. Para las gentes medievales no estaba nada clara, y es difícil pensar que excitase su imaginación. Los relojes mecánicos de las torres de las iglesias eran instrumentos para medir los ritmos de Dios, no inventos que anunciasen un nuevo milenio. Por otro lado, la apasionante historia de Paracelso se convirtió en un símbolo de los nuevos afanes del hombre occidental. Con el paso del tiempo, Paracelso se tornaría el doctor Fausto. La búsqueda de la piedra filosofal da paso a la búsqueda del mero poder.

Del mito prometeico al poder fáustico

Estamos hechos de barro, de estrellas, de mitos. Los mitos son las fuentes ocultas de nuestro pensamiento y nuestra acción. El mito prometeico es absolutamente vital para la comprensión del temperamento del hombre occidental. El impulso de la civilización occidental ha sido siempre prometeico. Ahí estriba una de las causas de la pasión occidental por el poder. En los últimos tiempos, esta pasión se ha convertido en una sórdida aventura.

Prometeo es un símbolo modélico para muchos samaritanos. Empleó el poder con sabiduría y benevolencia. De sus actividades emana un aura de divinidad. Cuando el uso del poder no está guiado por la sabiduría ni se inspira en la benevolencia, da paso a la locura y, en ocasiones, a la tragedia. Los griegos fueron invariablemente prometeicos, pero nunca perdieron de vista el peligro de la desmesura y siempre tuvieron en cuenta lo que Eurípides expresó de manera sucinta:

Quien atiende rectamente a la necesidad
es diestro y sabio en las cosas divinas.

Sin embargo, cuando la historia prometeica queda subvertida por la locura expansiva del mito fáustico, cuando nuestra búsqueda del progreso se despoja del sentido de trascendencia y del sentido de divinidad, cuando la ebriedad individual del poder nubla la posibilidad de caminar por sendas más amplias, cuando la complacencia sensual se considera la única salvación, entonces el significado del poder queda reducido a sus aspectos físicos, económicos y manipuladores.

Maquiavelo y *El príncipe* deben formar parte de nuestro análisis. *El príncipe* se suele considerar el precursor directo

–y la justificación manifiesta– del concepto del poder como manipulación, control y dominación. Pero las historias del Renacimiento, y la de la propia obra de Maquiavelo, son mucho más sutiles y complejas de lo que pretenden hacernos creer las mentes simples.

Maquiavelo ha llegado a ser para la teoría política lo que Newton para la física. Hemos de tener siempre presente que Newton se consideraba un teólogo y pensaba que la física era la sirvienta de la teología. El propósito de Newton era demostrar que los fenómenos físicos del cielo y de la tierra obedecían a las mismas leyes. Con ello quería probar que Dios, en su perfección y armonía, no había creado un universo caótico e incoherente, con unas leyes para los cielos y otras para la tierra. Los físicos que le siguieron desdeñaron e ignoraron por completo la herencia teológica de Newton.

De la misma manera, las ciencias políticas actuales han ignorado los aspectos más sutiles y trascendentales tanto de *El príncipe* como de la tradición renacentista, que, a fin de cuentas, se inspiraba –sobre todo durante su gran período florentino– en las búsquedas pitagóricas y a veces anduvo obsesionada por la exploración de misterios esotéricos. Citaré unas palabras de Isaiah Berlin que demuestran claramente hasta qué punto es compleja y ambigua la figura de Maquiavelo:

> A mi juicio, en Maquiavelo se da una yuxtaposición de dos perspectivas, de dos mundos morales incompatibles desde el punto de vista del lector. El choque y la incomodidad resultantes han sido los responsables de los desesperados intentos que se han sucedido con el paso de los años para hacer una interpretación de sus doctrinas que lo convierte en un cínico y en un simple defensor de la política del poder, o en un adepto del satanismo, o en un patriota que prescribía métodos para

afrontar situaciones particularmente desesperadas que aconte-cen rara vez, o en un simple contemporizador, o en un mero portavoz de verdades que siempre hemos sabido y nunca nos ha gustado enunciar, o en un inspirado traductor de principios sociales universalmente aceptados al plano de los hechos em-píricos, o en un satírico cripto-republicano, descendiente de Juvenal y antecesor de Orwell, o en un frío científico, o en un simple tecnócrata político carente de ideas morales, o en un tí-pico publicista del Renacimiento que practicaba un género hoy obsoleto, o en cualquier otro de los numerosos papeles que se le han asignado y se le siguen asignando.

Es posible que Maquiavelo poseyera algunos de estos atri-butos, pero concentrarse en éste o en aquél para convertirlo en su «verdad» esencial me parece un procedimiento que obedece a la negativa de afrontar y examinar la incómoda verdad de que, sin pretenderlo y de una forma poco menos que casual, Maquiavelo puso al descubierto que no todos los valores úl-timos son necesariamente compatibles entre sí, que pueden existir obstáculos conceptuales (o «filosóficos», como se los llamaba antaño) y no puramente materiales para la idea de que existe una solución última coherente que, de materializarse, alumbraría una sociedad perfecta.

Maquiavelo y toda la tradición renacentista no pertene-cen al mismo molde que la Ilustración del siglo XVIII y, sobre todo, el materialismo de los siglos XIX y XX. La transforma-ción de nuestra visión sobre el poder no aconteció en el Re-nacimiento; fue muy posterior y se produjo a consecuencia de un cambio ideológico y cosmológico de dimensiones más amplias, en virtud del cual Occidente fue viendo el universo como un agregado mecanicista, que podía manejar mediante tecnologías hábiles y poderosas para su mayor comodidad, seguridad y engrandecimiento. La historia prometeica dio entonces paso al trato fáustico, al frenesí de la embriaguez por el poder, sin importar las consecuencias. Y, al cambiar la visión sobre el poder, cambió la visión sobre la naturaleza humana.

Marx y Lenin: la mitologización del poder económico

El siglo XVIII fue el siglo francés; el siglo de la Ilustración, de los enciclopedistas; el siglo en que el mercado triunfante del conocimiento como poder fue ganando impulso; el siglo en que La Mettrie publicó su tratado *El hombre máquina* (1748), en el que sostenía que el hombre no es más que un artefacto mecánico.

Sin embargo, fue también el siglo de J.-J. Rousseau y *El contrato social* (1762). El contrato social de Rousseau se basaba en una concepción *cooperativa* de la sociedad, en la que las leyes tenían casi una consideración tan alta como en *La República* de Platón, donde gozaban de una categoría sagrada. Según Rousseau, la única forma de salvaguardar y potenciar la libertad individual y la dignidad humana es que el individuo participe en el contrato social. El respeto por el contrato social conduce a la noción de democracia. No obstante, Rousseau consideraba que la democracia estaba más allá del alcance de los hombres. «Si hubiera un pueblo de dioses», escribió, «tendría un sistema de gobierno democrático. Un sistema tan perfecto no está hecho para los hombres.» Pese a esta opinión, Rousseau estaba convencido de que el contrato social permitía salvaguardar la libertad humana. Y de que el mejor contrato social es el que más se aproxime a la democracia.

El ideal del contrato social, y la idea de que la sociedad es un organismo cooperativo, sufrió un cambio radical en el siglo XIX. Tras los intentos de los primeros socialistas –Owen, Saint-Simon, Fourier– para introducir mejoras sociales mediante reformas graduales, apareció sobre el escenario de la historia de la humanidad una nueva estirpe de radicales sociales.

Karl Marx estaba muy imbuido del espíritu de Rousseau; compartía la indignación moral del pensador francés y utilizó en parte su vocabulario. Sin embargo, el rousseaunismo de Marx llegaba sólo hasta cierto punto. Entre ambos existe una diferencia importante. La sociedad de Rousseau se basaba en la cooperación; Marx creía que la sociedad se basaba en la lucha de clases, y postulaba que ese antagonismo incesante era la esencia misma de la sociedad. *El manifiesto comunista* empieza con estas palabras: «La historia de toda sociedad hasta nuestros días no ha sido sino la historia de la lucha de clases». ¡Qué diferente del comienzo de *El contrato social* de Rousseau: «El hombre ha nacido libre, y allá donde miremos lo vemos encadenado»!

Concebir la sociedad como un organismo enfrentado, como un ente sometido a un conflicto incesante, representaba un nuevo camino para el pensamiento occidental, particularmente si consideramos que la economía pasó a ser entonces el principal prisma a través del que veíamos toda la historia humana. En el universo de Marx, la economía alcanzó una posición suprema y al mismo tiempo se situó en el centro de los conflictos sociales. Recordemos que estos mismos conflictos debían ser los vehículos que nos conducirían a la mejora de la sociedad y, en última instancia, a la justicia social.

El resultado de concebir la sociedad como un organismo esencialmente enfrentado y de mitologizar el poder económico (considerado el factor esencial y determinante de todos los asuntos humanos) fue tal vez tan importante en el desarrollo de la secularización de Occidente como lo había sido antes la mecanización del cosmos y la búsqueda de la realización humana exclusivamente en el mundo material. La deificación de la economía representaba una nueva visión del mundo; si se actuaba conforme a ella, se produciría una transformación de enorme alcance. Y, en efecto, así fue como se actuó, y la transformación tuvo un alcance extraordinario.

Debemos subrayar esta idea: lo que Marx ofrecía era una nueva visión, no una «interpretación real de la historia». Esa visión únicamente podía validarse por medio de nuestra voluntad de actuar conforme a ella, considerarla real y, por lo tanto, *hacerla* real. La conclusión que se sigue de estos argumentos es evidente: los ideales sociales no son verdaderos o falsos en sí mismos. Si se actúa conforme a ellos, si se los acepta como verdaderos y se los da por buenos mediante la práctica social, se los valida y, en cierto sentido, se *hace* que sean verdaderos. Eso es exactamente lo que ocurrió con la concepción marxista de la sociedad; el siglo XX le dio crédito y la justificó al aceptarla como válida, al actuar conforme a ella e incorporarla a las instituciones sociales.

Hay que hacer hincapié en dos aspectos. Primero, la concepción antagonista de la sociedad no ha sido predicada y llevada a la práctica únicamente en los países comunistas, sino que también ha proliferado en las democracias occidentales. Paradójicamente, aunque en los países comunistas se apela con frecuencia a la naturaleza altruista del ser humano, en el Occidente industrial la concepción de la sociedad como organismo antagonista suele aceptarse desinhibidamente y llevarse a la práctica con crueldad y determinación, como si todo el ser de la humanidad estuviera determinado y alimentado únicamente por cuestiones de índole económica.

Lo segundo que hay que recalcar es que en las sociedades asiáticas, sobre todo en la India (aunque se puede argumentar que allí la explotación es mayor que en el Occidente industrial), la lucha de clases reviste menos importancia y la aceptación del ideal cooperativo de la sociedad resulta mucho más pronunciada. ¿Significa tal cosa que esas sociedades continúan siendo «ignorantes» y no han descubierto a Marx? En mi opinión, significa algo diferente, a saber, que la visión marxista de la sociedad como una entidad sometida a una lucha continua consigo misma no se acepta allí como realidad. Puesto que la gente se nutre de visiones que no son la marxista y no ha elegido actuar conforme a ella, no ha sido validada por su práctica social. En resumen: *los mitos conforme a los que actuamos se convierten en la realidad en que vivimos*. Esta idea tiene consecuencias de largo alcance: todas las nuevas realidades sociales comienzan con la puesta en práctica de nuevos mitos.

La Revolución soviética contribuyó en gran medida a expandir la visión marxista de la realidad social. La revolución triunfó sobre todo gracias al particular genio de Lenin, para quien la lucha de clases era el vehículo del cambio y de la conservación del poder. Sin embargo, Lenin añadió una nueva dimensión al modelo marxista: maridó el concepto económico del poder con una organización concreta. Era un organizador nato, que se consideraba un instrumento de la inevitabilidad histórica y ayudaba a la historia a arrebatar el poder a los capitalistas para dárselo al proletariado. El diseño específico de la organización destinada a realizar esa transferencia de poder era un centralismo democrático liderado por los sóviets. De ahí que para Lenin el comunismo consistiera en entregar todo el poder a los sóviets... y en electrificar el Estado.

Unir el concepto económico de poder con diversas estructuras organizativas fue la contribución de Lenin al siglo XX. Como ya sabemos, Lenin era un admirador entusiasta de Frederick W. Taylor y del sistema taylorista, tal como se conocía en aquel momento: el modelo de producción de la cinta transportadora. Lenin estaba obsesionado con el taylorismo. Al subrayar la importancia de los sóviets como unidades básicas de un organismo más amplio, inconscientemente estaba intentando organizar grupos humanos conforme al sistema de la cinta transportadora para la transmisión y la multiplicación del poder. Vemos así como se produjo un giro irónico en la historia. Ahí tenemos a un hombre, Lenin, despreciado como el demonio rojo del comunismo probablemente en mucho mayor medida que el mismísimo Marx, organizando sus ejércitos a partir de un modelo basado en las nuevas invenciones del capitalismo.

Revisemos ahora los diversos componentes del actual paradigma del poder. La búsqueda paracelsiana de transformaciones físicas se combinó con la idea maquiaveliana de la manipulación implacable, que a su vez se conjugó con la idea baconiana del conocimiento como poder, que a su vez se combinó con la búsqueda fáustica del dominio a cualquier precio, a la que además se le dio un nuevo giro mediante la concepción marxista de que la sociedad se basa en el antagonismo y la lucha de clases; a todo ello, Lenin añadió la importancia de la organización, que hasta cierto punto era producto del taylorismo. Por último, podemos identificar los elementos conceptuales del ideal del poder que hoy domina en Occidente: la concepción del poder a la que tan apegados estamos y que nos tiene atrapados es la paracelsiana-maquiaveliana-baconiana-fáustica-marxista-leninista-tayloriana.

Cada uno de esos elementos apareció en escena de modo más o menos azaroso. El actual concepto de poder es el resultado de una serie de accidentes históricos. Ninguna necesidad histórica –ni, desde luego, ninguna inevitabilidad histórica– nos destinaba a heredar ese compuesto al que llamamos *poder*. Sin embargo, nos comportamos –¡qué extraña es la mente humana!– como si ese concepto unilateral abarcara por entero lo que es el poder y, de hecho, fuera su única faceta.

El paradigma del poder paracelsiano-baconiano-fáustico-marxista-tayloriano ha relegado a los científicos sociales a un pequeño rincón y les ha encomendado una humilde tarea: dar sentido al poder en el plano físico-económico-organizativo, es decir, justificar el *statu quo*. Los científicos sociales están encantados de hacer su trabajo, pero en realidad son víctimas de una miopía conceptual que nos afecta a todos. No es de extrañar que incluso los mejores cerebros en el ámbito de las ciencias políticas (sobre todo en Estados Unidos) sean presa de ese hechizo. Si no queremos ser como ellos, debemos elaborar un nuevo paradigma, lo que no es tarea sencilla. Con todo, esta tarea constituye ahora una necesidad apremiante; como mínimo, así lo creen muchos. Volveré sobre el nuevo paradigma en la última parte de este capítulo.

La concepción evolutiva del poder

Comprender la *naturaleza* del poder es una tarea mucho más compleja que captar sus diversas manifestaciones. Podemos establecer una analogía con la gravedad. Cuando una manzana cae de un árbol, sabemos que la gravedad le impide detenerse a medio camino. Los *efectos* de la gravedad son manifiestos. Cuestión distinta es qué sea la gravedad en sí. La gravedad no sólo es la causante de la caída de las manzanas. También controla los espacios intergalácticos, incluidos los agujeros negros, que son un auténtico misterio. La gravedad presenta numerosas manifestaciones; reducirla al caso de las manzanas que caen del árbol supone rebajar nuestra comprensión de ella.

Lo mismo ocurre con el poder. Su naturaleza es misteriosa; sus manifestaciones, múltiples. Reducir la variedad de fenómenos que representa el poder a los casos de las actuales instituciones occidentales supone rebajar nuestra comprensión del poder. Responder a la pregunta «¿qué es el poder?» probablemente sea tan difícil como responder a la pregunta «¿qué es la gravedad?». Resulta mucho más sencillo describir sus efectos respectivos.

La pobre comprensión de la naturaleza del poder encuentra uno de sus rasgos distintivos en la incesante retahíla de estudios que se publican al respecto, especialmente en el ámbito de las ciencias políticas. Incluso los autores más renombrados y prestigiosos, como Lasswell y Kaplan, se contentan con ese enfoque superficial. «Las ciencias políticas», escriben, «en cuanto disciplina empírica, estudian cómo se constituye y se comparte el poder.» Esta clase de definición resulta tan útil para nuestra comprensión de la naturaleza del poder como la definición de gravedad que la convierte en la fuerza por la que las manzanas caen del árbol y podemos comérnoslas.

Para descubrir formas alternativas de poder y diseñar nuevas instituciones sociales y políticas, debemos entender la naturaleza del poder con cierta profundidad. Podemos empezar simplemente afirmando que el poder es una relación entre el objeto A, que tiene el poder, y el objeto B, que está sujeto al ejercicio del poder. Pero incluso esta definición preliminar cojea, pues *el poder no reside en objetos, sino en sistemas*: en sistemas biológicos, sociales, culturales, espirituales. La variedad del poder analizada por la ciencia política reside en las instituciones sociopolíticas. Estas instituciones abarcan un pequeño subconjunto de *todas* las relaciones que están gobernadas por la existencia del poder. Asimismo, ese subconjunto decrece en mayor medida cuando el poder se limita únicamente a instituciones económicas o políticas.

Por lo tanto, el poder es una relación entre el sistema S_1 y el sistema S_2. Esto es así aunque S_1 y S_2 sean seres humanos, pues cada ser humano es un sistema complejo y extraordinariamente sutil, no un simple objeto. Por otro lado, la relación entre S_1 y S_2 tiene como resultado que S_2 está influido, moldeado, dirigido o determinado por S_1. Todos estos términos («influido», «moldeado», «dirigido», «determinado») son de fácil comprensión en la vida cotidiana. Sin embargo, no resultan tan fácilmente comprensibles en el marco objetivado de las ciencias sociales. Los términos «influido» o «moldeado» no pueden definirse fácilmente *conforme a criterios operacionales*.

Cuando los politólogos examinan la existencia o la influencia del poder, a menudo se comportan como si entre S_1 y S_2 se diera una causación simple, lineal y directa. En la vida real, casi siempre tratamos con el fenómeno de la causación múltiple. Esto resulta especialmente cierto cuando abordamos fenómenos sociales complejos. Dado su habitual nivel de complejidad, no hay forma de saber si otros factores, aparte de S_1, podrían haber influido en S_2; y, además, tampoco tenemos forma de saber si S_2 ha cambiado como resultado de S_1 (es decir, del poder ejercido por S_1) o, tal vez, como resultado de su reconstrucción *interna*. El esquema que las ciencias sociales suelen dar por sentado al estudiar el poder de S_1 sobre S_2 es un esquema simplificado:

$$S_1 \longrightarrow S_2$$

cuando en realidad lo que entra en acción es un modelo mucho más complejo, a saber:

$$\text{aspectos de poder de } S_I \xrightarrow{\text{influencia}} \text{aspectos de } S_2$$

$$S_I \rightarrow \left\{ \begin{array}{c} S_i \\ S_{ii} \\ S_{iii} \end{array} \right. \quad \begin{array}{c} S_a \\ S_b \\ S_c \end{array} \left. \right\} \rightarrow S_2$$

De hecho, en la vida real todo adquiere un grado de complejidad mucho más elevado, pues factores que se atribuyen a S_I pero que en realidad están al margen de éste pueden influir en (dirigir, determinar a) S_2. Además, existe el problema de la *interpretación*. Decidir qué es una causa, qué es un efecto y cómo lo determinamos (en el caso de que utilicemos criterios *objetivos*) es un auténtico problema.

Por lo tanto, debemos ser conscientes de que la realidad, en especial la realidad sociopolítica, es extremadamente compleja. Por supuesto, podemos reducirlo todo a modelos lineales y a una causación directa, pero con ello estaríamos cediendo a una metodología simplista, carente de la capacidad de entender la verdadera naturaleza del poder.

Incluso si aceptamos la pretensión de las ciencias políticas de que el poder se refiere ante todo a las instituciones políticas, las élites sociales y la lucha de clases, entender el poder no resulta sencillo. No podemos captarlo mediante modelos simplistas, pues estamos ante un ejemplo de causación múltiple.

Pero el poder *no* es un fenómeno que se pueda limitar a la arena política (una expresión que recuerda a los antiguos circos romanos). El poder, entendido como una relación entre S_I y S_2, se revela, en un nivel de análisis más profundo, como una transferencia de *voluntad*. Es posible que, en un nivel de análisis todavía más profundo, haya que entender esa transferencia como una transferencia de fuerza vital. Si este lenguaje resulta un tanto desconcertante, el fenómeno que intentamos describir no lo es en absoluto.

Ahora podemos expresar la cuestión en términos generales. *El poder es un atributo universal de la vida. La fuente de todo poder es la evolución.* La entropía conlleva la inexorable marcha del universo hacia el caos y el desorden, es decir, hacia la muerte absoluta. La vida es la única organización de la materia capaz de combatir la entropía. A la capacidad de la vida para combatir la entropía la podemos llamar *sintropía*. Es evidente que la sintropía no se halla únicamente en los organismos biológicos, sino también en las instituciones sociales y políticas. Una sociedad que funciona como es debido consiste en un conjunto de estructuras antientrópicas que perpetúan y potencian la vida.

Ahora podemos conectar el concepto de poder con el de sintropía o antientropía. El poder es la cualidad del universo vivo que contribuye a la sintropía o, lo que es lo mismo, que combate la entropía. Estamos ante una perspectiva *evolucionista* sobre el poder, la única que nos permite entender la naturaleza del poder en el ámbito de la sociopolítica y en otros dominios. El propósito último de todas las estructuras dotadas de poder es combatir la entropía y potenciar la vida. Las instituciones y las personas que contribuyen a la sintropía hacen un uso legítimo del poder; en cambio, las que contribuyen a la entropía lo utilizan de manera ilegítima. Subrayémoslo una vez más: *el propósito del poder es la propagación de la sintropía mediante una transferencia de voluntad que potencia la vida*. En el universo social, esta idea se materializa a través de la creación y la propagación de instituciones que promueven la vida.

Sin embargo, la naturaleza de este universo contingente entraña que todas las cosas tienden a degenerar. La entropía trabaja continuamente en todos nosotros. La degeneración o la patología del poder se revela en el hecho de que muchas instituciones sociales (y muchos de quienes están a su servicio) se convierten en instrumentos de la entropía. Desde una perspectiva evolutiva, representan fuerzas degenerativas, o simplemente propuestas contrarias a la vida. A nadie se le escapa que eso es lo que ocurre con muchas instituciones políticas en la actualidad.

Lo que aquí se esboza es una concepción evolutiva del poder. Algunos querrían descartarla sin más, dado que tiene poco que ver con «la realidad actual del poder». Mi respuesta es que no podría tener más que ver con ella. La concepción evolutiva del poder que he esbozado explica las actuales patologías del poder; también, la naturaleza del poder en otros ámbitos de la vida: el social, el político, el cultural, el espiritual. El relato histórico ofrecido en la primera parte del capítulo tenía el propósito de demostrar que la concepción actual del poder no es más que el resultado de la miopía que aqueja al hombre moderno occidental. Cuando nos ponemos unas gafas con la graduación correcta, empezamos a ver con nitidez. El actual concepto de poder no es más que la sustanciación de un mito específico del poder. Cuando eliminamos ese mito, podemos ver con toda claridad otras manifestaciones y realidades del poder. Examinemos a continuación esas otras realidades.

El poder como autoridad: chamanes, hechiceros, Gandhi, Jomeini, Walesa

La inmensa sombra del concepto de poder como fuerza bruta es demasiado alargada para ignorarla. Sin embargo, esa sombra oculta otras realidades. Empecemos por una especialmente controvertida: Irán. El ayatolá Jomeini era un anciano exiliado en París. Y no tenía poder alguno. Sin embargo, al desafiar la «realidad» del poder y a todos cuantos se burlaban de él diciendo que era un viejo senil y que lo que debía hacer era ocuparse de cuidar sus cabras y cultivar rábanos, alcanzó el poder real. Sin duda, la situación fue de una complejidad extraordinaria. Pero hay un hilo que une todos los elementos de la historia. Los «entendidos» (politólogos, periodistas especializados y demás) aconsejaron primero al ayatolá, cuando estaba en el exilio, que se retirase a un discreto segundo plano, dado que no entendía la realidad del poder, vertiendo numerosos improperios sobre su persona. Después, tras la caída del sah, le aconsejaron que fuera razonable y realista, que aceptara llegar a compromisos con el nuevo gobierno del primer ministro Bajtiar y cooperase con él. Los argumentos eran los mismos: Jomeini era un loco incapaz de adaptarse al mundo real. Ciertamente, no se adaptó. En aquel momento, carecía de poder en un sentido mundano.

Entonces Jomeini viajó a Teherán, tomó el poder con las manos desnudas y desafió todos los preceptos sobre lo que es el poder y todas las predicciones que se habían formulado. Era un santo loco, capaz de gobernar por la gracia de la Providencia. En Occidente se lo percibía de otra forma: continuamente se intentaba rebajar su estatura e interpretar su figura mediante categorías que tuvieran sentido para nosotros. Sin embargo, Occidente no era apto para juzgarlo con imparcialidad. Cualquiera que se tome la molestia de recordar las predicciones de los expertos descubrirá que Jomeini dejó en ridículo a todos los «entendidos» que no dejaban de repetirle lo que eran el mundo y el poder. Evidentemente, si hubieran tenido al menos una parte de razón, Jomeini habría acabado en el vertedero de la historia.

En comparación con el auténtico poder sobre el destino de su pueblo que poseía Jomeini, el presidente de Estados Unidos parece un paria, y su poder, ilusorio. Es víctima no sólo del Senado y del Congreso, sino, por encima de todo, de los medios de comunicación. Dejo a un lado la cuestión de si el ejercicio del poder que hizo Jomeini fue mejor o peor. La historia lo juzgará. Pero incluso aquí habrá que tener cuidado, pues evidentemente la historia occidental no lo tratará con generosidad.

El caso del ayatolá Jomeini es tan controvertido y multifacético que se presta a toda clase de interpretaciones. Centrémonos en un caso más sencillo e igual de elocuente: la huelga que los trabajadores polacos organizaron en Gdansk en el verano de 1980. Estamos ante un ejemplo paradigmático de lucha política por el poder. ¿O no? Por extraño que parezca, se trata de una repetición de la historia de Jomeini, en otro plano y en circunstancias diferentes. Al principio, los trabajadores no tenían ninguna clase de poder. La huelga ni siquiera era reconocida como tal por las autoridades, que acaparaban todo el poder, incluidos los tanques que habían aplastado las protestas de los trabajadores en 1970, en la misma ciudad de Gdansk. Todos los argumentos racionales, con su reconocimiento de la «realidad» del poder, estaban contra los trabajadores. Incluso la Iglesia católica y el cardenal Wyszynski creían que los trabajadores debían llegar a compromisos y ser *razonables*. Contra todo pronóstico, e incluso contra la historia, que les decía que los sindicatos independientes jamás eran reconocidos en los países comunistas, ganaron los trabajadores. Su victoria fue tan grande como inusitada.

¿Cómo fue posible que, partiendo de una situación de debilidad, acabaran en una posición de fortaleza? Quienes están dispuestos a morir por su causa tienen más posibilidades de ganar (incluso sin recurrir a las armas) que quienes se limitan a ser meros observadores y siempre se inclinan a llegar a compromisos. Ésa fue una de las razones. La capacidad de afrontar la muerte y la voluntad de mantenerse en pie y ser leal a las propias convicciones, cualesquiera que sean las consecuencias, otorga una gran fuerza moral, y, de hecho, constituye una fuente oculta de poder, político y no político.

Pero una explicación más inmediata del extraordinario éxito de los trabajadores polacos en Gdansk en 1980 fue la aparición de un líder, Lech Walesa, un líder surgido de la nada que al principio no tenía ninguna clase de poder. Al terminar la huelga, Walesa había conseguido una autoridad y un poder que muchos de los llamados «líderes mundiales» no podían por menos de envidiar.

Más sorprendente aún resulta el hecho de que, cuando observamos los acontecimientos a medida que se desarrollaron, vemos que, en cierto sentido, no se trataba en absoluto de una lucha política, sino de una ceremonia religiosa. El lugar donde los trabajadores hacían huelga estaba decorado por todas partes con imágenes de la Virgen, del Papa, de los santos. Flores hermosamente dispuestas adornaban esas imágenes. La atmósfera en el astillero era al mismo tiempo festiva y reverencial. ¡Beber vodka estaba estrictamente prohibido! Esta prohibición era un acto votivo. Para entender el valor de ese gesto hay que saber cuáles son los hábitos de los trabajadores polacos en lo que se refiere al consumo de alcohol.

Toda la situación bordea lo estrafalario y no se presta a ninguna explicación «racional»: organizar una lucha política como si fuera una ceremonia religiosa ya resulta ridículo de por sí; plantearse la posibilidad de que semejante espectáculo pudiera darse en un país comunista parece un completo absurdo. Sin embargo, la realidad de los acontecimientos ha negado la racionalidad de nuestras vanas explicaciones.

Ahí estaban Polonia y Walesa a finales de la década de 1970. A continuación se produjo la brutal supresión de Solidaridad, cuya existencia se negó. Pero, como el Ave Fénix, Solidaridad resurgía de sus cenizas año tras año, pese a tenerlo todo en contra y pese a todas las declaraciones del gobierno. Después le concedieron el Nobel de la Paz a Lech Walesa. Luego se produjo otro acontecimiento increíble al que Walesa contribuyó enormemente: la formación de un gobierno no comunista en Polonia en 1989. Y después se sucedieron una serie de levantamientos aún más increíbles: el «Otoño de las Naciones», una ola revolucionaria que llevó a Alemania Oriental, Bulgaria, Checoslovaquia y Rumanía a abolir las tiranías comunistas para entrar en una nueva era de libertad. La culminación de todo ese proceso llegó en Polonia en 1991, con las elecciones libres en las que Walesa se convirtió en presidente del país. El caso de Walesa es un ejemplo espectacular que muestra cómo la autoridad moral, en las circunstancias apropiadas, puede elevar a una persona desde la categoría de humilde electricista hasta la de hombre de Estado recibido por la reina de Inglaterra en el castillo de Windsor.

Todos estos acontecimientos resultan sencillamente inexplicables si nos ceñimos al antiguo paradigma del poder, en el que éste se igualaba con la fuerza física. Los analistas políticos convencionales y los politólogos expertos, acostumbrados a entender el poder como coerción, tienen grandes dificultades para comprender el nuevo panorama europeo y el nuevo concepto de poder que ha triunfado. Únicamente China ha demostrado ser una excepción, pero la matanza de junio de 1989, en la que la brutalidad del poder se impuso de una manera tan trágica, fue objeto de repulsa universal, lo que puso de manifiesto que, como seres humanos, no aceptamos que la brutalidad del poder físico sea inevitable.

Nos enfrentamos a un problema, pero únicamente si limitamos la idea de poder a sus aspectos físico-económicos más patentes. Debemos tener claro que el ejercicio del poder tiene más que ver con la autoridad, en particular con la autoridad moral, que con la posesión de medios físicos para controlar a las personas. La idea de autoridad es más amplia que la idea de poder. ¿Qué es la autoridad? Responder a esta pregunta tan compleja requeriría todo un libro. Baste decir que la autoridad es un poder *moral* que impulsa a la gente a hacer cosas que de otra forma no haría, en nombre de ideales humanos más elevados o de causas que trascienden sus intereses individuales.

Esta concepción de la autoridad es más amplia que la que suele manejarse en las ciencias políticas. En ocasiones, los científicos sociales intentan transmitir la idea de que la autoridad es un poder moral. Pero creen que deben ser neutrales y no otorgan su beneplácito a nociones normativas. De ahí que sus definiciones sean eufemismos retorcidos. Sin embargo, la autoridad como poder moral es una categoría normativa, axiológica. En consecuencia, definirla como «una cualidad comunicativa en virtud de la cual se la acepta como tal» es una lamentable manipulación lingüística. Pues incluso esta definición prosaica y pseudoobjetiva de la autoridad no puede escapar al contexto normativo. A fin de cuentas, ¿en qué consiste esa *cualidad* comunicativa, si no en alguna clase de apremiante poder moral? ¿Y qué es ese algo *en virtud de* lo que se la acepta, si no es algo que va más allá de la mera idea de comunicación? Entre las diversas concepciones sobre la autoridad, la de Bertrand de Jouvenel es la más próxima a la mía: «El fenómeno llamado "autoridad"», escribe, «es al mismo tiempo más antiguo y más fundamental que el fenómeno llamado "estado"». De Jouvenel es un autor al que vale la pena estudiar, en lugar de citarlo únicamente a pie de página.

El poder sin autoridad es ilusorio. Por eso Jesucristo prevaleció sobre los césares. Por eso Gandhi prevaleció sobre los británicos. Por eso Jomeini prevaleció sobre el sah. Por eso los trabajadores de Gdansk prevalecieron sobre el Comité Central de Varsovia.

Antes he explicado que el poder se puede concebir como una relación entre S_1 y S_2, y he propuesto analizar esa relación como una transferencia de voluntad y, en última instancia, de fuerza vital. Al aceptar esta interpretación del poder, al menos como hipótesis, podemos ver que una brizna de hierba que se abre paso hasta la superficie de un camino asfaltado es una manifestación de poder. En una brizna de hierba –cuando se dan ciertas condiciones– parece habitar un poder extraordinario que le permite atravesar el asfalto pese a todos los argumentos racionales en su contra.

Si consideramos el caso de Gandhi frente a la solidez del Imperio británico, la analogía con la brizna de hierba (que se abre paso hasta la superficie del asfalto) nos causa una impresión irresistible. He intentado defender que todas las instituciones sociales y políticas deben relacionarse en última instancia con la red más amplia de la vida, de la que la vida espiritual de la humanidad constituye un aspecto inherente. La autoridad moral de Gandhi se puede ver como un brote de vida sana capaz de traspasar el asfalto de una vida petrificada.

Hay otras formas de poder que han sido importantes para las culturas del pasado: el poder de los chamanes, de los hechiceros (incluidos los médicos de nuestra época), de los santones y de los curanderos.

El poder de estas personas y el poder de las instituciones políticas parecen proceder de fuentes completamente distintas. Sin embargo, existe una conexión entre el poder político en sentido moderno (concebido como un poder de dominación) y el poder que se atribuye a los hechiceros, los curanderos y los santones. El poder de los santones, los chamanes, los curanderos y los santos locos reside en sus extraordinarias facultades personales. Eso los hace especiales. Gracias a ello son capaces de conseguir cosas que no están al alcance de todo el mundo. En las culturas tradicionales existía un estrecho vínculo entre las personas con autoridad y las personas con poderes especiales. La autoridad solía ser el fruto del poder interior que esos pocos individuos poseían. A su vez, la autoridad se trasladaba al poder político. Al jefe se lo investía de poder político *porque* tenía autoridad, y tenía autoridad *porque* poseía esas extraordinarias facultades que lo convertían en un hechicero o en un visionario, aunque tal vez fuera más exacto afirmar que la causa estribaba en que él mismo se permitía ser un agente, una fuente de fuerza vital manifestada como poder humano.

Hagamos un resumen de lo dicho hasta ahora. He distinguido tres realidades del poder:

• El poder concebido como *dominación*, habitualmente denominado «poder político».

• El poder concebido como *autoridad*, que se manifiesta en una transferencia de voluntad de S_1 a S_2, en la que S_2 se siente obligado a actuar conforme a un imperativo moral.

• El poder concebido como la posesión de *facultades interiores extraordinarias*, con el que las cosas se consiguen *como* por arte de magia, lo que significa que quienes no poseen esas extraordinarias facultades están a merced de quienes las poseen.

En la cultura occidental –o tal vez debería decir en la *ac-*

tual cultura occidental–, dominada por el paradigma mecanicista, el poder como autoridad se menosprecia, y el poder como posesión de facultades extraordinarias prácticamente se ignora, con el riesgo que eso conlleva para nosotros. Es indudable que el poder político de Gandhi procedía de su autoridad moral. Su autoridad moral, a su vez, parecía ser el resultado de sus especiales facultades, que lo convirtieron en un hombre santo (la expresión «santo loco» sería igualmente apropiada), que inspiraba y renovaba el espíritu de las gentes con su mera presencia.

Llegados a este punto, los inflexibles pragmatistas racionales pueden argumentar que lo que vale para un pueblo sentimental y místico como el indio no vale para Occidente. Pero la percepción de los pragmatistas suele adolecer de limitaciones, y en este caso dichas limitaciones son enormes. Un político dotado de poder, concebido éste como autoridad moral, suele poseer carisma. Las personas con carisma alcanzan el poder porque están dotadas de unas facultades extraordinarias. John F. Kennedy tenía carisma, y por eso ejercía el poder como una autoridad moral. No es de extrañar que se haya convertido en una leyenda, pese a las maquinaciones en su contra por parte de la Administración estadounidense. El carisma y la autoridad son irrelevantes para la concepción del poder propia de la perspectiva mecanicista. Cuando la máquina define y determina el alcance y la extensión del poder político, la gente puede verse convocada a unas elecciones en las que no hay alternativas reales, como en los comicios presidenciales celebrados en Estados Unidos en 1980.

Podemos extraer de todo ello algunas conclusiones. El poder no se puede concebir en el vacío. Su significado está determinado por todo el contexto social. El marco determina la realidad del poder. Entender el significado del poder es entender el contexto en el que opera. El contexto de la sociedad occidental ha experimentado un profundo cambio desde la Edad Media, y por lo tanto nuestro concepto del poder tiene que cambiar. Dime cuáles son los ideales de una sociedad y te diré cuál es su concepto de poder.

El triunfo del mito occidental del poder ha sido el triunfo del *contexto occidental*, es decir, el triunfo de la ideología secular occidental y su concepto del progreso material. Este «triunfo», por supuesto, incluye el capitalismo industrial y el socialismo industrial. Como hemos visto, la contribución de Marx y Lenin a nuestra concepción del poder no ha sido desdeñable. Los países comunistas aceptaron con júbilo la ideología secular de la época posrenacentista y, con ella, otros componentes de la noción fáustica del poder.

Pero el triunfo del concepto de poder occidental no ha sido universal, ni siquiera en un momento en que naciones y continentes enteros sucumbían al fascinante glamur del progreso material. En el corazón de Estados Unidos, el nuevo Leviatán, se han preservado enclaves donde se ha cultivado una realidad alternativa, donde ha prevalecido el «viejo chamanismo», donde se ha conservado la concepción del poder como autoridad moral y donde se ha dado un valor extraordinario a las capacidades internas especiales del ser humano. Me refiero a los indios norteamericanos. Ellos no aceptaron el contexto y, por consiguiente, no aceptaron el mito, o el concepto, de poder que éste dictaba.

El lenguaje como poder

El poder se comunica a través de una serie de modalidades y vehículos. Uno de ellos es el lenguaje. En la cultura occidental, y tal vez en todas las culturas, el lenguaje ha tenido una influencia y un poder supremos. El legendario poder del lenguaje, atribuido a éste por las sociedades primitivas, no es cosa del pasado. Somos el animal lingüístico. Muchos de nuestros intercambios y transacciones de poder se producen exclusivamente por medio de palabras.

El aspecto simbólico o sacramental del lenguaje otorga sentido a nuestras luchas culturales y espirituales. La historia de la cultura humana y nuestra búsqueda de la espiritualidad (los alérgicos a cualquier remanente de la religión pueden sustituir la palabra «espiritualidad» por «humanidad») habrían sido inconcebibles si el lenguaje no hubiera servido para transmitir simbólicamente toda la escala de los valores. En la mayoría de los intercambios humanos –al persuadir o al presionar, al prometer o al excusarse, al amenazar o al halagar–, el poder del lenguaje permanece oculto pero resulta muy potente; es un poder real.

Ha sido una tragedia que los países «en vías de desarrollo» –y, en realidad, todos los países de las civilizaciones no occidentales– aceptaran no sólo la ciencia y la tecnología occidentales, sino también los mitos que las acompañan. Estos países aceptaron además el lenguaje mismo que transmite y consuma los mitos occidentales. La lengua inglesa es una expresión suprema del empirismo de Occidente y, desde hace cierto tiempo, de su escepticismo y su materialismo. Lo que quiero decir es que nuestros problemas con nosotros mismos, con la naturaleza y con la propia idea de poder han alcanzado un nuevo grado de intensidad porque la lengua inglesa –que cada vez es en mayor medida nuestro instrumento y nuestro vehículo de expresión– parece cargar más que cualquier otra con el peso de la ideología expansionista secular. A fin de cuentas, fue Bacon quien concibió el conocimiento como poder, Hobbes quien sostuvo que el hombre era un lobo para el hombre, Adam Smith quien encomió la economía de libre mercado y Darwin quien escribió *El origen de las especies*. Bentham y Mill fueron los paladines del utilitarismo en el campo de la ética, lo que más adelante sirvió para justificar valores filisteos. Dada la propensión de los anglosajones a lo mundano, lo empírico, lo desalmado y lo manipulador, la lengua inglesa ha servido cada vez más para favorecer una visión del mundo que lo convierte en una cantera de recursos naturales y una visión del poder que lo concibe como pura fuerza de dominación.

Si el sánscrito –la lengua de la sabiduría– se hubiera convertido en idioma universal, habríamos tenido menos problemas con el poder y con nosotros mismos. Incluso una lengua tan provinciana como el polaco sería menos dañina que el inglés, pues aunque estuvo profundamente influida por el latín, retuvo el espíritu eslavo. El inglés, un idioma sin alma, es la fuente de nuestros problemas.

El mundo occidental ha ido definiendo, formulando y determinando lo que debía ser el resto del mundo mediante el poder de su lenguaje. El mundo occidental ha definido como primitivo aquello que precede a la civilización científica occidental. El término «primitivo» oculta muchas connotaciones peyorativas. Ser primitivo es estar atrasado, es no ser humano del todo; unirse a Occidente en busca de progreso es un imperativo, un paso adelante y casi una condición necesaria para ser humano. Las naciones del Tercer Mundo, hechizadas por las definiciones occidentales, bailan al ritmo de la música industrial, pero no dejan de considerarse primitivas. Se ven a sí mismas como el lenguaje imperial occidental quiere que se vean, no como realmente son en el seno de su propia cultura.

El poder del lenguaje y de las definiciones suele volver más indefensas a las naciones del Tercer Mundo de lo que son en realidad, y eso es lo que dota a las naciones industriales de un poder mucho mayor del que en realidad tienen. El lenguaje mismo que empleamos trasluce el dominio de Occidente y la sumisión de los países no occidentales. *En el lenguaje occidental anida la supremacía blanca. En el poder de este lenguaje se ocultan muchas injusticias y desigualdades.* Y este poder del lenguaje es casi mágico y apenas encuentra resistencia en los países del Tercer Mundo, pese a toda su sabiduría y su cultura. Su herencia y sus tradiciones han quedado castradas desde el momento en que las formas de pensar occidentales, expresadas en lengua inglesa, se han convertido en la base de sus razonamientos y de sus criterios.

Las conclusiones que se deducen de mi examen suponen un buen augurio para los países del Tercer Mundo, aunque no a corto plazo. El proceso de volver a pensar el actual paradigma del poder debería servir para que los países del Tercer Mundo comprendieran que en su legado pueden encontrar herramientas, conceptos y tradiciones que les permitan crear un nuevo contexto. A partir de su antiquísimo legado cultural y de sus viejas mitologías, que en gran medida presentan un carácter simbiótico y holístico, pueden crear un nuevo contexto del que nazcan nuevas perspectivas civilizatorias. La creación de nuevos paradigmas –sobre la sociedad, sobre el poder o sobre estilos de vida alternativos– será más sencilla en el Tercer Mundo, porque la influencia de la ideología fáustica a menudo llega sólo a un nivel superficial, mientras que ha impregnado todos los recovecos de la mentalidad occidental.

Crear nuevas formas de vida nunca resulta sencillo, en ningún lugar del planeta. Mientras los países del Tercer Mundo sigan atrapados en los ciclos de lucha por el poder tal como lo entiende Occidente, no dejarán de perpetuar la enfermedad occidental. Mientras los países del Tercer Mundo intenten luchar contra Occidente con las armas de éste, no cabe augurarles nada bueno, pues han elegido las armas del maestro para luchar contra él, mientras que ellos son simples principiantes.

El poder de definir es el poder de controlar, y viceversa. Al definir no sólo describimos; también juzgamos, afirmamos valores, controlamos, ejercemos una influencia sutil y continua sobre la mentalidad de la gente. Cuando el lenguaje de otro nos atrapa hasta el punto de destruirnos, hemos de desprendernos de sus garras y separarnos de su contexto.

Pero también está la realidad del amor. Y el lenguaje del amor. Cuando los redescubramos, veremos que existe otra dimensión del poder. En los asuntos humanos es imposible lograr la justicia y la igualdad, por no hablar de la paz entre naciones, sin permitir que el amor vuelva a entrar en nuestra vida. Nuestro lenguaje actual está tan desgastado que ni siquiera nos atrevemos a hablar del amor. Esta triste constatación deja al descubierto nuestra perversa concepción del mundo. El amor es uno de los grandes tesoros de la especie humana. Si no queremos perderlo, no debemos abandonarlo. Cuando adquiramos más sabiduría, el amor asumirá el lugar que le corresponde como consejero en toda clase de asuntos, incluido el poder. Sin duda, algunos racionalistas inflexibles pensarán que este párrafo sobre el amor está de más. Pero ¿por qué? ¿Acaso el amor no forma parte del mundo empírico tal como lo experimentamos?

Hacia un nuevo paradigma del poder

El concepto de poder forma parte de la compleja red de relaciones e ideales que han contribuido a la formación del espíritu occidental. El mito del poder se confunde con el mito de la vida buena. Cuando se abandonó la escatología trascendental y el secularismo empezó a triunfar como filosofía total, surgió un nuevo concepto de salvación: el hombre podría encontrar la realización en la tierra, lo que más adelante daría lugar a la ideología de la gratificación instantánea.

Se suponía que el secularismo, combinado con el progreso material, otorgaría el fruto deseado y alumbraría la vida buena. El desarrollo de la tecnología de alta potencia y de la ciencia objetiva, fría, atomista, se recibió con los brazos abiertos, porque se suponía que, cuanto más poderosas fueran las herramientas de transformación física, tanto más avanzaríamos en el plano del progreso material.

Por lo tanto, el ideal del poder y la capacidad de transformación física fueron sacralizados y pasaron a integrar (aunque sólo fuera a nivel inconsciente) el contexto total de la ideología del secularismo. En resumen, el secularismo, cuando está suficientemente desarrollado, acaba dando lugar al mito del poder físico. Repasemos los distintos elementos que componen el mito del poder.

Aunque en nuestro esquema el mito del poder ocupa el nivel más básico, en realidad permea todos los niveles: influye en cada uno de ellos, y viceversa. De hecho, todos los niveles se retroalimentan, se apoyan y se determinan mutuamente. El esquema nos permite además cobrar conciencia de que la veneración del poder no es accidental sino esencial para la sociedad de Occidente. La civilización que concibió el mundo como un mero conjunto físico de objetos que puede explotarse para su gratificación sensual estaba destinada a adorar el poder en toda su crudeza. La celebración de lo implacable forma parte inextricable del proyecto secular.

Secularismo

↓

Escatología secular

↓

Ideal de la vida buena

↓

Ideal del progreso material

↓

Ciencia y tecnología, herramientas para
el dominio de la naturaleza

↓

Ciencias sociales, herramientas para justificar
el secularismo

↓

Mito del poder físico

Si esto es así, ¿por qué la búsqueda del mero poder no ha sido absoluta en la sociedad occidental? Pues porque el secularismo, pese a su condición de ideología dominante, no ha obtenido un dominio absoluto. Los ideales de nuestros credos anteriores han influido sistemáticamente en nuestras búsquedas fáusticas. Esos antiguos ideales solían cimentarse en concepciones trascendentales de lo humano, para las que la realización del hombre distaba de consistir en la mera gratificación material.

Nuestro esquema muestra asimismo que no podemos albergar la esperanza de «domesticar» el poder en su forma actual centrándonos únicamente en él y prescindiendo del marco en el que se ha generado. Dicho marco, en tiempos considerado un gran logro de la civilización occidental, se está revelando ahora como una pesada carga. Constatamos así, una vez más, que nuestra cosmología resulta contraproducente.

Hemos creado un contexto que ha engrandecido a la máquina y ha empequeñecido al ser humano. Hemos creado un contexto que ha empobrecido la naturaleza humana y ha hecho prevalecer el poder mecánico. Para lograr tal cosa sin sentirnos disminuidos y degradados hemos creado el mito del poder (físico), cuya búsqueda supuestamente debía engrandecernos. Nuestra perspectiva sobre el poder está cambiando en la actualidad, y este cambio traerá consigo un cambio en nuestra perspectiva sobre la naturaleza humana, que de nuevo será investida con poderes intrínsecos a ella.

¿Cuáles son, entonces, las nuevas perspectivas civilizadoras que pueden permitirnos desarrollar un nuevo paradigma del poder? Podemos descubrirlas si estudiamos la historia: ella nos enseñará que el poder como autoridad y el poder como existencia de facultades interiores extraordinarias son conceptos íntimamente conectados. No digo que haya que retroceder en la historia; simplemente quiero señalar que a lo largo de los dos últimos siglos hemos sido atrapados y aplastados por una contrarrevolución cultural que ha acarreado una devastación social y espiritual de dimensiones extraordinarias. Deberíamos enmendar nuestro lenguaje: estos doscientos años de materialismo, lejos de ser revolucionarios, en realidad han sido una época oscura y reaccionaria.

No podemos albergar la esperanza de «domesticar» el poder o de emplearlo con sabiduría y benevolencia mientras formemos parte del contexto ideológico que lo ha convertido en un instrumento de dominación física y de erradicación cultural. Por lo tanto, debemos elaborar un nuevo paradigma sociopolítico. Debemos crear una nueva realidad social que proporcione un nuevo contexto para desarrollar un paradigma alternativo de poder. No basta con sustituir el capitalismo por el comunismo o por ninguna otra forma de socialismo, pues, como ya he explicado, el socialismo industrial y, de hecho, toda la ideología marxista se basan en la concepción del poder como dominación, lucha de clases, antagonismo y conflicto. Por lo tanto, sustituir el contexto sociopolítico del capitalismo por el contexto sociopolítico del marxismo entrañaría reemplazar un contexto de poder despiadado por otro de la misma índole. En cualquier caso, el marxismo, entendido como alternativa ideológica viable al capitalismo, se ha derrumbado. Lo que debemos hacer, por consiguiente, es ahondar en mayor medida, hasta llegar a los cimientos mismos de nuestra civilización, a las propias raíces de la tradición de Paracelso, Maquiavelo, Bacon, Galileo, Fausto, Marx, Lenin y Taylor.

Habrá quien piense que eso no es «realista». No obstante, quien está fuera de la realidad es quien busca soluciones más sencillas e inmediatas, quien no comprende que las raíces de nuestro actual concepto de poder han calado muy hondo y han dado lugar a mitos. La desmitologización del actual concepto de poder exigirá la redefinición de muchas relaciones fundamentales. Tendremos que redefinir el progreso y la idea misma de la vida buena; tendremos que restablecer la diversidad orgánica como el *modus operandi* de la vida y del trabajo. Para lograr nuestra realización personal y dar sentido a nuestro trabajo debemos establecer un compromiso activo con distintos planos vitales. Mientras tanto, hemos de ir elaborando estilos de vida alternativos; debemos valorar la austeridad, entendida no como miseria y privación, sino como sobriedad elegante; debemos entender que la naturaleza humana es un depósito extraordinario de poderes humanos. Todos estos actos de redefinición de la realidad deberían verse como nuevas formas de participar en la vida, como un gozoso salto adelante, no como una mera perturbación de nuestro sopor consumista. Sé que no he presentado un nuevo paradigma del poder, sino únicamente las condiciones necesarias para su elaboración. Ojalá otras voces se unan a la mía y desarrollen los detalles de la estructura latente en mi discurso.

No obstante, siempre hemos tenido a nuestra disposición los rudimentos de una concepción alternativa del poder. Jesucristo creía en un concepto de poder basado en el amor, igual que la Madre Teresa. La obra de esta mujer se sitúa al margen de todo sentido «racional». Sin embargo, triunfa. La Madre Teresa es admirada por la mayor parte de los racionalistas férreos, porque su amor *es* poder. Si tuviéramos el coraje de hablar con sencillez, diríamos: queremos materializar el *poder reverencial*, pues ése es el poder que sana y eleva. Un poder reverencial requiere y exige un universo reverencial y unos seres humanos reverenciales.

Un último comentario para terminar. Habrá quien objete: «Está muy bien esbozar una serie de alternativas filosóficas al panorama actual, pero *díganos cómo pasar* de un estado de cosas a otro». Se trata de una queja habitual, de una manifestación de impotencia, más que de la expresión de un auténtico interés en buscar alternativas. Para mí, la cuestión del *cómo* no es lo más importante. Tal vez lo sea en el universo de los técnicos que se guían por los valores instrumentales, pero no lo es en el universo de los seres humanos integrales que se orientan por los valores intrínsecos.

Más importante es ver que la pregunta sobre el cómo *cambia* de sentido si nos situamos en otro paradigma. Lo que es imposible dentro de ciertas coordenadas se vuelve posible en un nuevo contexto. Nuestro propósito es crear un nuevo contexto que nos haga dueños de nuestro destino, no esclavos adormecidos de un ciego y abrumador Leviatán. No se trata de un proyecto nuevo. La vida humana es la historia de la liberación de las limitaciones que nos hemos impuesto inadvertidamente. Cuando estemos convencidos de que nuestra nueva visión es necesaria y apremiante, encontraremos los medios para ponerla en práctica. Crearemos el nuevo contexto. Encontraremos en nuestro interior poderes que no sólo darán fe de la nueva realidad del poder humano –por otro lado tan antigua–, sino que además nos otorgarán fuerzas renovadas para reconstruir la realidad social.

Conclusión

El poder reside en el cosmos. Nosotros somos sus repositorios. Eso implica una profunda unidad entre el universo y el ser humano, en la medida en que nos reconocemos como una extensión de los poderes del universo. La ecofilosofía proporciona el marco para el análisis de esa unidad. En realidad, la necesidad de explicitar nuestra relación con el cosmos desde el punto de vista del poder está contenida en el capítulo 4. Estamos entretejidos con el cosmos; nos consideramos sus guardianes, sus receptáculos, sus espectadores; nuestro fin es perfeccionar el universo. El concepto evolutivo de poder que hemos esbozado se puede considerar el octavo pilar de la ecocosmología. ¿Cómo deberíamos utilizar el poder que reside en nosotros? No para destruir, sino para trascender; no para disminuir la vida, sino para celebrarla. Recordemos una vez más que la reflexión y la acción van ligadas íntimamente: nuestra concepción de la naturaleza de la acción determina nuestra manera de actuar. Para emplear el poder con inteligencia primero debemos tener una comprensión profunda de su extraordinaria complejidad.

7. Espacio, vida y arquitectura moderna

El ser humano como animal espacial

Frank Lloyd Wright dijo en cierta ocasión que podía diseñar una casa en la que ningún matrimonio lograra sobrevivir más de seis meses y cuya simple organización espacial garantizaría que se divorciase. Es posible que se trate de una exageración por parte de un arquitecto extremadamente arrogante. Sin embargo, la frase también expresa una profunda comprensión de lo extraordinariamente sutiles y complejas que son las propiedades de los espacios en que vivimos.

En un contexto distinto, otro arquitecto, Louis Kahn, dijo lo siguiente: «Una idea correcta mal ejecutada siempre es mejor que una idea errónea bien ejecutada». Las palabras de Wright y Kahn nos ofrecen un punto de partida que nos permitirá reflexionar a fondo sobre los problemas de la arquitectura moderna. Nuestra civilización dispone de un conjunto extraordinario de medios técnicos. Podemos hacer —y de hecho hacemos— maravillosamente bien una serie de cosas que, sin embargo, jamás deberíamos hacer. Estamos simplemente poseídos por nuestros medios, apresados por unas garras satánicas que ofuscan nuestra perspectiva sobre los fines. Nos hemos convertido en una civilización deslumbrantemente rica en lo que respecta a los medios y lamentablemente pobre en lo que respecta a los fines. En la medida en que nuestra condición de seres humanos viene definida por los fines a los que aspiramos y con los que nos identificamos, nos estamos limitando como especie. Nuestra arquitectura pone este hecho perfectamente de relieve.

Nuestros rascacielos y bloques de apartamentos, construidos con unos medios técnicos extraordinarios, no sobrevivirán al paso del tiempo porque ejemplifican la mezquindad del espíritu humano y, con frecuencia, su pobreza imaginativa. «Hacer más con menos» ha sido el lema dominante en la arquitectura del siglo xx. Si observamos la situación con ojos críticos, veremos que paradójicamente ha ocurrido lo contrario. En comparación con otras épocas que han legado monumentos arquitectónicos espléndidos construidos con medios técnicos muy limitados, parece que estemos empeñados en hacer lo contrario: contamos con unos medios técnicos impresionantes, pero nuestro legado está destinado a ser magro. En realidad, para caracterizar la arquitectura del siglo xx habría que utilizar el lema: «Hacer menos con más». Somos una cultura peculiar: pródiga en medios, lamentable en los resultados a largo plazo.

Debo subrayar que, aunque el espacio es objeto de inquietud incesante entre los arquitectos, no lo conciben adecuadamente, o, mejor dicho, se ocupan de él y lo entienden de manera superficial, principalmente porque se ven forzados a limitar sus reflexiones y sus diseños al espacio físico y geométrico. Ni se los enseña ni se los anima a reflexionar sobre otros aspectos del espacio humano, como el social, el psicológico, el cultural y el espiritual.

La tasa extraordinariamente alta de divorcios, así como otros males sociales e individuales que aquejan a Estados Unidos y a todo el mundo occidental, tienen causas diversas. Una de las más importantes, a mi juicio, es la forma insensata y a menudo brutal en que los arquitectos y los constructores diseñan y ordenan el espacio vital. Cuando las ciudades se han convertido en junglas de asfalto habitadas por coches, cuando las terribles periferias debilitan aún más nuestras energías y castran nuestro espíritu, y cuando en nuestra propia casa estamos continuamente a merced de artilugios mecánicos y de una televisión soporífera que cada vez nos aparta más de la realidad de la vida, no podemos esperar nada bueno. El individuo absorbe e interioriza una organización inadecuada del espacio, que indirectamente suele provocar violencia, frustración y depresión.

El ser humano es un animal *espacial*. El desarrollo social y evolutivo ha dotado al organismo humano de ciertas necesidades espaciales. Entre ellas se encuentra la de estar rodeado de bosques, montañas y campos abiertos en los que el individuo pueda andar libremente y cuyo panorama ilimitado ofrezca a la mirada la posibilidad de encontrarse con multitud de formas naturales y amorfas. Esta necesidad procede del período en el que éramos cazadores-recolectores, y también, indudablemente, de etapas anteriores en la evolución de nuestra especie.

Otro grupo de necesidades espaciales está constituido por el entorno social, en el que abundan las relaciones con nuestros semejantes. Dichas necesidades proceden de nuestra historia social y cultural. Las necesidades espaciales no acaban ahí; el ser humano necesita también lugares sagrados, un ámbito al que la arquitectura moderna apenas presta atención. Subrayemos que la necesidad de espacios naturales y de espacios sociales está aceptada casi universalmente, sin que ello sea óbice para que el sistema imperante de construcción la rehúya. La prioridad es el cálculo de la rentabilidad, la maximización de la eficiencia y otros «parámetros objetivos».

Con el sistema tecnológico –y sus imperativos de objetivación, cuantificación y estandarización– hemos reducido la variedad de espacios a un espacio puramente físico y newtoniano. Nuestra escasa conciencia de este hecho nos ha forzado a diseñar un espacio newtoniano, que reconoce la extensión y el volumen pero ignora las cualidades y los atributos que no tienen un carácter físico.

El concepto de espacio tecnológico es una variante del concepto de espacio newtoniano. El espacio tecnológico intenta diseñar espacios acordes a los dictados y las demandas del sistema y de la eficiencia industriales. Las grandes catástrofes medioambientales y sociales que se han producido en los últimos tiempos han sido el resultado de la aceptación acrítica del espacio tecnológico como la base de nuestras actividades de diseño. Las limitaciones del espacio tecnológico son evidentes para cualquiera que se pare a reflexionar al respecto. Pero sólo en los últimos tiempos nos hemos permitido el lujo de emprender dicha reflexión. En consecuencia, hemos reintroducido en el lenguaje de la arquitectura otros aspectos del espacio humano: el social, el psicológico, el espiritual y el estético. A veces todos ellos quedan recogidos en la expresión *espacio existencial*.

El reconocimiento de estos aspectos del espacio humano no es ninguna novedad. Los constructores de las catedrales góticas los entendieron perfectamente. Pero no tenemos que remontarnos tan lejos; en nuestra época, los indios norteamericanos, en especial los nativos de las llanuras, reconocen explícitamente su fe en esa idea.

Alce Negro habla es un testimonio conmovedor de los últimos días de la tribu oglala de los sioux. Alce Negro es un hombre santo de los sioux. Cuando lamenta la destrucción de su pueblo, no se refiere sólo a su exterminio físico, sino también a la destrucción del espacio, tan importante para el bienestar de su pueblo. Dentro de su sistema de creencias, el círculo era una forma sagrada. Así habla Alce Negro:

> La vida del hombre es un círculo que va desde la infancia hasta la infancia, y lo mismo sucede con todo aquello donde actúa el poder. Nuestros tipis eran redondos, como los nidos de los pájaros, y siempre los disponíamos en círculos, el aro de nuestro pueblo, un nido formado por muchos nidos, en el que el gran espíritu blanco incubaba a nuestros hijos. Pero los *wasichus* [los hombres blancos] nos han metido en cajas cuadradas. Nuestro poder se ha esfumado y nos estamos muriendo. El poder ya no habita en nosotros; basta con mirar a nuestros muchachos para verlo. Cuando vivíamos conforme al poder del círculo, tal como deberíamos hacerlo, los muchachos eran hombres a los trece años. Ahora necesitan mucho más tiempo para madurar.[1]

El hecho de si estamos dispuestos a aceptar la mitología de los sioux, o de los constructores medievales, es secundario. Por encima de todo, hemos de entender que su concepción del espacio estaba impregnada por una serie de características que iban más allá del plano físico. Esta concepción del espacio formaba parte intrínseca de su con-

---

1. John G. Neihardt, *Black Elk Speaks*, University of Nebraska Press, 1988. [Trad. esp. de J. A. Gutiérrez-Larraya: *Alce Negro habla*, José J. de Olañeta, Palma de Mallorca, 2000.]

cepción de sí mismos y del mundo en general. *Nuestra concepción del espacio es una función de nuestra cultura.*

Para imaginar y diseñar espacios que satisfagan las diversas necesidades humanas –entre las cuales las estéticas y las espirituales probablemente sean las más importantes– tenemos que concebir al ser humano como un ser sagrado. Tal vez no sea exagerado afirmar que en ese espacio sagrado reside la calidad de vida. Si algún lector es alérgico al término «sagrado» por sus asociaciones religiosas, puede sustituirlo por «existencial» para denotar las cualidades intrínsecamente humanas de ese espacio, su contenido irreductible y específicamente humano: estético, espiritual y cultural.

La calidad de vida, entendida como producto de la relación de una persona con su entorno, es inconcebible en los estériles espacios geométricos de la arquitectura moderna. A la vida no le gusta estar encajonada; prefiere espacios variados y menos constreñidos. Nuestra herencia biológica casa mejor con los rincones y los recovecos, con los espacios irregulares y circulares, que con la geometría lineal. Las ciudades lineales y los hábitats creados según los cánones de la planificación geométrica nos resultan insatisfactorios, e incluso perturbadores, porque violentan nuestra herencia biológica, lo amorfo y lo irregular que hay en nuestro interior, que es la materia de toda la vida orgánica.[2]

Los arquitectos y los diseñadores no deben inquietarse ante la idea de la vida y ante el criterio de la calidad de vida. La arquitectura se ocupa de la vida. Nuestra rebelión social contra la esterilidad de la arquitectura moderna es una expresión de estos juicios sobre la vida. Como no podemos ni debemos evitarlos, tenemos que tratar de adelantarnos a

2. Para un examen más detallado, véase Henryk Skolimowski, «Forests as Sanctuaries», *Dancing Shiva in the Ecological Age*, 1991.

ellos y darles una respuesta satisfactoria. En los debates arquitectónicos que se han desarrollado en los últimos tiempos, la palabra «calidad» ha adquirido un papel prominente. La reintroducción del concepto es un reconocimiento de que los juicios sobre la vida vuelven a ser relevantes para la arquitectura.

La forma se sigue de la cultura

La arquitectura recapitula la cultura, de la que forma parte. En una cultura floreciente, la arquitectura participa de su gloria. Entonces expresa no sólo firmeza y comodidad, sino también deleite. Cuando una cultura está en decadencia y es incapaz de conservar su lenguaje, la arquitectura es una de las grandes responsables, porque sus deficiencias son manifiestamente visibles y las padecemos todos. Otras instituciones sociales y políticas, incluidas las educativas, pueden camuflar con mayor facilidad el malestar de la cultura que se manifiesta en ellas; la arquitectura, en cambio, refleja conspicuamente tanto las luces como las sombras.

La teoría y la práctica están íntimamente conectadas. Immanuel Kant dijo que la teoría sin práctica es impotente y que la práctica sin teoría está ciega. Muchas de nuestras prácticas actuales están ciegas porque no se hallan informadas por la teoría o descansan en teorías no viables. La fusión de teoría y práctica es particularmente llamativa en la arquitectura. La arquitectura constituye un puente entre el logos y la praxis; es un punto en el que ambos se encuentran. Por esta razón, la arquitectura demuestra *visiblemente* la grandeza o la pobreza de nuestras concepciones. Para decirlo brevemente, muchas de las ideas expresadas en capítulos anteriores encuentran su expresión manifiesta en la arquitectura.

Es evidente que la arquitectura inspirada por el logos mecanicista nos ha fallado. Las deficiencias de la arquitectura actual y su incapacidad para protegernos adecuadamente y para crear espacios que mejoren la vida no son atribuibles a los arquitectos y constructores, sino a las ideas generales en las que se sustentan nuestra arquitectura y nuestra cultura. En este nivel de análisis, la ecofilosofía adquiere máxima relevancia: nos ayuda a entender a fondo las carencias de la arquitectura actual e indirectamente nos proporciona unos nuevos cimientos para la arquitectura y el diseño.

Hemos de cambiar nuestro logos para que nuestra práctica no sea ciega o contraproducente, en el ámbito de la arquitectura o en cualquier otro. De hecho, la arquitectura debería considerarse un símbolo de la multitud de actividades en las que las prácticas contraproducentes son el resultado de un logos erróneo. Recordemos el esquema en el que vinculábamos la cosmología con la acción (véase la pág. 27).

En la actualidad, las sombras de la arquitectura del siglo XX resultan sumamente evidentes. La sociedad está alarmada ante ellas y los arquitectos se sienten profundamente perturbados por este estado de cosas. Por otro lado, nada es más sencillo, y más inútil, que dedicarse simplemente a condenar los productos de la arquitectura contemporánea.

Decir que la sociedad tiene la clase de arquitectura que se merece puede ser un cliché, pero mantener que la sociedad tiene la clase de *cultura* que se merece no lo es tanto. Y nada más alejado del cliché que afirmar la existencia de una íntima correlación entre arquitectura y cultura, hasta el punto de que, por lo general, la arquitectura es una función de la cultura dominante. En ocasiones, por otro lado, la arquitectura expresa y contribuye a definir la cultura general. En todas las culturas, incluso en las «primitivas», se aprecia el hecho de que la forma arquitectónica se alimenta del espíritu de la cultura en la que surge.

En la cultura del siglo XX, la arquitectura occidental está dominada y determinada por la economía y la tecnología. Si observamos con atención la variedad de las llamadas nuevas corrientes y tendencias, advertiremos que casi todas constituyen una expresión del espíritu tecnológico; son epiciclos del sistema tecnológico. El brutalismo o el venturismo, el grupo Archigram o la arquitectura racional, el operacionalismo o el nuevo racionalismo llevan la impronta de la tecnología. Son productos de la sociedad tecnológica del siglo XX. La Bauhaus (particularmente en su período clásico, cuando se convirtió en la ideología arquitectónica dominante) fue el ejemplo máximo de la apología tecnológica. Halló expresión en el culto a la eficiencia y la funcionalidad, la fe en la máquina y las normas estandarizadas, la adoración de los nuevos materiales y técnicas. Los demás aspectos de la arquitectura se subordinaban a ellos.

No es que queramos construir edificios estériles, entornos burdos, espacios que deforman el espíritu humano; sin embargo, nuestra cultura *nos hace* diseñarlos. Ver como arquitectos de talento, consagrados a su trabajo y decididos a dar lo mejor de sí, quieren y pueden construir edificios mucho mejores de lo que se les permite en el contexto actual es un espectáculo verdaderamente lamentable.

Siempre han existido regulaciones y prohibiciones en materia de construcción. En el pasado actuaban como un filtro que sólo dejaba pasar lo mejor de la imaginación humana para producir unos resultados extraordinarios. En la actualidad, esos filtros son tan numerosos que impiden que la imaginación pase a través de ellos; el empeño no se traduce en calidad. Por supuesto, esta circunstancia puede resultar frustrante, e incluso un tanto esquizofrénica, para los arquitectos que, tras emplear grandes dosis de energía e imaginación en su trabajo, comprueban lo pobres que son los resultados. Lo mejor de su imaginación queda atrapado en los filtros y eliminado del proceso.

El poder de esos filtros, lejos de ser anecdótico, forma parte esencial del modo de funcionamiento de la sociedad tecnológica cuantitativa. No es que hayamos multiplicado de forma imprudente los códigos y las regulaciones, o que se nos hayan escapado de las manos, sino que esos códigos y regulaciones conservan y refuerzan el espíritu de la cultura tecnológica.

Hemos creado una cultura que destruye sistemáticamente la calidad. Esos «filtros monumentales», que interfieren en nuestra imaginación y nuestro deseo de producir entornos de calidad, son los mecanismos protectores de la cultura: trabajan para impedir el surgimiento de productos contrarios a su espíritu cuantitativo. ¿Por qué razón construimos de una forma que no es la adecuada? Pues porque nuestra cultura no es la adecuada. El filtro es la cultura.

El hecho de que la planificación urbanística nos provoque una ambivalencia cada vez mayor, y en ocasiones un rechazo manifiesto, es sintomático, no sólo porque demuestra que en la teoría y la práctica arquitectónicas se han producido algunos giros importantes, sino también porque señala cambios relevantes en nuestra cultura. El rechazo de la planificación entraña implícitamente el rechazo del pensamiento y la acción lineales, mecanicistas, geométricos, predominantemente lógicos y económicos, en favor de variedades más orgánicas, intuitivas, descentralizadas, sensatas desde un punto de vista ecológico y potenciadoras de la calidad de vida. Al cambiar nuestros sentimientos y nuestras ideas sobre la planificación urbanística, al entenderla como un vehículo necesario y viable de la teoría y la práctica arquitectónicas, al mismo tiempo transformamos y rearticulamos (aunque de forma indirecta) el lenguaje de nuestra cultura, alejándolo de la mecanización y la objetivación y acercándolo a esquemas en los que la calidad es un factor importante y bienvenido.

Durante la primera mitad del siglo XX imperó el dogma arquitectónico según el cual *la forma se sigue de la función*. Cuando la función quedó limitada a sus parámetros físicos y económicos, los seres humanos descubrimos que la forma resultante nos resultaba asfixiante y restrictiva. Ésta ha sido la razón que ha llevado a abandonar ese lema discretamente. Afirmar que «la forma se sigue de la función» era una manera de expresar la cultura tecnológica en el ámbito de la arquitectura. Retrospectivamente podemos proponer una caracterización mucho más adecuada de la arquitectura: *la forma se sigue de la cultura*. También podemos decir que *el caparazón resume el espíritu* (tal como se manifiesta en una cultura dada), incluso que *el caparazón alberga el espíritu*. Por lo tanto, ni la forma se sigue de la función, ni el caparazón preexiste al uso. La forma apropiada da acomodo al espíritu de la cultura. En resumen, *la forma se sigue de la cultura*.

La cultura intenta siempre justificar sus principios y logros, incluso sus rasgos evidentemente patológicos. Las deficiencias de nuestra cultura han quedado lamentablemente reflejadas en la arquitectura del pasado reciente, que constituye al mismo tiempo la plasmación del triunfo de la tecnología y de la grave situación del hombre. Esa arquitectura pone claramente de manifiesto las limitaciones de nuestra cultura, con su glorificación de la objetividad, lo físico y la eficiencia, y sus intentos de mermar lo espiritual, lo sensible y lo humano. Para decirlo con pocas palabras, si queremos que la arquitectura experimente una transformación profunda no basta con introducir tecnologías más eficientes o con cambiar la teoría arquitectónica. Si queremos transformar la arquitectura, no podemos limitarnos a trabajar en ella o a tomarla como único punto de partida. Tenemos que partir de otro nivel, o abordarlo de forma simultánea; concretamente, debemos partir del nivel de la cultura general que sustenta el pensamiento y la acción de nuestra época. De hecho, ese paso ya se ha dado, y estamos cambiando el lenguaje de nuestra cultura, de la arquitectura y de la planificación urbanística: lo lineal y lo pseudorracional están dando paso a lo ecológico, lo orgánico y lo compasivo. En la medida en que vamos recorriendo esa senda, aunque sea de forma silenciosa y tentativa, damos testimonio de nuestra disposición a transformar nuestra visión del mundo y, en consecuencia, nuestra cosmología.

La búsqueda de la calidad

Es difícil definir la calidad, sobre todo en el contexto de una sociedad cuantitativa como la nuestra. Por otro lado, definir el concepto de calidad en el ámbito de la arquitectura resulta especialmente complejo. La palabra puede referirse, como mínimo, a cuatro aspectos, que además guardan relación entre sí:

C_I Calidad del proyecto (la idea original y su representación en el papel, es decir, los dibujos).

C_{II} Calidad de los procesos (los distintos medios, técnicas y tecnologías empleados en el proceso de construcción).

C_{III} Calidad de los productos (la evaluación de los edificios después de su construcción).

C_{IV} Calidad de vida generada por los entornos construidos (calidad de la relación de la vida con los entornos).

Por supuesto, el cuarto nivel es el más importante, porque en última instancia redime a todos los demás. Lo ideal sería dar por descontado que la calidad en un nivel determina la calidad en el siguiente: la calidad del proyecto daría como resultado, primero, la calidad de la construcción y, después, la calidad de vida en el entorno. Sin embargo, en el mundo real las relaciones, lejos de ser tan simples, resultan claramente asimétricas. La calidad en los primeros tres niveles (el proyecto, los procesos y la construcción) no garantiza automáticamente la calidad en el cuarto nivel (la «calidad de vida» de los entornos construidos). La combinación de C_I, C_{II} y C_{III} no implica automáticamente C_{IV}. Podemos expresar la relación mediante una fórmula ($\nrightarrow$ significa «no implica»):

a) $(C_I \cdot C_{II} \cdot C_{III}) \nrightarrow C_{IV}$

Existen otras asimetrías. C_I no garantiza automáticamente C_{II} o C_{III}:

b) $C_I \nrightarrow C_{II}$; $C_I \nrightarrow C_{III}$, y también:

c) $(C_I \cdot C_{II}) \nrightarrow C_{III}$

Podemos evaluar la calidad únicamente *a posteriori*. Si vemos que un entorno dado funciona, si vemos que genera relaciones que mejoran la calidad de vida, entonces consideramos que el edificio es un éxito. La calidad de vida, C_{IV}, implica automáticamente C_{III}:

d) $C_{III} \leftarrow C_{IV}$

El National Theatre, situado en el South Bank de Londres, constituye un buen ejemplo al respecto. Aunque muchos han cuestionado los procesos y el producto, esas masas frías y duras de hormigón, la calidad de vida que han generado en el entorno, nos hacen considerar que el proyecto ha sido un éxito. Por lo tanto, la calidad de vida generada por los entornos construidos asegura automáticamente el resto de las cualidades.

e) $\begin{array}{c} C_I \nwarrow \\ C_{II} \leftarrow \\ C_{III} \swarrow \end{array} \Big| \; C_{IV}$

La calidad del vínculo final, del punto culminante, determina la calidad de los vínculos intermedios. Existe otra justificación para este criterio de calidad. En el ámbito de la lógica hay una ley llamada retransmisibilidad de la falsedad. Si p implica q ($p \rightarrow q$), q no tiene por qué implicar automáticamente p ($\bar{q} \rightarrow \bar{p}$), pero si no q, entonces no p ($\bar{q} \rightarrow \bar{p}$); en resumen: $(p \rightarrow q) \rightarrow (\bar{q} \rightarrow \bar{p})$. Dicho de otro modo, un juicio negativo sobre la calidad de vida generada por un entorno determinado (un edificio) retransmite automáticamente ese juicio negativo a los eslabones C_I, C_{II}, C_{III}.

La tendencia imperante ha llevado a concentrarse en C_{II}, la calidad de los procesos, pues se trata de la cualidad favorecida por el sistema tecnológico. La calidad de los procesos se puede subdividir, como mínimo, en tres subcategorías:

• Adecuación de los medios técnicos.
• Adecuación en el cumplimiento de las exigencias de la planificación urbanística.
• Adecuación en el cumplimiento de los criterios económicos.

La actual búsqueda de la calidad prueba claramente que no hemos dejado de saber en qué consiste, e incluso que estamos trascendiendo los límites de la cultura tecnológica. Esta búsqueda de la calidad se puede encontrar en los lugares más insospechados. A este respecto, el libro de Robert Pirsig titulado *Zen y el arte del mantenimiento de la motocicleta* resulta aleccionador:

Cualquier explicación filosófica de la Calidad está destinada a ser al mismo tiempo falsa y verdadera precisamente porque se trata de una explicación filosófica. La explicación filosófica es un proceso analítico, en el que determinado fenómeno se descompone en sujetos y predicados. Lo que yo quiero decir (y lo que todo el mundo quiere decir) con la palabra «calidad» no se puede descomponer en sujetos y predicados. Esto no se debe a que la Calidad sea extremadamente misteriosa, sino a que es sumamente sencilla, inmediata y directa [...]. No se puede definir la calidad [...]. Si la definimos, definimos algo que no es la Calidad misma.[3]

Una arquitectura que contribuye a la calidad de vida es una arquitectura que tiene el valor de reconocer las dimensiones espirituales y trascendentales del ser humano. La calidad surge en espacios a los que se dota de características y atributos transfísicos. El bienestar físico no es un estado físico sino un estado psicológico.

Los dos grandes arquitectos del siglo XX han sido Frank Lloyd Wright en la primera mitad y Paolo Soleri en la segunda. Ambos situaron la vida en el centro de su visión y diseñaron edificios en los que la vida humana resplandeciera. Si Wright concibió exquisitas casas que encajaban orgánicamente con su entorno, Soleri diseñó ciudades enteras, a las que dio el nombre de arcologías (término procedente de la fusión de las palabras «arquitectura» y «ecología»), que afrontan el desafío de la era posindustrial intentando armonizar al hombre y la naturaleza de forma novedosa. Las arcologías de Soleri son estructuras monumentales pensadas para un estilo de vida ecológico y austero.

3. Robert Pirsig, *Zen and the Art of Motorcycle Maintenance*, William Morrow & Co., 1974. [Trad. esp. de Renato Valenzuela: *Zen y el arte del mantenimiento de la motocicleta*, Sexto Piso, Madrid, 2010.]

Sin embargo, lo que alienta en su núcleo es el imperativo humano, la exigencia de satisfacer plenamente no sólo las necesidades económicas y físicas, sino también los más altos anhelos culturales y espirituales de la vida humana. El gran logro de Soleri es haber logrado expresar con sus arcologías lo arquitectónico, lo ecológico, lo austero y lo espiritual.

En suma, el auténtico propósito de la arquitectura consiste en preservar, mejorar y celebrar la vida. La frase «preservar, mejorar y celebrar la vida» debe entenderse en un contexto apropiado. Los tiburones industriales que destruyen nuestros hábitats ecológicos en nombre del beneficio económico y a menudo fuerzan a los arquitectos a diseñar entornos que se oponen a la vida pueden decir perfectamente que preservan, mejoran y celebran su propia vida. La avaricia individual no debe cegarnos ante el hecho de que el ecosistema nos impone una serie de limitaciones. Nuestra conciencia ecológica debe ir acompañada de una concepción coherente del ser humano y de un modelo viable de cultura que sea capaz de sostenernos a largo plazo.

En una cultura chabacana como la nuestra, a menudo plebeya en el peor sentido de la expresión, el arquitecto debe afirmarse en el papel de patricio, debe liderar en lugar de plegarse a la codicia y el materialismo. Sólo cuando la gente supere su obsesión por los bienes materiales, que es una de las principales causas de la destrucción del medio ambiente y de nuestra desolación interior, habrá llegado el momento de que el arquitecto renuncie al papel de diseñador de entornos completos. Tal vez se trate de una idea impopular, que contraviene el espíritu del igualitarismo. Pero ¿no hemos tenido ya suficiente mediocridad, debacles y desastres medioambientales para entender que el espíritu igualitario no es capaz, en este mundo tan complejo, de realizar proyectos arquitectónicos que promuevan la calidad de vida? El espíritu igualitario (o la postura antielitista) tiende con demasiada frecuencia a lo mediocre, descuidado y malsano, lo que acarrea la creación de espacios de escasa calidad. Pensar de forma revolucionaria entraña cuestionar todos los tópicos de nuestra época, cuyas buenas intenciones no evitan que nos conduzcan a la banalidad, la mediocridad y el mínimo denominador común.

Para reorientar nuestras prioridades necesitamos un nuevo lenguaje arquitectónico que permita a la arquitectura pensar y expresarse de otra forma. También debemos redefinir el lenguaje de nuestra cultura. Los nuevos lenguajes de la arquitectura y de la cultura serán análogos, puesto que se trata de dos aspectos de la misma cosa.

Es evidente que estamos en busca de un nuevo paradigma arquitectónico. Utilizo el término «paradigma» en el sentido en que lo emplea Thomas Kuhn en *La estructura de las revoluciones científicas*: como un paraguas conceptual que abarca presupuestos, prácticas, teorías y criterios de juicio de los productos acabados. Al hacer hincapié en la calidad de vida, y no en el virtuosismo técnico, transformamos no sólo una pequeña parte de la práctica sino todo el lenguaje de la arquitectura, el paradigma en su conjunto.

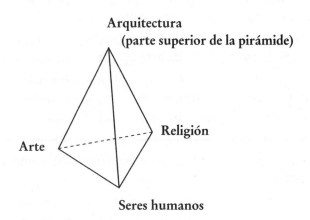

Arquitectura
(parte superior de la pirámide)

Arte

Religión

Seres humanos

Tradicionalmente, a lo largo de los milenios, la arquitectura estaba determinada por un contexto en el que dominaban la religión y el arte.

En el siglo XIX y sobre todo en el XX, el contexto ha cambiado, con lo que la arquitectura ha pasado a estar determinada por la economía y la tecnología.

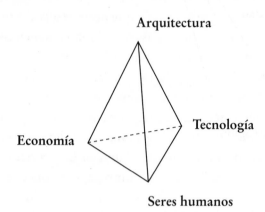

En ambos períodos, la concepción de lo humano que ha imperado era un subproducto de la cultura dominante.

En los últimos años hemos empezado a elaborar una nueva síntesis, en la que la cultura está arraigada en la sociedad y la ecología. No debemos perder de vista que en las décadas de 1950 y 1960 las aventuras tecnológicas dominaron nuestro pensamiento. Decíamos que nuestros afanes se centraban en las cuestiones esenciales para el hombre, pero en realidad la arquitectura estaba cada vez más al servicio de la tecnología y la economía. Ahora la base de la arquitectura se ha ampliado de forma radical, como muestra el siguiente esquema:

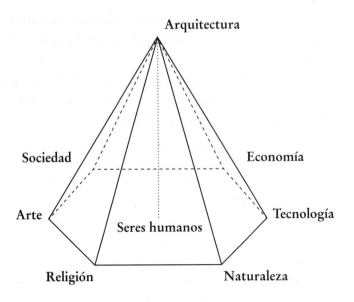

Una nueva base arquitectónica

Al reconocer los aspectos espirituales de nuestra existencia y diseñar espacios en los que éstos puedan satisfacerse, reconocemos explícitamente que, además del contexto tecnológico y del contexto económico, existen el contexto social, el ecológico y el religioso. Esto nos lleva a contemplar la arquitectura y el diseño con otros ojos. Está a punto de surgir un nuevo paradigma, basado en el imperativo de que el auténtico propósito de la arquitectura es preservar, mejorar y celebrar la vida. Dicho imperativo, como es evidente, constituye una extensión del imperativo ecológico que hemos examinado en el capítulo 4. Parece lógico pensar que si el imperativo ecológico es válido debe ser aplicable a diversos campos. La arquitectura es uno de ellos.

El criterio de la calidad de vida, que es la formulación arquitectónica del imperativo ecológico, tiene una serie de consecuencias específicas y tangibles. Para cumplirlo hay que romper con la tiranía de la centralización, que es la tiranía de la mediocridad. Exige tecnologías apropiadas, normalmente tecnologías blandas (pues las tecnologías de alta potencia destruyen invariablemente el delicado tejido de la calidad de vida); entraña austeridad en nuestros hábitos y durabilidad en los objetos que producimos (la sociedad de consumo es la archienemiga de la calidad de vida). En resumen, supone un nuevo sistema de instrumentación que incluya una nueva actitud ante el trabajo; no es posible tener un entorno donde predomine la calidad de vida si el trabajo humano está sistemáticamente degradado o reducido a la realización de tareas soporíferas, mecánicas y repetitivas. Las consecuencias de una arquitectura orientada a la calidad de vida son demasiado importantes para que la cultura económica actual, con sus imperativos de objetivación, cuantificación y suboptimización económica, pueda hacerse cargo de ella.

¿Cómo lograr que se produzcan todos estos cambios? La transición desde el logos hasta la práctica diaria siempre es un proceso problemático. El criterio de la calidad de vida es en última instancia un criterio político. Para que ese criterio se pueda imponer, es posible que hayamos de cambiar tanto a nuestros representantes electos como nuestras instituciones sociales y políticas. Necesitamos contar con personas de talento en los distintos niveles de la jerarquía política, que entiendan que los entornos orientados a la calidad de vida no son un lujo sino una necesidad medioambiental, social, ecológica, psicológica, estética y política.

No cabe ninguna duda de que la arquitectura es un fenómeno global, que afecta a los diferentes estratos de la sociedad e incumbe a todo el mundo. La participación del príncipe Carlos de Inglaterra en el debate sobre la naturaleza y el estado de la arquitectura a finales de la década de 1980 constituyó una evidencia elocuente de que la arquitectura es un bien común. El príncipe Carlos no es arquitecto, pero es un ser humano sensible y comprometido que ha protestado, en nombre de la calidad de vida, contra las monstruosidades de la arquitectura moderna. Sus argumentos no eran originales, pero su validez estaba contrastada y fueron bien recibidos. Muchas personas comunes y corrientes pensaron que *si el príncipe lo decía, la máquina no debía intimidarnos* y que, además, teníamos derecho a expresar nuestras intuiciones sobre lo que ha de ser la buena arquitectura. *En última instancia, el tema no era tanto la arquitectura como la forma y el sentido de la vida.*

El futuro depara a la arquitectura un papel importante y saludable. La sociedad espera que los arquitectos se hagan cargo de todo el entorno, puesto que nadie se ocupa de esa tarea. Los arquitectos no pueden rechazar esa responsabilidad. En los últimos años, el diseño de nuevos proyectos para hábitats alternativos, incluidos nuevos usos para la energía solar y una gestión austera de los recursos naturales escasos, indica que van aceptando ese papel. Para estar a la altura de la responsabilidad social que recae sobre sus hombros, los arquitectos deben tener el coraje de mantener sus convicciones, lograr que sus criterios de calidad prevalezcan sobre montañas de regulaciones paralizantes, trabajar sin descanso y no hacer concesiones de ninguna clase. Sólo así lograrán que la arquitectura renazca de sus cenizas.

No podemos culpar de todo al «sistema». Lo contrario sería una simplicidad. Debemos considerarnos parte de la ecuación. Hemos de imbuirnos del espíritu de innovación, inspiración, unidad con el entorno y compasión por nuestros semejantes para que se trasluzca en nuestros diseños y edificios. Nuestros actos de trascendencia creativa transformarán el sistema.

Más allá de la magia de la máquina

Algunas voces han afirmado que «la máquina es un símbolo metafísico de nuestra época». Esta frase resulta más aplicable al pasado reciente que al presente. Nuestra mente ha dejado de estar hechizada por la máquina. Pero ese hechizo fue precisamente la razón de que algunos arquitectos se gloriasen de definir la casa como «la máquina para vivir». Buckminster Fuller fue uno de los primeros en hacerlo. Esta obsesión con las máquinas, con la tecnología, con los instrumentos objetivos nos llevó a reducir de buen grado el conocimiento a mera información; la inmensa variedad de actos de entendimiento que conlleva el proceso de diseño quedó reducida a metodologías de diseño objetivadas. Ahora nos hemos alzado contra la cultura de la máquina, y muchos dictámenes de los profetas arquitectónicos de la época precedente nos parecen ridículos, incluso peligrosamente desquiciados.

Por ejemplo, Le Corbusier escribió en 1927 estas palabras, llenas de convicción y aliento poético:

> Hemos de tener el coraje de sentir admiración por las ciudades rectilíneas de Estados Unidos. Si los estetas no lo han hecho hasta ahora, los moralistas, en cambio, posiblemente encuentren más materia para la reflexión de lo que parece a primera vista.
>
> El camino del burro de carga es tortuoso; el camino del hombre es recto.
>
> El camino tortuoso es el resultado de la despreocupación, de la negligencia, de la imprecisión, de la falta de concentración y de la animalidad.
>
> El camino recto es una reacción, una acción, un hecho positivo, el resultado del autodominio. Es sano y noble. Un pueblo,

una sociedad o una ciudad negligentes, en los que impera la relajación y la falta de concentración, se disipan rápidamente, quedan superados y absorbidos por la nación o por la sociedad que trabaja de forma positiva y con autocontrol.

Así es como las ciudades se hunden en la nada y las clases dirigentes pierden el poder.

Este encomio de la línea recta y de lo rectilíneo ha desembocado en la llamada arquitectura racional, cuyo resultado final es el bloque de apartamentos y la caja sin alma en la que los humanos nos ahogamos. En contraste con la pseudorracionalidad de la línea recta (la geometría propia de la naturaleza no es la línea recta sino la curva), el pintor y arquitecto Friedensreich Hundertwasser declaró que la línea recta es obscena y conduce al infierno: «La línea recta lleva a la perdición de la humanidad». En su lugar, celebra la espiral: «La espiral es el símbolo de la vida y la muerte. La espiral radica en el punto mismo en el que la materia inanimada se transforma en vida. Estoy convencido de que tiene una base religiosa».[4]

Vivimos en diversas geometrías. Determinar cuál es la más apropiada para nuestro absoluto bienestar es una cuestión abierta al debate. Indudablemente, la geometría del útero es distinta a la geometría del circuito del ordenador. La geometría de las galaxias se parece más a la del útero que la de las calles de Manhattan. La geometría del universo, y en especial la geometría de la naturaleza –es decir, de todas las formas vivas alimentadas por ella–, nunca se basa en la línea recta ni en lo rectilíneo.

Nuestra actitud ante la línea recta es un dado cargado con preferencias metafísicas. Lanzar ese dado en el mundo

---

4. Hundertwasser, *The Vienna Manifesto*, catálogo de exposición, 1974.

de la arquitectura era, para Le Corbusier, una expresión de racionalidad y determinación. Sin embargo, en la actualidad vemos que ahí está la raíz de la esterilidad de unos espacios humanos que nos parecen jaulas de hierro. Cambiar nuestras preferencias geométricas en lo tocante al diseño de espacios destinados al uso humano equivale a cambiar la naturaleza de la vida que se vive en ellos. La mente científica prefiere la línea recta y la cuadrícula. Y esa mente suele imponerse a nuestra mente intuitiva, que prefiere claramente la curva, el hueco irregular y la espiral primordial, como diría Hundertwasser. En la era científica hace falta una extraordinaria fortaleza mental para resistirse a la cuadrícula que la mente científica trata de imponer y para ser fiel a las intuiciones sobre lo que debe ser un espacio genuinamente humano. Los más grandes arquitectos del siglo XX son ejemplos del triunfo de la mente intuitiva. La arquitectura de Frank Lloyd Wright, de Louis Kahn o de Paolo Soleri representa la victoria de lo irregular y lo intuitivo, con su negación implícita de la validez de la cuadrícula geométrica como expresión de nuestra racionalidad.

Por lo tanto, hay que tener cuidado con la geometría. No se trata de la aburrida disciplina que tuvimos que soportar cuando estudiábamos en el colegio, sino de una materia que nos da la clave para elaborar diseños atinados, para desarrollar una concepción acertada de los espacios humanos, para formarnos una idea pertinente de la calidad de vida.

Sin embargo, es innegable que la mayor parte de la arquitectura moderna sigue teniendo a la máquina como modelo y honrando la línea recta. La mayoría de los arquitectos del siglo XX han estado demasiado influidos por la ideología del progreso, hasta el punto de sufrir un auténtico lavado de cerebro. Eso explica que hasta hace poco no hayan entendido que estaban sumidos en una absurda búsqueda del grial mecánico. Pero el grial no es un ente mecánico. Los lemas de la cultura son responsables del espíritu de ésta. El lema de la Exposición de Chicago de 1929 marcó a toda una generación: «La ciencia inventa, la tecnología aplica, el hombre se amolda». En la actualidad nos resulta inconcebible que tamaña simpleza pudiera imponerse, pero así fue, al menos hasta que a finales de la década de 1960 empezamos a despertar de nuestro estupor mecanicista. El despertar está lejos de haberse completado en el terreno de la arquitectura. Seguimos produciendo monstruos por los que generaciones futuras dirán pestes de nosotros. Sin embargo, el imperativo de la vida nos va apartando lentamente de la estéril geometría de lo lineal y lo rectilíneo. Pues la vida es holista. En cambio, las metodologías del diseño son atomistas. La sabiduría es integradora; la información, analítica. La calidad queda atestiguada por la experiencia humana; la perfección metodológica se mide por criterios cuantitativos. La vida es diversidad y trascendencia. La arquitectura y los entornos construidos que pretendan sobrevivir y sostener a los seres humanos deben estar a la altura de esta diversidad y promoverla.

«El hombre necesita poesía», declaró Ralph Erskine durante mi visita a la remodelación urbana del barrio de Byker, en Newcastle (Inglaterra), «y yo estoy tratando de crearla con la construcción de este hábitat.» Si buscamos ejemplos de un proceso de planificación guiado por imperativos correctos, el desarrollo y la construcción del nuevo Byker es una opción excelente, dado que Erskine partió de la premisa de que aspiraba a preservar cierta calidad de vida, cierta calidad en las relaciones sociales.

Para lograrlo, estudió la vida tal como se vivía en el viejo Byker, se sumergió en el espíritu de los habitantes de la zona y presentó un proyecto que intentaba aprehender la vida. El proyecto, el proceso por el que se llegó a él y el producto resultante intentan dar cobijo y amparo a determinadas cualidades de la existencia humana, partiendo de premisas como «el hombre necesita poesía». Recordemos que Byker no es una comunidad de artistas, sino un barrio de viviendas sociales, y que ese hábitat no debe cobijar a unas pocas familias, sino a nueve mil personas aproximadamente. El resultado es una verdadera sinfonía de formas y colores muy diversos que, a mi juicio, funciona a la perfección. La vida *es* diversidad.

Aventuraré una profecía: el nuevo Byker de Newcastle va a ser todo un logro, va a mejorar la vida de sus habitantes, porque intenta estar al servicio de la diversidad, porque ofrece diversidad, porque es una manifestación de diversidad. Hay que crear una nueva metodología de la diversidad y convertirla en la base de una planificación urbanística que esté a la altura de las circunstancias, en una plantilla para construir en el futuro entornos humanos. Las metodologías de diseño actuales se han revelado calamitosas porque simplifican de manera absurda la estructura de la vida y el alcance de nuestras necesidades.

Ante todo, hemos de tener el coraje de admitir que nuestras facultades sensibles son un instrumento necesario para evaluar y diseñar. Esas facultades no son una mera expresión de nuestra subjetividad, sino el resultado de millones de años de evolución biológica. En nuestra percepción y en nuestra sensibilidad hay sabiduría; las dos han sido moldeadas por las exigentes demandas de todos los eslabones evolutivos que han conducido a la aparición de nuestra especie. Evaluamos continuamente el entorno a través del trabajo conjunto de nuestros ojos, nuestra mente, nuestro corazón y nuestras entrañas. Con frecuencia, el juicio final se manifiesta de manera críptica a través de la reacción general del organismo, que a veces dice «sí», a veces dice «no» y a veces dice «quizá». Como nuestra intuición suele trabajar de forma misteriosa, muchos piensan que sus dictámenes y veredictos son poco fiables y demasiado subjetivos, y prefieren las cifras y los hechos. Pero si nos parece que un entorno dado no tiene el aspecto que debería tener y no nos causa la impresión que debería producirnos, las cifras y los hechos no nos harán cambiar de opinión. Lo que parece correcto a la mirada y al sentimiento *es* correcto, porque es la respuesta de un organismo condicionado y refinado por millones de años de práctica.

En cuanto organismos sometidos a una evolución biológico-social-estética continua, no somos subjetivos: nos limitamos a expresar individualmente lo que la vida ha almacenado en nosotros como repositorio de su sensibilidad. *Celebremos nuestra subjetividad y nuestra intuición, pues constituyen un enorme repositorio de la sabiduría de la vida.* Cuando se la maneja correctamente, nuestra subjetividad es un instrumento de evaluación de los entornos construidos muy superior a todos los criterios físicos y cuantitativos. Por otro lado, los criterios cuantitativos los establecen agentes humanos en relación con ciertos fenómenos que experimentan otros agentes humanos. *En todo juicio cuantitativo hay un acto* a priori *de juicio intuitivo y subjetivo*, que queda incorporado a los juicios «objetivos» que realizamos *a posteriori*. Por lo tanto, no podemos escapar a nuestra subjetividad. Utilicémosla, no obstante, con sabiduría, no para expresar nuestras rarezas e idiosincrasias, sino para manifestar nuestro vínculo con la sensibilidad de la vida y de la evolución. Si no tenemos el coraje de ser fieles a nuestra percepción y sensibilidad, ¿cómo vamos a tener el coraje necesario para vivir?

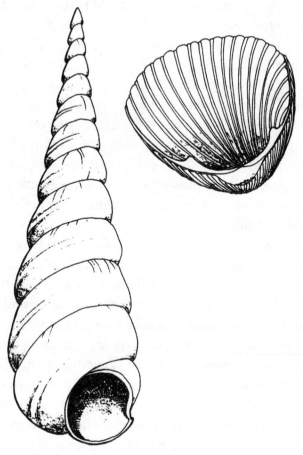

Fig. 1

De la concha al templo

Si observamos dos conchas muy diferentes (véase la figura 1), sabemos al instante que tienen algo en común: en su
interior vivía un molusco.

Si observamos una concha y un templo (véase la figura 2),
no es evidente que tengan algo en común. La primera impre-

Fig. 2

sión es que no lo tienen. La concha es pequeña, frágil, una
creación de la naturaleza concebida para alojar a un animal; el
templo es exactamente lo contrario. Sin embargo, cuando nos
fijamos con más atención, nos percatamos de que la concha
no es tan pequeña, ni tan frágil, ni tan diferente del templo.
¿En qué consiste, entonces, su semejanza? Los dos ofrecen
protección, aunque protejan diferentes formas de existencia.
Son refugios, aunque su aparición se remonte a distintas etapas del desarrollo evolutivo. A lo largo de su despliegue, la
evolución ha creado distintas clases de espacios para proteger
diferentes aspectos de su ser. En el plano del ser humano,
ha creado nuevas clases de espacios para alojar la creciente
diversidad de necesidades de nuestra especie, incluidas las
culturales y las espirituales. Aunque a primera vista parezcan
muy distintos, tanto la concha como el templo responden a
la necesidad de cobijarse, sólo que datan de diferentes fases
del desarrollo evolutivo.

Fig. 3

Los templos, ya sean griegos, cristianos o hindúes (véase la figura 3), intentan ofrecer cobijo a nuestras búsquedas y cualidades espirituales. Además, en un universo tan grande como el nuestro, nos hacen sentir en casa, poniéndonos en relación con el cielo, con la tierra y con todo lo que existe. Los templos logrados obedecen a esa función, aunque la gente no tenga plena conciencia de ello. Son refugios de una calidad única.

El refugio primordial es la concha. La concha representa la geometría original de la vida. En su exquisita belleza –en su fuerza, en su simetría– vemos una anticipación de la estructura de nuestras casas y de la simetría de nuestros templos. Cuanto más sepamos sobre la magia de la concha, más capaces seremos de diseñar nuestras casas y nuestros templos. Todo forma parte del mismo ritmo evolutivo: el incesante ir y venir de las olas del mar creó primero la concha, después nuestras costillas y, más adelante, las columnas del Partenón. Al crear la concha, la naturaleza estaba jugando ya con la idea del templo; entre la una y el otro, creó lo que llamamos el refugio humano.

Es evidente, por lo tanto, que cuanto más evolucionamos más sutiles se vuelven las formas de refugio que buscamos y que van mucho más allá de lo físico. Es hermoso descubrir que, cuando la evolución pasó de lo físico a lo cultural y lo espiritual, los seres humanos empezaron a construir objetos de otra clase, como templos y monumentos, para expresar el sentido simbólico de la cultura y el espíritu humanos. Cuando entendemos esto, es lógico que nos resulte profundamente lamentable pensar que en el siglo xx el proceso ha seguido un camino inverso: valiéndose del funcionalismo como pretexto, empezamos a construir esas horribles cajas que sólo tienen en cuenta la dimensión física del refugio. Estamos ante una forma de *in*volución del refugio: hemos pasado de lo sublime a lo mediocre. En estas circunstancias, los aspectos espirituales del ser humano no pueden por menos que atrofiarse.

No es de extrañar que el ser humano tenga tantos conflictos consigo mismo cuando se lo confina a unos espacios que atienden únicamente a sus necesidades físicas. La evolución exige contar con espacios que den satisfacción a todas las formas de la existencia humana; ahora, sin embargo, hemos de contentarnos con vivir en unos refugios sin alma. Al eliminar el misterio de la arquitectura hemos eliminado muchos aspectos esenciales de la naturaleza humana.

La pobreza de nuestro contexto puede mermar nuestra imaginación hasta el punto de volvernos ciegos y hacer que nos conformemos con trivialidades, como que un refugio no es más que un refugio o que una idea no es más que una idea, cuando en realidad hay ideas de las que nacen revoluciones. Todo es un refugio, pero la calidad de nuestra imaginación determinará que creemos refugios para el ser humano en toda su riqueza o que, convirtiéndonos en esclavos del anodino contexto en que vivimos, tratemos de constreñir la variedad de la existencia humana en receptáculos que únicamente satisfacen nuestras necesidades físicas. Si optamos por lo segundo –y, desafortunadamente, son muchos los arquitectos que lo hacen–, estaremos involucionando y negando que el logos y la imaginación pueden transformar el mundo.

Es extraño pero sencillo: la evolución obedece a un esfuerzo por comprender la variedad de contextos y el incremento de la profundidad que se produce en cada uno de ellos, mientras que la arquitectura obedece al esfuerzo de proporcionar un refugio que cobije todos los logros de la evolución, incluidos los más sublimes. *O la arquitectura rinde homenaje a nuestra comprensión de la epopeya evolutiva, o no es absolutamente nada.*

Al crear la concha, la evolución ofreció una expresión hermosa de la integridad y la totalidad. Lo mismo ocurrió cuando creó las costillas del ser humano, y cuando los humanos crearon las columnas del Partenón. La arquitectura está al servicio de la totalidad, la integridad, la complejidad, el devenir; también de la estética. En el arte y en la arquitectura tradicionales, el simbolismo, o lo que la arquitectura y el arte intentan afirmar, estaba al servicio de la totalidad; los símbolos trataban de ayudarnos a integrarnos en todos los planos del ser, y particularmente en el plano espiritual. La arquitectura tecnológica tiene como premisa la fragmentación, la desconexión, el aislamiento, la simplicidad. Carece de la dimensión de lo espiritual y, por lo tanto, de la dimensión de la totalidad, esa estructura profunda que guía la imaginación del arquitecto para crear espacios que cobijen todos los aspectos de nuestra existencia. Sus limitaciones y sus premisas impiden a la arquitectura moderna aspirar siquiera a ocuparse de las relaciones propias de la totalidad y de la auténtica complejidad.

La arquitectura no podrá ser una materialización de la totalidad hasta que no tengamos unos arquitectos plenos. En la actualidad, su formación persigue justamente el objetivo contrario. ¿Dónde y cómo podemos establecer escuelas de la plenitud, en las que los arquitectos se formen y se desarrollen de una manera nueva? Por supuesto, no estamos ante una cuestión aislada. Necesitamos universidades y escuelas profesionales en las que no sólo se forme la plenitud de nuestra percepción, sino también se nos ayude a ser personas plenas.

La arquitectura, el entorno y el yo son una sola cosa. El lema de los futuros arquitectos debería ser: esfuérzate en alcanzar tu propia plenitud para que tus edificios sean plenos y puedas contribuir a la plenitud del entorno.

Conclusión

Los espacios que nos rodean modelan indeleblemente nuestra psique. Luchar por conseguir un entorno con sentido es luchar por obtener espacios que nos hagan más poderosos y no más desvalidos, que promuevan y potencien la vida en lugar de reducirla al pulso mecánico de la máquina. El espacio en el que vivimos constituye en última instancia una proposición metafísica, pues nutre mil y un aspectos de la vida. Éste es el mensaje esencial de la ecofilosofía en lo tocante a la arquitectura. Debemos abandonar la idea de que *la forma se sigue de la función*, puesto que únicamente nos conduce a la parálisis. En su lugar, debemos entender que la gran arquitectura se ha guiado siempre por otro principio: *la forma se sigue de la cultura*. Nuestra tarea consiste en crear un contexto rico para nuestra nueva cultura, de modo que la arquitectura no quede atrapada en la esterilidad de un desierto cultural. La calidad de vida tiene como fundamento los espacios existenciales, los espacios sociales y los espacios sagrados. Necesitamos crear esos espacios, o al menos recrearlos. Debemos inspirarnos en la evolución, cuyo contexto es infinitamente rico y nunca deja de evolucionar. Debemos esforzarnos en crear una arquitectura y unos entornos humanos que tomen la evolución como modelo.

8. La ecoética y la santidad de la vida

Preparar el terreno

Desde hace milenios, los seres humanos han perseguido un mismo objetivo: asegurar el sentido, el bienestar y la armonía de su existencia. En el plano más básico, ese objetivo consiste en procurarnos alimento, techo y comodidades suficientes para satisfacer nuestras necesidades sociales. Sin embargo, cada época de la historia ha expresado esa búsqueda a su manera. Antiguamente, cuando el entorno era riguroso y las herramientas con las que contaban los seres humanos eran limitadas, cuando el conocimiento humano daba sus primeros pasos y la ignorancia era abundante, las fuerzas de la naturaleza se consideraban amenazadoras, peligrosas y a menudo malignas. Para protegernos de esas fuerzas potencialmente malignas creamos deidades y otros símbolos religiosos.

A medida que se desarrollaba la historia humana, cada vez dábamos expresión simbólica a más ámbitos de nuestra existencia. Las religiones, entendidas como corpus de creencias, se fueron articulando. La espiritualidad de los orígenes, esparcida por toda la naturaleza, se fue concentrando. El despliegue de la trascendencia hizo que la divinidad cuajara en un dios personal, que habita en un reino situado más allá del humano. Así ha transcurrido la historia de la tradición judeocristiana en Occidente. Dios se ha vuelto trascendente y ha dejado de estar presente en las fuerzas de la naturaleza que nos rodean.

Los primeros mandamientos morales –las leyes que vinculaban al ser humano con lo sagrado y regulaban las relaciones entre los hombres– se formularon en relación con ese Dios. En la tradición judeocristiana, el primer decálogo moral, los Diez Mandamientos, está compuesto ante todo por prohibiciones tajantes: «No...». Nos vinculan con un dios trascendente que es responsable de nuestras vicisitudes y de nuestro destino último. El universo de Jehová es un universo riguroso, donde la gente vive siempre aterrada por la ira de un dios omnipotente.

En un universo concebido de esa forma, los valores son predominantemente personales. Regulan las relaciones de Dios con el hombre y de los hombres entre sí. La importancia de la naturaleza como valor en sí no entra en este cuadro porque: *a)* a la naturaleza se la considera una amenaza que hay que contener, y *b)* en la tradición monoteísta judeocristiana (que constituye la base de mi análisis) todo el poder y todo el valor se concentran en un dios personal pero invisible, con lo que el cosmos visible queda desvalorizado.

Las cosmologías no sólo nos proporcionan una imagen del universo físico, sino que además suelen albergar en su interior un conjunto de valores. La cosmología-teología judeocristiana, al otorgarnos el poder sobre todo lo que alienta en la superficie de la tierra, articula la concepción hebrea de Dios y del ser humano como una criatura elegida por el Todopoderoso. Asimismo, expresa unos valores de marcado carácter antropocéntrico, un antropocentrismo del que seguimos imbuidos.

Lynn White postuló que en la Biblia se bosqueja ya el proyecto de la destrucción del medio ambiente.[1] Sería más adecuado sostener que la Biblia expresa las limitaciones de la cosmología monoteísta en sus inicios. Dadas las circunstancias, es posible que los primeros profetas no pudieran brindar nada mejor. Sin embargo, retrospectivamente, sabemos más que ellos y somos plenamente conscientes de que el excesivo antropocentrismo de esos valores es uno de los elementos que contribuyen a nuestros actuales problemas.

El propósito de este capítulo no es proporcionar un análisis histórico de la tradición axiológica judeocristiana, sino proponer un nuevo conjunto de valores apropiados a nuestra época y a nuestros problemas. Antes de realizar nuestra propuesta, examinemos muy brevemente las diversas tradiciones de valores que han guiado e inspirado a la civilización occidental. Los tres grandes mitos que resumen las diversas tradiciones axiológicas de Occidente son los de Prometeo, Jesucristo y Fausto.

La herencia de estos mitos está almacenada en la psique occidental. El legado prometeico es una persuasiva indicación de que la vida avanza incesantemente, pero no sin dolor. El progreso va acompañado por el sacrificio. El universo es hermoso pero frágil. Si olvidamos su fragilidad y embestimos como un toro en una tienda de porcelana, caemos en la desmesura. Percibir la sutileza de los límites, las restricciones y la fragilidad del universo requiere sabiduría. En Occidente hemos perdido la sabiduría; por eso, inconscientemente, hemos hecho que la sombra de la desmesura

---

1. Lynn White, «The Historical Roots of our Environmental Crisis», en *Science*, 155, núm. 2767, 1967.

acompañe a la actual civilización occidental. No podía ser de otra forma, embriagados como estamos por el poder. La herencia de Prometeo es noble y modélica. Debemos reclamarla e incorporarla a nuestra estructura moral. La herencia prometeica forma parte de nuestra herencia moral, como he argumentado en el capítulo 4.

En cuanto al legado del mito de Jesucristo, no debemos perder de vista su aspecto positivo. (El aspecto negativo es el dogma fundamentalista que nos dice: «Jesús murió por tus pecados y debes sufrir por ello».) Ese aspecto positivo es el amor triunfante, el amor que todo lo conquista, el amor que todo lo transforma, el amor como una modalidad positiva de la experiencia humana que emana de las enseñanzas de Jesucristo. Advirtamos que el amor es poco menos que una categoría espuria en un universo dominado por los valores de la eficiencia, el control y la objetividad. Ésa es una de las razones de que el amor abunde tan poco en nuestros tiempos. No es que tengamos deficiencias emocionales; lo que ocurre es que nuestra expresión emocional, incluida la expresión amorosa, suele estar bloqueada por una serie de estructuras objetivas, frías, controladoras.

El legado fáustico es el más reciente, pero también el más ruidoso y agresivo. El legado de los valores científico-tecnológicos se puede subsumir bajo un poderoso mito: sólo se vive una vez, así que vive al límite, cueste lo que cueste, aunque sea a expensas de los hábitats ecológicos, otras especies animales y las generaciones futuras.

Las temerarias ideas de los paladines del progreso en Occidente, su ambición de conquista, su deseo de poder y dominio, su falta de sentido de la armonía, son características relacionadas con la pulsión fáustica, que se ha ido desarrollando a la par que la noción de progreso. La devastación de entornos naturales, la brutal eliminación de otras especies y culturas, la ruina de tantas vidas individuales, la desaparición de la cohesión social son actos que *no es posible justificar racionalmente*. Sin embargo, persistimos a diario en esa irracionalidad. ¿Por qué? Por la omnipresencia de la fijación fáustica: sólo se vive una vez, así que vive al límite; aprovechemos nuestro único baile, aunque dejemos tras nosotros desiertos nucleares.

Al cuestionar el legado fáustico, no estamos censurando toda forma de progreso. Prometeo fue un heraldo del progreso, y además un heraldo extraordinario. Pero ese progreso nada tenía que ver con nuestro progreso material.

Algunos filósofos y pensadores del siglo XIX se alarmaron por el derrumbamiento de los valores religiosos y espirituales, aplastados por las fuerzas del carro del progreso. Entre los más lúcidos se contaban Goethe, William Blake y Nietzsche. Se dieron perfecta cuenta de lo que iba a ocurrir. Nos avisaron. Pero no prestamos atención a ese aviso.

El anuncio de Nietzsche sobre la muerte de Dios no hacía sino expresar de forma espectacular el proceso de destrucción de los valores tradicionales y la instrumentalización de todos los valores. El ambiente estaba tan enrarecido que a una persona racional le resultaba muy difícil justificar los valores intrínsecos, en especial los religiosos. Desde mediados del siglo XIX asistimos al surgimiento de un nuevo conjunto de valores: primero, el utilitarismo; después, el relativismo y el nihilismo.

El relativismo moral, ese cáncer que nos devora

El relativismo moral está devorando la sustancia del individuo del siglo XX. Hemos valorado positivamente el relativismo moral y el nihilismo (también el cinismo), olvidándonos de que son enemigos de la vida, no sólo de la vida moral del ser humano, sino de la vida en general.

El relativismo moral es un producto específico de la cultura occidental del siglo XX, casi una consecuencia inevitable de una cultura socavada primero por la *Weltanschauung* mecanicista de la ciencia newtoniana y después por una seductora tecnología que, de una manera verdaderamente fáustica, ha estado a punto de convencernos de que, puesto que sólo vivimos una vez, nada debe detenernos.

¿Por qué es el relativismo moral casi una consecuencia inevitable de la visión científico-tecnológica del mundo? Algunos de los argumentos que hemos presentado en los capítulos 2 y 6 vuelven a ser de relevancia. Cuando el dogma imperante nos dice que las personas inteligentes deben gobernarse únicamente por la racionalidad científica, que las creencias religiosas y los valores espirituales están «trasnochados», el relativismo moral deja de ser una opción y pasa a convertirse en una necesidad.

El centro de la humanidad, arraigado en la religión, ha quedado destruido gradualmente por la influencia del ateísmo y de la racionalidad científica. A principios del siglo XX, la antropología cultural empezó a hacer hincapié en la *diversidad* de las culturas humanas, y además subrayó la variedad de los valores presentes en ellas. Ese relativismo cultural iba de la mano con el presupuesto científico que niega la existencia de los valores absolutos, e indirectamente creó un terreno propicio para el relativismo moral.

Otros fenómenos de la cultura del siglo XX se conjuraron para elevar el relativismo moral hasta una posición no sólo aceptada sino también valorada. La desintegración de las concepciones tradicionales del hombre, de la que surgió el concepto existencialista del individuo, contribuyó a la sensación de que vamos a la deriva, de que *todo* vale.

Por otro lado, el espíritu del consumismo ha promovido, de forma sutil y penetrante, el avance del relativismo moral. Advirtamos que en el corazón mismo de la filosofía consumista (y de la publicidad, que es su metodología, por así decirlo) estriba la presuposición de que se puede persuadir a todo el mundo para que se dé un capricho y compre. La complacencia se ha convertido en un principio moral universal de la publicidad y del consumismo. Este principio abomina de todos los demás, particularmente de los que tienen mayor profundidad moral, pues podrían hacernos inmunes a la persuasión y, por lo tanto, al consumo incesante. Es importante subrayar este punto: para la ideología dominante de la sociedad consumista existe un único valor moral, el del consumo. Los demás valores son relativos; en realidad, no los necesitamos, ya que serían capaces de ponernos freno. Por lo tanto, *la ideología del consumismo requiere y exige el relativismo moral como código universal de conducta.*

No nos equivoquemos: el relativismo moral es autocomplacencia, libertad para hacer lo que se nos antoje, laxitud, falta de disciplina y de responsabilidad. Eso es lo que nos anima a participar de una sociedad consumista, y de hecho ésta no puede seguir otro camino para ser efectiva. Por lo tanto, no debe sorprendernos que el relativismo moral encaje tan bien con toda clase de *yo*-ismos: el hedonismo, el narcisismo, el epicureísmo. Todas esas filosofías se dedican a mimar el ego. Por el contrario, el relativismo moral no encaja demasiado bien con el altruismo ni con cualquier otra forma de ética que *no* se base en la complacencia.

La cultura es un ente muy sutil y enrevesado. Podemos tener la impresión de que la visión científica del mundo y la formación de nuestros jóvenes en el rigor de la objetividad no tienen nada que ver con la moralidad ni, sobre todo, con el espíritu del consumismo. Sin embargo, la conexión existe. La formación científica, con su implacable insistencia en el valor de los hechos, crea –como se aprecia en todas las grandes universidades del planeta– un vacío de valores. Al cultivar ese vacío, avivamos el relativismo moral, la complacencia y la indiferencia, la alienación y la apatía; escurrimos el bulto, nos encogemos de hombros y decimos: «Todo el mundo hace lo mismo».

¿Por qué deberíamos oponernos al relativismo moral? Porque ha rebajado intolerablemente el valor de la vida, tanto de la vida individual como de la vida social. Los asesinatos sin motivo son una consecuencia del relativismo moral. Si *todo* vale, ¿por qué no probar esa emoción extrema que es arrebatar la vida a otra persona? Cuando, en *Crimen y castigo*, Raskólnikov mata a Aliona Ivánovna, somos testigos de un drama cósmico. En nuestra época, semejantes actos están despojados de sentido; son sórdidos y terriblemente lúgubres.

El relativismo moral, pese a contar con la aprobación de muchas personas racionales e inteligentes, es una huida y una forma de cobardía, no un posicionamiento moral. Curiosamente, no podemos justificarlo desde un punto de vista *moral*, pues ¿qué podríamos argumentar en su defensa? ¿Que todo el mundo hace lo mismo? Eso no es una justificación moral y, además, no es cierto. Como el escepticismo, el relativismo moral es contraproducente. Si lo tomamos en serio, si todo vale, entonces también vale la *negación* del relativismo moral. Y, si es así, el relativismo moral, en cuanto propuesta moral, se derrumba. A la postre, el relativismo moral equivale a admitir la bancarrota intelectual, la incapacidad de colocarse en una posición moral. Posiblemente no sea una conclusión aceptable para los racionalistas, que con tanta frecuencia *son* relativistas morales.

Aunque suele afirmarse que el relativismo moral es una doctrina moral mínima e inocente, en realidad no lo es tanto. Como he sostenido, o bien es incoherente como doctrina moral, y contraproducente en el mismo sentido que el escepticismo, o bien, si se lo considera una doctrina moral, con todas las consecuencias que eso entraña, expresa una posición criptofascista: afirmar que todos somos diferentes es afirmar también que no todos somos iguales, y que los que no son iguales tienen más derecho a satisfacer sus necesidades que los demás, en especial porque no hay un criterio moral de igualdad y, por lo tanto, no hay un criterio de justicia. Cuidado con las doctrinas morales sencillas e inocuas; son dados trucados. Cuidado con nuestro propio relativismo moral; no es una postura tan elegante e inocente como podríamos pensar. Además de rebajar el valor de la vida humana, el relativismo moral favorece indirectamente la injusticia: bajo la máscara de la diferencia, favorece a los ricos, los privilegiados y los manipuladores.

El legado de la filosofía moral del siglo XX

El relativismo moral ha encontrado un aliado inesperado en la filosofía moral del siglo XX. Las principales ramas de la filosofía tradicional incluían la ontología, la epistemología, la ética, la estética y la metafísica. La ética era tradicionalmente la rama de la filosofía que se ocupaba de la moral. La filosofía analítica del siglo XX decidió que aquello no valía, dado que la ética solía adoptar una postura normativa y nos urgía a aceptar un conjunto específico de valores; la filosofía analítica ha insistido en que nada reviste mayor importancia que el *significado* de los conceptos morales. Por lo tanto, la ética ha sido reemplazada por una filosofía moral que se dedica a diseccionar sistemas morales en lugar de ofrecer valores propios. Durante los últimos noventa años, la filosofía moral ha insistido en esa orientación, olvidándose de que no se puede vivir sólo del análisis.

Ningún hombre ha contribuido en mayor medida a la aparición de la filosofía moral, en el sentido que acabamos de mencionar, como el filósofo británico G. E. Moore (1873-1958). En 1903 publicó *Principia Ethica*, un tratado que alcanzó un prestigio extraordinario y en el que claramente intentaba establecer en el campo de la ética la clase de fundamentos que Russell y Whitehead habían establecido para las matemáticas y la lógica en su monumental *Principia Mathematica* (1903-1910). El enfoque y las técnicas de Moore, su interminable análisis de los términos morales, han tenido una influencia profunda y duradera en toda la filosofía moral occidental.

Al perseguir el objetivo y distanciado idioma de la filosofía moral, que no acepta ninguna clase de compromiso moral, sino únicamente análisis, hemos contribuido a crear un vacío moral. El resultado indirecto de sustituir la ética por el escrutinio analítico de conceptos morales es el relativismo, con todas sus carencias. La herencia histórica de la moralidad humana ha sido objeto de continuas operaciones analíticas. Al declarar trasnochadas las éticas normativas, consideradas como un simple remanente de las sociedades prerracionales, el relativismo moral ha avanzado cautelosamente hasta convertirse en el mínimo denominador común.

G. E. Moore era un pensador sagaz y demostró una gran inteligencia a la hora de identificar las diversas falacias que aquejaban a los sistemas de otros autores. Sin embargo, su filosofía entera se basa en una falacia (a la que llamaré la Falacia de Moore): confundir la perspicacia moral con la perspicacia lingüística. Desde entonces la filosofía analítica ha estado atrapada en esa falacia. A nuestros brillantes filósofos les resulta simplemente imposible entender que todo su proyecto se basa en un terrible error: confundir la claridad analítica con la penetración moral. A un niño pequeño o a una persona sencilla se le puede decir: «No mates». Si nos pregunta la razón por la que no debe matar, le diremos: «Porque todos los seres tienen derecho a vivir». Y nos entenderá. Nos entenderá gracias a su capacidad de empatía, al simple hecho de que *en su interior habita el sentido moral*. Cuando este sentido moral se activa por un principio que toca las cuerdas de nuestra fraternidad con otros seres, o logra que la idea de justicia relumbre ante nuestros ojos, surge la penetración moral, sea cual sea nuestra perspicacia analítica.

Podemos darle la vuelta. Si un pensador de lógica intachable realiza un sofisticado escrutinio analítico de conceptos morales básicos, no es seguro que obtenga una revelación moral, sobre todo si su espíritu es insensible, si está desprovisto del sentido moral, si el escepticismo o el nihilismo lo carcomen. Por lo tanto, la perspicacia moral y la perspicacia analítica son cosas muy distintas. Hemos sido presa de la terrible ilusión de que la penetración lingüística es la clave que conduce a la penetración moral. ¡Pues no es así! Basta advertir que muchas mentes analíticas de primera fila, filósofos morales incluidos, han demostrado una insensibilidad moral palmaria. Cabe preguntarse si este exceso de formación analítica, con sus análisis objetivos y desapasionados, no habrá contribuido a la extinción de su sensibilidad moral.

De hecho, ésta es la cara oscura de la supuesta brillantez de la filosofía analítica. Los filósofos analíticos son incapaces de *ver* en un sentido profundo de la expresión. La filosofía moral no entiende que comprensión analítica no equivale automáticamente a comprensión moral. Se trata de dos actos diferentes. La moralidad es *sui generis*. Las sociedades tradicionales han sido muy conscientes de ello. Por eso la educación de los jóvenes prestaba especial atención al desarrollo de la sensibilidad moral.

Estamos ante un problema de grandes dimensiones, pues la filosofía analítica afirma que no hay comprensión al margen de la comprensión analítica. Se trata de una premisa demostrablemente falsa. Tan sólo es válida cuando asumimos su validez *a priori*. Dar por supuesto aquello que se debe probar, a saber, que todas las formas de comprensión son formas de comprensión analítica, es incurrir en una petición de principio. La vida práctica y la vida espiritual nos enseñan que existen distintas formas de comprensión. La comprensión moral, la comprensión estética y el conocimiento biológico, que se manifiesta a través de una serie de facultades sensibles (véase el capítulo 5), son todos ellos *sui generis*.

Debemos superar la Falacia de Moore. Debemos reconocer de nuevo que la racionalidad y la ética son ámbitos distintos de nuestra experiencia, que guiarnos por la sabiduría de la moralidad tradicional puede ser, como dice Hayek, «más valioso que guiarnos por la razón». Sin embargo, la razón no se da fácilmente por vencida, y está repleta de estratagemas y sofisterías. Nos ha insensibilizado moralmente durante mucho tiempo. Hemos de tener la paciencia y el valor necesarios para reactivar nuestra compasión y nuestra sabiduría, para entender que la penetración y la iluminación moral no pueden derivarse del mero razonamiento intelectual.

La metodología analítica de la filosofía moral del siglo XX ha rendido tributo a la razón científica. El fruto de ese empeño no ha sido la *iluminación moral*, sino el *razonamiento intelectual* sobre la estructura de los enunciados morales. La filosofía analítica ha confundido la racionalidad con la moralidad.

En resumen, los filósofos han tratado inconscientemente de lograr que los valores se adapten a la estructura de la razón científica. Han impuesto la estructura de la razón científica al discurso moral. El resultado es una serie de abstracciones embrutecedoras. No es de extrañar que el común de los mortales sea incapaz de reconocer en los discursos de los filósofos nada que tenga que ver con los problemas éticos y morales que nos asaltan en la vida cotidiana.

Sobre la importancia de los fundamentos y de los valores intrínsecos

¿Qué clase de valores defiendo? ¿En qué clase de universo vivo? ¿Qué clase de destino persigo? Éstas son las preguntas que a todos nos interesan, las preguntas que están en el meollo de nuestro malestar existencial, seamos intelectuales o simples trabajadores. Como no las hemos respondido, no hemos logrado hallar la clave de la armonía, ni hemos resuelto el problema de la falta de sentido de nuestra existencia individual; a otro nivel, no hemos descubierto soluciones satisfactorias para los grandes problemas ambientales. Todas estas cuestiones están conectadas. Cuando la armonía, la cohesión y el sentido generales se nos escapan, no sabemos cómo afrontar los problemas particulares.

En resumen, trataré de sostener que la resolución de nuestros problemas ambientales y ecológicos se encuentra en la estructura misma de nuestros valores. A menos que seamos capaces de discernir realmente qué valores defendemos y cómo controlan nuestra conducta, a menos que seamos capaces de establecer unos nuevos fundamentos axiológicos sensatos, saludables y sostenibles, el deslumbrante saber de los expertos (basado en una visión limitada y fragmentada) y las soluciones tecnológicas serán ejercicios vanos, que no significarán absolutamente nada.

La ética no es ingeniería. No se pregunta por el «cómo», sino por el «por qué». Cuando elaboramos un sistema ético, no buscamos herramientas para arreglar cosas. Lo que buscamos son los fundamentos últimos, la única base que puede justificar nuestra existencia en el universo. Es muy importante que, en esta época instrumental, cuando nos inclinamos a reducirlo todo a una técnica, no perdamos de vista tal cosa. Si la ética es una técnica, es una técnica del alma, que sigue una ruta muy distinta a la de las actuales tecnologías.

Los principios generales nos impacientan. La filosofía nos impacienta. Queremos contar con guías para actuar *ahora*. Pero ésa es la actitud de un técnico. La ética, por el contrario, intenta comprender la naturaleza más profunda de las cosas, especialmente *por qué* debemos actuar de una manera y no de otra. Preguntarse por el «por qué» lleva antes o después a los fundamentos y a los valores fundamentales. *Los valores fundamentales son la roca sólida sobre la que descansa el edificio del sistema ético, cualquiera que sea su naturaleza. Si no aceptamos algunos valores fundamentales, no hay edificio posible.* Los valores fundamentales son la razón de ser del sistema entero, de sus subvalores y de sus modos de acción específicos.

Los valores fundamentales son los valores de primer orden. Las consecuencias de los valores fundamentales son los valores de segundo orden. Las tácticas y estrategias específicas para la implementación de los valores de segundo orden son los valores de tercer orden. Expondré algunos ejemplos.

Debemos persuadir a los legisladores para que aprueben leyes que defiendan el medio ambiente. Nuestra acción política (persuadir a los legisladores) se ubica en el ámbito de los valores de tercer orden.

La justificación de los valores de tercer orden se encuentra en los valores de segundo orden. ¿Por qué deberíamos persuadir a los legisladores? Porque valoramos el medio ambiente. Ése es el ámbito de los valores de segundo orden. ¿Cuál es su justificación? Un valor más profundo: un valor fundamental. En el sistema ecoético que propongo, este valor fundamental hunde sus raíces en la idea de la *santidad de la vida*. La aceptación de la santidad de la vida nos impulsa a proteger otras formas de vida, hábitats amenazados y entornos humanos donde la vida corre peligro.

En última instancia, toda labor de conservación, toda actividad de protección medioambiental, tiene como base la firme creencia en la santidad de la vida. Dejemos claro que, si la premisa de la santidad de la vida se cuestiona o se rechaza, el diseño de las estrategias de conservación y las acciones específicas para salvar entornos determinados quedan en el aire. Sin ella, no hay ninguna razón por la que debamos adoptar estrategias de conservación y abrazar una ética ecológica.

Hay que insistir en esta idea tantas veces como sea necesario. La acción nos produce tal embriaguez que a menudo pensamos que es la única cosa de valor. Pero la acción sólo adquiere sentido cuando actúa en un plano más profundo. *El sentido de la acción viene determinado por el sentido más profundo al que sirve dicha acción.* (Véase de nuevo el esquema de la pág. 27.)

Los valores fundamentales de todo sistema ético son los puntos terminales. Justifican el sentido de una ética determinada y de las acciones realizadas bajo sus auspicios. Si negamos los fundamentos, nada se sustenta.

Los sistemas éticos importantes de nuestra época son aquellos que ponen claramente de manifiesto sus valores fundamentales y se cimentan en ellos.

Así, para Gandhi, el valor fundamental era la *ahiṃsā*, la no violencia.

Para Schweitzer, la reverencia por la vida.

Para Aldo Leopold, el carácter sagrado de la tierra.

La ecoética que he propuesto se basa en la idea de la santidad de la vida. De ésta se sigue el imperativo ético de la reverencia por la vida, que es otra formulación de la idea de la santidad de la vida.[2]

Los principios éticos últimos sustentan y justifican nuestras estrategias racionales y nuestras opciones prácticas. Ésa ha sido la historia de los grandes sistemas éticos de la humanidad. Haríamos bien en regirnos por la sabiduría de los sistemas éticos del pasado, sin abrazar necesariamente sus principios específicos. En este contexto hemos visto con claridad que el relativismo axiológico no constituye una posición axiológica, sino la abdicación de toda posición axiológica.

Postular valores intrínsecos no significa postular valores absolutos ni valores objetivos, sino valores que nos unen como especie dotada de ciertos atributos, propensiones e imperativos comunes. Las dificultades *analíticas* que plantea la justificación de los valores intrínsecos han llevado a muchos filósofos a abandonarlos. Esta actitud me parece un error. Nuestra reconstrucción ética y nuestras estrategias de conservación deben alzarse sobre los pilares de los valores intrínsecos. Procuraré argumentar que la ecoética es un conjunto de nuevos valores intrínsecos. Pero primero trataré de clarificar la condición de los valores intrínsecos.

2. La idea de la reverencia por la vida procede en gran medida de Schweitzer. Sin embargo, su concepto de reverencia era demasiado antropocéntrico y estaba demasiado ligado a la ética cristiana tradicional. El uso que nosotros damos al concepto tiene un alcance más universal y abarca a todos los seres.

Para ello partiré de la idea de que la penetración intelectual y la penetración moral son dos cosas distintas y que, por lo tanto, no debemos intentar subsumir la segunda en la primera, so pena de borrar lo que hay de *sui generis* en los valores éticos. Mi propuesta básica es que la pieza clave en el reconocimiento de los valores es nuestra *conciencia axiológica*. Esta conciencia informa y guía nuestra conciencia intelectual en lo tocante a los valores. Esta idea reviste gran importancia, pues conduce a una nueva clarificación de los valores intrínsecos. *No hay valores intrínsecos más allá de nuestra conciencia como especie y al margen de ella.* Las cosas no son valiosas en sí mismas; lo que las dota de valor es nuestra conciencia. Lo que propongo no es una expresión de subjetivismo. Nuestros valores intrínsecos son específicos de nuestra especie. En este sentido, son intersubjetivos.

Algunos filósofos han sostenido erróneamente que, como los valores específicos de nuestra especie no son objetivos (en sentido ontológico) ni absolutos, han de ser subjetivos. Sostener tal cosa es no entender el sentido del término «subjetivo». Subjetivo es aquello limitado a un sujeto humano individual. Por otro lado, lo específico de la especie es indudablemente transubjetivo y, por lo tanto, intersubjetivo. En este sentido, los valores ecológicos son transubjetivos. Más adelante sostendré que los valores ecológicos son al mismo tiempo intersubjetivos e intrínsecos. Pero los valores intrínsecos no tienen por qué ser objetivos, salvo que adoptemos la postura de Platón.[3]

3. Para un examen más detallado de los valores intrínsecos, véase Henryk Skolimowski, «In Defense of Eco-philosophy and of Intrinsic Value: A Call for Conceptual Clarity», en *The Trumpeter*, 3, núm. 4, otoño de 1986.

Así pues, entre la Escila del subjetivismo y la Caribdis del objetivismo se encuentra una justificación intersubjetiva de los valores intrínsecos tal como los entiende nuestra conciencia axiológica, una conciencia específica de nuestra especie y, por lo tanto, transubjetiva. Si los valores morales se presentan ante nuestra conciencia axiológica, sólo se pueden justificar en ella. En ese caso, resulta inapropiado, por no decir falaz, intentar justificarlos en referencia a objetos situados fuera de nuestra conciencia, es decir, insistiendo en que el bien moral debe residir en objetos situados en la realidad externa. *Los objetos y las situaciones no son malos ni buenos en sí mismos. Es nuestra conciencia axiológica la que los hace buenos o malos.* En consecuencia, es absurdo atribuir un estatuto ontológico a los valores intrínsecos, pues éstos no existen nunca al margen de la conciencia axiológica de la especie. Repitámoslo una vez más: la ontología se refiere a la descripción de las cosas; la *axiología*, a nuestra conciencia de los *valores*. No confundamos la axiología con la ontología.

Por lo tanto, podemos sostener los valores intrínsecos y justificarlos sin caer en el platonismo, en el subjetivismo ni en el relativismo. Sin embargo, para ofrecer una nueva justificación de los valores intrínsecos se necesita una nueva penetración moral. Esa nueva penetración moral, a mi juicio y al de otras muchas voces de nuestra época, consiste en reconocer que la naturaleza no es un objeto que se pueda pisotear, y que el resto de seres que habitan el planeta no han sido creados para nuestro disfrute; al contrario, la naturaleza, de la que formamos parte, está viva, y los demás seres son hermanos nuestros. Esta idea conduce (en el plano ético) al anuncio del principio de la santidad de la vida o de la reverencia por la vida, de la que se deriva una ética ecológica.

La reverencia por la vida y otros valores ecológicos

Una nueva idea ética expresa una nueva percepción, que por lo general conduce a la articulación de una nueva relación entre nosotros y el cosmos. Estas nuevas percepciones manifiestan, o como mínimo señalan, nuevas obligaciones y responsabilidades por nuestra parte, que en ocasiones se formulan a modo de mandamientos. La ética de la tierra que propone Leopold constituye un ejemplo de ello:

> Por consiguiente, la ética de la tierra refleja la existencia de una conciencia ecológica, lo que a su vez refleja la certidumbre de la importancia de la responsabilidad individual en la salud de la tierra. La salud es la capacidad de autorrenovación. La conservación es nuestro esfuerzo de entender y preservar esta capacidad.[4]

Leopold es uno de los campeones de la conciencia ecológica. Sus ideas expresan claramente nuevos valores que nos vinculan a la tierra. Vivimos en la tierra, con la tierra y de la tierra; la responsabilidad por la salud de la tierra es, por lo tanto, una de nuestras obligaciones esenciales.

A juicio de Leopold, nuestra responsabilidad para con la tierra es una *obligación* que no necesita de justificaciones ulteriores: la tierra y nosotros somos una y la misma cosa. Cuidar de la tierra es bueno *en sí mismo*. Debemos hacerlo porque es nuestra responsabilidad, al margen de todo cálculo de beneficios. Los ecovalores que desarrollamos en este libro son una extensión y una continuación de dos ideas: la ética de la tierra de Leopold y la reverencia por la vida de Schweitzer.

---

4. Aldo Leopold, *A Sand County Almanac*, Ballantine, 1986.

Entre los valores intrínsecos que han de reinar en nuestra época, el más importante es la reverencia por la vida. Este valor se sustenta en la convicción de la santidad de todo lo que vive. Se trata de una idea fácil de aceptar, al menos si no estamos influidos y corrompidos por las ideas científicas o, para ser más precisos, por el pensamiento *mecanicista*. Forma parte de la visión del mundo de los indios norteamericanos, y a los niños pequeños de nuestra propia civilización les resulta absolutamente natural. Tenemos que aprender a apreciar de nuevo su belleza.

Sin embargo, para la racionalidad científica es difícil sostener que haya nada sagrado. El propio término *reverencia* tiene difícil acomodo en el marco del discurso racional. Incluso un concepto tan inocente como el de «visión» suscita incomodidad en algunos. Se nos dice que el mundo en que vivimos no está poblado por visiones sino por crudas realidades. Pero eso no es verdad. La concepción mecanicista del universo (y las «crudas» realidades que se siguen de ella) es una visión, exactamente igual que la concepción reverencial del universo. Podemos observar la naturaleza de muchas formas. Primero inventamos nuestras metáforas y después encontramos en la naturaleza lo que suponen. De eso tratan nuestras cosmologías.

La *responsabilidad* es otro valor intrínseco de la ecoética. No podemos actuar con reverencia sin responsabilidad; en última instancia, la responsabilidad se convierte en reverencia. La responsabilidad forma parte del significado de la reverencia. Ambas se determinan mutuamente. La noción de responsabilidad en la ética protestante tiene una connotación histórica negativa. Esta negatividad es una carga de la que debemos desprendernos para ver el concepto bajo su verdadera luz: como un principio radiante que nos permite reverenciar el mundo y apreciar sus dimensiones transfísicas. La responsabilidad es un principio ético en el sentido de que si entendemos la unidad de la vida y el hecho de que formamos parte de ella, de que somos uno con ella, debemos responsabilizarnos de la vida, de toda clase de vida; no podemos actuar de otra forma. *Por lo tanto, comprender adecuadamente el mundo y, sobre todo, comprender la santidad de la vida implica hacernos responsables de ella.* Es así de sencillo. La responsabilidad es el nexo que conecta la ética y la racionalidad. La racionalidad sin responsabilidad es monstruosa, como demostró el nazismo. La ética sin responsabilidad carece de valor, como han demostrado los sistemas éticos formales. La responsabilidad es el vínculo espiritual que dota a la racionalidad de carácter humano y convierte a la ética en la fuente que da sentido a nuestra vida.

Cuanto más grande es la responsabilidad que asumimos, más grandes somos como personas. Si no asumimos ninguna responsabilidad, apenas somos humanos. Huir de la responsabilidad, una actitud que perpetúa esta sociedad autocomplaciente, es huir de nuestra propia humanidad. Sólo hay dos maneras de evitar *cualquier clase* de responsabilidad: vivir como un completo ermitaño, lejos de todos (aunque en realidad eso no es posible, pues siempre nos hallaremos en compañía de pájaros, plantas, la madre tierra y el padre sol), u optar por una solución más radical, a saber, suicidarse, que es lo último que debe hacer una persona responsable. Las vidas realmente grandes, como la de Gandhi y la de la Madre Teresa, están llenas de inmensas responsabilidades.[5]

Otro valor intrínseco de la ecoética es la *austeridad*. Debemos tener cuidado con este concepto; en ningún caso

---

5. Para un examen más detallado del concepto de responsabilidad, véase Henryk Skolimowski, *The Theatre of the Mind*, Theosophical Publishing House, 1985, cap. 19.

hay que confundirlo con el sacrificio o la pobreza. La austeridad es un valor absolutamente positivo, una forma de riqueza, no de pobreza. La austeridad es un vehículo de la responsabilidad, un modo de ser que hace posible y tangible la responsabilidad en un mundo en el que reconocemos la existencia de límites naturales y de relaciones simbióticas en el seno de un sistema vital cuyas partes están interconectadas. Entender el derecho de los otros a vivir es limitar nuestros deseos superfluos. En una casa de retiro franciscana se lee el siguiente lema: «Todo lo que tenemos y va más allá de lo que necesitamos se lo robamos a los que tienen menos de lo que necesitan». ¿Es una afirmación demasiado contundente? Las gentes de los países del Tercer Mundo la suscribirían.

En otro plano, la austeridad es una precondición de la belleza interior. Somos austeros no sólo en beneficio de los demás, sino también en nuestro propio beneficio. *La austeridad es una forma óptima de vivir en relación con otros seres.* La comprensión auténtica de la austeridad y su puesta en práctica proceden de la convicción de que las cosas de mayor valor son gratuitas: la amistad, el amor, la alegría interior, la libertad para desarrollarnos espiritualmente. De hecho, si pretendemos comprar esas cosas, cuanto más estemos dispuestos a pagar, más destruiremos su valor intrínseco.

En un plano más elevado, *la austeridad es gracia sin derroche.* Las más grandes obras de arte son austeras en ese sentido. La gracia brilla a través de ellas, y es una gracia sin derroche. Por lo tanto, debemos cultivar una austeridad elegante y con sentido. Para ello, tenemos que desarrollar un nuevo lenguaje que nos permita liberarnos de las connotaciones del pasado, que atribuyen a la austeridad una serie de características tristes y tediosas. Debemos ser absolutamente conscientes de que la austeridad no es una prohibición ni un mandamiento negativo (si no eres austero, irás al infierno), sino un precepto positivo: *sé austero y rebosarás de salud y gracia.* No se puede vivir en gracia cuando se vive en la pobreza. Por otro lado, no se puede vivir en gracia cuando uno se complace en el lujo espurio. La gracia es el divino centro. Aristóteles sabía cuál era la belleza de la austeridad cuando escribió que los ricos no son únicamente los que tienen mucho, sino también los que necesitan poco.

Gandhi encarna la viva imagen de la austeridad. Tuvo una vida magra en medios, pero incomparablemente rica en fines; su existencia, entretejida con la vida de los otros, era una confirmación de la unidad de todo y una afirmación de la necesidad de que hubiera justicia para todos. ¿Un sueño imposible? La vida está hecha de la materia de los sueños.

La austeridad es un aspecto de la reverencia. En un mundo en el que los equilibrios son tan delicados y tan sencillos de romper, no se puede reverenciar verdaderamente la vida si no se es austero. Los tres valores ecológicos básicos, a saber, la reverencia, la responsabilidad y la austeridad, están tan interconectados que el significado de cada uno presupone la existencia de los otros dos. En resumen, los preceptos «sé reverencial», «sé austero», «sé responsable» son mandamientos éticos que se siguen de nuestra profunda comprensión de que todo en esta vida está conectado, de la unidad de la vida y de su esencial fragilidad.

El temor ante la posibilidad de que la importancia de la austeridad no se aprecie del todo me lleva a proponer que cambiemos el lema de la Revolución francesa para que diga lo siguiente:

Humanité, fraternité, frugalité

Entre los valores específicamente ecológicos habría que destacar otro, el de la *diversidad*: actúa de manera que incrementes y preserves la diversidad, y disminuyas o pongas fin a cualquier tendencia a la homogeneidad. Convertir la diversidad en una categoría moral puede ser una opción cuestionable. Normalmente consideramos que se trata de un término descriptivo. En los ámbitos de la biología y la botánica tiene que ver con la riqueza de los hábitats. Pero, llegado cierto punto, esa misma riqueza se puede percibir como un atributo moral: diversidad = riqueza = complejidad = vida. Por lo tanto, si queremos preservar y mantener una vida floreciente, sea la de un hábitat ecológico, la de una cultura o la de un individuo, la diversidad es una condición *sine qua non*. En cuanto tal, es nuestra *responsabilidad moral* conservar e incrementar la diversidad. Pensemos en la diversidad genética. En la actualidad tenemos un conjunto de semillas genéticamente diversas para preservar la riqueza genética de la vida. Conservar y mantener ese conjunto es algo bueno en sí mismo; equivale a mantener viva la vida. Tal es el propósito de toda ética: mantener viva la vida, contribuir a ella y, por encima de todo, potenciarla. Las diversidades ontológica, cultural y genética son motores esenciales de la riqueza de la vida.

La moralidad es un atributo particular de la vida humana cuando está viva. Por lo tanto, tenemos el imperativo moral de conservar las fuerzas que dan vida a la vida, que contribuyen a su disfrute y abundancia. Cuando Jesucristo dice ser «la vida en abundancia», está pronunciando una declaración moral.

La *ecojusticia* es otro valor concreto de la ética ecológica. La ecojusticia significa justicia para todos. La justicia es un concepto antiguo y venerable. A todos nos resulta familiar, en particular cuando nos ampara. Todos exigimos justicia, especialmente para nosotros mismos. Casi todos los códigos éticos del pasado aceptan la justicia como una parte integral de la conducta moral. Sin embargo, en los códigos morales tradicionales, la justicia se limita al universo humano. En ocasiones se limita incluso a una religión concreta. Así se puede maltratar a los «infieles» de forma justificada: «No son hijos de *nuestro* Dios».

La ecojusticia entendida como justicia para todos es simplemente una consecuencia de nuestra reverencia ecológica; es también una consecuencia de la idea de responsabilidad ante todo y de la percepción de la interconexión entre todo. Si la red cósmica nos abraza a todos, si está tejida con los hilos de los que formamos parte, entonces hacer justicia a la red cósmica significa hacer justicia a todos sus elementos, a todos nuestros hermanos y nuestras hermanas de la creación, como dirían los indios norteamericanos.

Es difícil hacer justicia a todo en un mundo complejo y contingente como el nuestro. Lo sabemos. Pero tenemos el deber moral de intentarlo. Los principios morales se pueden formular, aun cuando sea difícil vivir conforme a ellos.

Los valores ecológicos son exactamente como otros valores tradicionales: señales e imperativos ideales para la acción. La dificultad de ponerlos en práctica no niega en absoluto su importancia y deseabilidad. Los grandes sistemas de valores del pasado se establecieron no porque fueran *sencillos* de practicar sino porque expresaban los imperativos que considerábamos importantes para salvaguardar la vida, el sentido y la dignidad del ser humano. Todos los valores genuinos están al servicio de la vida y de la búsqueda de la dignidad humana, y lo mismo sucede con los valores ecológicos.

Los valores ecológicos que estamos examinando son únicamente la base del asunto. Su aplicación puede diferir en circunstancias específicas y precisar de una extensión creativa en diversos ámbitos vitales, exactamente igual que los valores tradicionales. Quiero subrayar que lo que aquí propongo no es un conjunto de estrategias específicas sino de principios generales, una matriz subyacente de valores destinada a guiar nuestro pensamiento, nuestra percepción y nuestra acción para tratar de relacionarnos correctamente con la tierra, con la naturaleza y con otras culturas.

Los valores ecológicos y el desarrollo sostenible

La conservación es un modo de pensamiento y acción a través del cual expresamos nuestra responsabilidad con la naturaleza. La conservación es una clase muy especial de actividad. Entraña cuidado, piedad, amor, atención y arduo trabajo para salvar lo que consideramos digno de preservarse.

En cierto sentido podemos considerar que la conservación es un acto ético en sí mismo: una manifestación de cuidado que nos lleva al punto de luchar por lo que consideramos importante preservar, como he sostenido en otro sitio.[6] En un nivel de análisis más profundo, la conservación es un conjunto de estrategias destinadas a implementar los valores ecológicos en el sentido primordial. Diseñamos tácticas y estrategias para salvaguardar lo que es digno de salvaguardarse y está necesitado de protección –sea nuestra vida individual, nuestra vida familiar, nuestra vida cívica y social o nuestros hábitats ecológicos– porque valoramos la vida en cuanto tal, porque sostenemos el principio de la santidad de la vida. Las estrategias surgen una vez que los

6. Véase Henryk Skolimowski, «Eco-ethics as the Foundation of Conservation», en *The Environmentalist*, 4, suplemento núm. 7, 1984.

valores primarios quedan establecidos y aceptados. Debemos entender con absoluta claridad que la reverencia por la vida es la base del desarrollo sostenible. La cuestión no es desarrollarse o no desarrollarse, sino *cómo* desarrollarse. La cuestión esencial es determinar cuáles son los objetivos, las metas, los propósitos y los fines del desarrollo. El fin último de todo desarrollo es la vida. El desarrollo está al servicio de la vida y contribuye positivamente a ella. Si de la ecuación eliminamos la vida, todas las ideas de desarrollo pierden su sentido. Por otro lado, lo que valoramos no es sólo la vida, sino la calidad de vida... de todos los seres. *El desarrollo no gira únicamente alrededor de la vida en el plano biológico, sino de la vida dotada de sentido, ornada de dignidad y plenamente realizada.* De nada sirve pensar en cómo desarrollarnos si no nos regimos por esta concepción de la vida.

Por lo tanto, cuando la examinamos detenidamente, la idea de desarrollo presupone una vida dotada de sentido, dignidad, plenitud y autorrealización. Si observamos con atención, veremos que estos conceptos de desarrollo, verdaderamente abarcadores, dan por sentado que el desarrollo está al servicio de la diversidad de la vida, no simplemente de unos fines económicos.

Podemos abordar la cuestión desde el otro extremo: si aceptamos la idea de la reverencia por la vida, de la santidad de la vida, vemos enseguida que el desarrollo no es sólo un fenómeno económico, sino también un vehículo para la mejora de la vida humana en todos sus aspectos. La reverencia por la vida no niega la importancia del factor económico; la satisfacción de las necesidades básicas forma parte de una vida digna.

Llegados a este punto querría introducir un nuevo concepto, el de *desarrollo reverencial.* «Reverencial» no es tan sólo un bello adjetivo añadido al desarrollo entendido en sentido tradicional (es decir, determinado por el factor económico), sino un elemento absolutamente esencial para que el desarrollo no se convierta en una excavadora que machaca los frágiles equilibrios de la naturaleza y deja tras de sí a unos consumidores obnubilados. Por lo tanto, parece que la reverencia por la vida y el desarrollo están íntimamente conectados dentro de un marco de pensamiento y acción en el que, por un lado, el sentido de la vida humana cobra la dimensión que merece y, por el otro, el respeto por la naturaleza forma parte de nuestra relación consciente y compasiva con todo lo que existe.

La ética ecológica, basada en la reverencia por la vida, es universal en el sentido de que en todas las culturas y grandes religiones late la premisa del valor de la vida y, por lo tanto, de su santidad. En la mayoría de las religiones tradicionales, esta santidad procede de Dios. Pero se puede derivar de la propia Evolución, como he sostenido en este libro.

El hecho de que la reverencia por la vida (un concepto por el que nosotros abogamos) coincida con tantas éticas religiosas basadas en la santidad de la vida no debería sino reafirmarnos en la idea de que existe una serie de valores éticos comunes a todos los pueblos y a la mayoría de las religiones. *La ética ecológica representa una nueva articulación de los valores intrínsecos tradicionales.* Representa la búsqueda del sentido, de la dignidad, de la salud y de la cordura en un momento en que el planeta está gravemente amenazado por un desarrollo inapropiado.

Al proponer una nueva forma de desarrollo –el desarrollo reverencial, basado en valores ecológicos– queremos poner en un primer plano la sostenibilidad del planeta, la dignidad de los diversos pueblos (explotados) y la unidad de la especie humana, fracturada por un desarrollo inapropiado. Por lo tanto, el desarrollo reverencial es unitario en el sentido más amplio y profundo:

• Combina lo económico con lo ético y lo reverencial.

• Combina los imperativos éticos contemporáneos con los códigos éticos tradicionales.

• Procura estar al servicio de las gentes de todas las culturas.

• Por último, pero no menos importante, intenta declarar una tregua entre la humanidad y la naturaleza, incluidos todos los seres que la componen.

Una síntesis de valores

Contrastemos ahora los tres árboles básicos de los valores: el de la religión tradicional, el de la modernidad secular y el de la ecología naciente. Una vez que los hayamos tabulado, veremos de inmediato hasta qué punto son diferentes, y también cómo nos exigen diferentes formas de conducta, incluso cómo delinean diferentes estructuras de nuestro ser:

Valores tecnológicos	Valores ecológicos	Valores religiosos
dominio	reverencia	sumisión
control	responsabilidad	adoración
poder	austeridad	gracia
homogeneidad	diversidad	obediencia
justicia individual	ecojusticia (justicia para todos)	justicia divina

La tabla muestra los tres conjuntos de valores en su relación mutua. Como se aprecia, el valor dominante en una sociedad religiosa es la sumisión; en una sociedad científico-tecnológica, el dominio, y en la naciente sociedad ecológica, la reverencia.

Si observamos la tabla con atención, veremos enseguida que los valores de la cultura tecnológica (el dominio, el control, el poder, la homogeneidad y la justicia individual) son –¡qué dato más revelador!– los valores que *regulan nuestras relaciones con los objetos.* En efecto, es francamente curioso que se nos haya escapado el hecho de que no sólo tratamos con valores diversos, sino que todo el foco ha pasado de nuestras relaciones con Dios y con nuestros semejantes a nuestras relaciones con los objetos. Esta circunstancia no puede sino empobrecernos.

Aunque por una parte constituye un hecho llamativo, por otra no resulta sorprendente. La visión del mundo secular y los valores seculares *tenían como objetivo* desafiar y reemplazar los viejos valores religiosos. Lo irónico es que se suponía que los valores seculares nos engrandecerían como seres humanos, en lugar de reducirnos a la condición de meros objetos. Esta dialéctica fascinante, a menudo turbia y sangrienta, no ha dejado de desplegarse. Vemos oscilar el péndulo de un extremo al otro: desde los valores religiosos, que manifiestan nuestra sumisión a Dios, hasta los valores seculares, que manifiestan nuestro dominio sobre todo lo existente.

Los valores ecológicos son un acto de síntesis creativa. Ésa es la razón de que estén precisamente en el medio, uniendo las tradiciones pasadas y trascendiéndolas. Nietzsche, Blake o Goethe no podrían haberse embarcado en una nueva síntesis, pues en sus épocas la visión científica del mundo no había llegado al límite de su desarrollo. Ahora esa visión está en retirada. Exhausta y agotada, pide ayuda a gritos. Estamos asistiendo a los albores de la época ecológica.

La vida es un proceso de síntesis continua. No podemos vivir con la camisa de fuerza de estructuras de valores en conflicto que nos desgarran o que, en cualquier caso, nos confunden incesantemente con sus exigencias incompatibles. Lograr una síntesis de los valores es condición *sine qua non* para alcanzar la plenitud y la paz interior.

Hasta el momento nada he dicho del *amor*, que es el valor ecológico supremo. El amor es la forma extrema y más profunda de la conservación en acción; el acto ético supremo. Hemos perdido el poder del amor; para recuperarlo, primero debemos desarrollar la capacidad de reverencia, que es una precondición del amor.

Las grandes tradiciones éticas y morales suelen girar en torno a un concepto único y global. En el budismo es la compasión; en el cristianismo es el amor; en la ética ecológica es la reverencia, que no entra en conflicto con los otros dos, sino que levanta una meseta desde la que se ve con claridad y nitidez el sendero que conduce a ellos.

Conclusión

El código genético hace de nosotros seres biológicos concretos, pero una vez que los genes han realizado su tarea, aún no estamos completos. Sólo después de adquirir una cultura y unos valores nos convertimos en auténticos seres humanos.

Los valores que tradicionalmente señalaban nuestro estatus como seres humanos, articulaban nuestra conciencia moral y nos hacían sensibles a la cultura estaban inspirados y guiados por la religión. Los valores religiosos casi siempre eran absolutos, pues estaban enraizados en el fundamento absoluto del ser: Dios. Con el declive de la religión, los valores religiosos se han vuelto cada vez menos importantes, particularmente porque el fundamento absoluto sobre el que se levantaban, Dios, ha sido cuestionado, desafiado y a menudo eliminado: «Dios ha muerto», escribió Nietzsche. El marco triunfante de la visión del mundo secular implicó el surgimiento de los valores científico-tecnológicos, que cada vez se han vuelto más utilitarios, instrumentales y relativistas, liberándonos de los viejos absolutos, pero también apartándonos de las fuentes de nuestro sustento espiritual y de nuestro sentido más profundo.

La filosofía moral del siglo XX, surgida de los *Principia Ethica* de Moore, ha estado más interesada en el *significado* de los conceptos morales que en entender la *naturaleza* de la comprensión moral, la facultad concreta que nos convierte en agentes morales. En consecuencia, hemos acumulado un bagaje impresionante de análisis lingüísticos que no han dado lugar a ninguna iluminación moral de relevancia. Al contrario, estos análisis semánticos llevaron al subjetivismo y al relativismo. Al confundir el discernimiento intelectual con el discernimiento moral, hemos socavado inadvertidamente todos los códigos de valores intersubjetivos. Sin embargo, para que la familia humana se mantenga unida, hemos de disponer de un aglutinante. En resumen, necesitamos nuevos valores, una nueva ética normativa a la que ajustar nuestra conducta, no afilados instrumentos analíticos para analizar los valores del pasado.

Aunque en Occidente afirmamos habernos liberado e ilustrado, las rodillas nos tiemblan cuando nos enfrentamos a los dictados de la racionalidad científica, que ha sido una censora, una tirana y una reina absolutista a la hora de determinar qué es un discurso válido. Hemos seguido acríticamente el evangelio de la racionalidad (científica) instrumental, que ha reforzado la deriva general hacia el relativismo y el nihilismo.

Todo acto de percepción, toda relación con sentido en el mundo real están guiados o inspirados por valores. *Los valores no cuestionados conducen al nihilismo moral.* El nihilismo moral, como el relativismo moral, no está libre de valores: tácitamente promueve y perpetúa la decadencia y el escapismo, además de justificar la explotación con no poca frecuencia. La satisfacción del yo es el único valor intrínseco que reconoce el relativismo moral, lo cual está muy alejado de una ética sostenible a largo plazo.

Los valores ecológicos nos ligan a la naturaleza, a la tierra y a nuestros semejantes. Son nuestros nuevos valores intrínsecos. No son valores absolutos, pero tampoco subjetivos o relativistas. Son propios de nuestra especie y, por lo tanto, intersubjetivos. Nos unen y nos sustentan como seres humanos, porque somos una especie concreta que está conectada con la vida en su conjunto de una manera determinada. Todos los sistemas de valores están en última instancia justificados por la vida. Entender claramente qué se necesita para mejorar la vida a largo plazo y, al mismo tiempo, asegurar una armonía óptima entre las especies es crucial para establecer una serie de valores intersubjetivos. En este sentido, los valores ecológicos son los valores intrínsecos de nuestro tiempo. Los valores más importantes son la *reverencia* por la vida, la *responsabilidad* ante todo lo que existe, la *austeridad* de nuestros estilos de vida y la *justicia* para todos. La ética medioambiental no es suficiente, porque a menudo se convierte en una ética instrumental, basada en un análisis de la rentabilidad. Una ética ecológica genuina debe basarse en unos valores intrínsecos y propios de nuestra especie.

Proteger la vida es moralmente correcto. La conservación y el desarrollo sostenible parten de la premisa de que debemos preservar la herencia de la tierra y de todas sus especies, y también de que debemos preocuparnos por las futuras generaciones. La idea misma de «desarrollo» no es una categoría objetiva o meramente descriptiva; el «desarrollo» es un término normativo cargado de valores. No existe ninguna necesidad lógica de que acontezca desarrollo alguno. Los faros que guían nuestros pasos son el sentido, la plenitud y la idea de realizar todo nuestro potencial. Ésos son los fines hacia los que debe orientarse un desarrollo genuino, lo que yo llamo el desarrollo reverencial. Un desarrollo digno de ese nombre debe tener como base la sabiduría; de lo contrario, se convierte en una explotación que beneficia a algunos (a corto plazo) y arruina a la mayoría (a largo plazo). Buscar la sabiduría a largo plazo entraña regirse por los valores correctos.

Llamo sabiduría ecológica a la sabiduría de nuestro tiempo, y valores ecológicos a los valores que expresan la sabiduría ecológica. Las estrategias y prácticas que verdaderamente alumbran un desarrollo sostenible, beneficioso para todos o, como mínimo, para una mayoría, se basan en la sabiduría ecológica y, por lo tanto, en los valores ecológicos. La búsqueda del desarrollo reverencial coincide, por lo tanto, con la búsqueda de los valores ecológicos y de la sabiduría ecológica.

9. La conciencia ecológica como la nueva fase de la evolución

De la conciencia religiosa a la conciencia tecnológica

Hace unos seiscientos años, la conciencia religiosa imperaba en el mundo occidental. Esta conciencia iba de la mano con la cosmología cristiana. Como veremos más adelante, toda forma de conciencia está conectada con una forma de cosmología, de la que nace y a la que desarrolla. La conciencia religiosa y la cosmología cristiana avanzaban juntas, determinándose y apoyándose mutuamente. Los hombres, guiados por la conciencia religiosa, se ajustaban a un universo vigilado y dirigido por Dios. Sus asuntos cotidianos estaban regulados por la conciencia de la omnipresencia de Dios y de sus representantes: el clero. Lo que importa subrayar es que todo el campo de conciencia del hombre medieval estaba moldeado e impregnado por las imágenes de Dios, por la idea de responsabilidad ante Dios y por el deseo de ser salvado y redimido en el cielo de Dios. Sin embargo, a partir de entonces las cosas empezaron a cambiar. Tras el alborotado, turbulento y efervescente Renacimiento, en el siglo XVII tomó impulso una nueva época. Se puso en tela de juicio la cosmología cristiana medieval. Mientras tanto, la conciencia religiosa quedó socavada y horadada en muchos puntos.

El secularismo se convirtió en el nuevo paraguas bajo el que cristalizó una nueva forma de conciencia que se oponía claramente a la anterior conciencia religiosa. Con el paso del tiempo, esta conciencia secular daría lugar a la conciencia tecnológica, pero en aquel momento (a lo largo del siglo XVII) buscaba a tientas una articulación, una forma distintiva.

El humanismo renacentista fue el primer paso hacia la conciencia no religiosa. Los humanistas del Renacimiento, siguiendo el ejemplo de Protágoras, afirmaron que el hombre es la medida de todas las cosas.

El siguiente paso importante hacia el advenimiento de la conciencia tecnológica fue la cuantificación del cosmos. La situación experimentó un cambio espectacular con el surgimiento de la visión mecanicista del mundo. Los esfuerzos combinados de Bacon, Galileo y Descartes (entre muchos otros, por supuesto) alumbraron una nueva estructura cosmológica, una nueva visión del mundo que concebía el universo como un reloj. A partir de entonces se sucedieron rápidamente novedades de un alcance trascendental cuyas consecuencias fueron asombrosas.

La nueva estructura cosmológica exige que todos los fenómenos, para que sean reconocidos como válidos, tengan una naturaleza física o sean reducibles a elementos físicos. Las relaciones entre esos fenómenos físicos deben expresarse mediante leyes cuantitativas. Por consiguiente, lo físico y lo cuantitativo pasan a un primer plano. Con el paso del tiempo, esto tuvo consecuencias importantes, entre las que se cuentan las siguientes:

- La adoración del conocimiento objetivo.
- La creciente cuantificación de todos los fenómenos.
- El estrechamiento del foco de nuestra visión y de nuestra investigación.
- Por último, pero no menos importante, la eliminación de lo sagrado.

Otra consecuencia fue el creciente proceso de alienación, resultado directo del proceso de atomización y cuantificación. Al dividirlo todo en átomos separados, complejos conjuntos quedaron desintegrados. La sensación de totalidad dio paso a la sensación de aislamiento, separación, indiferencia; en resumen, a la alienación. La alienación psicológica fue el resultado de la alienación conceptual.

Otra de las consecuencias de la perspectiva mecanicista sobre el cosmos fue el creciente culto al poder físico; en efecto, triunfó la embriaguez u obsesión por el poder. La corrupción del poder, en virtud de la cual éste pasó a significar únicamente un poder físico coercitivo, fue consecuencia de la cosmología mecanicista, que –con extraordinaria coherencia– ensalza lo físico, lo cuantitativo, lo manipulativo, lo controlador (véase el capítulo 6).

Durante este período, la cosmología mecanicista impregnó toda la cultura occidental. Llegó a dominar nuestra mente y alumbró una nueva forma de conciencia, a la que he dado el nombre de conciencia tecnológica.

Debemos insistir, con la seriedad debida, en el hecho de que no se puede pensar en la tecnología como en una caja de herramientas, de instrumentos neutros en sí mismos, buenos o malos únicamente conforme a su uso. Esta visión de la tecnología es atomista e ingenua, y por eso la tecnología quiere perpetuarla. En este período de la historia, la tecnología está tan omnipresente en nuestra vida que es una forma de conciencia. Cuando pensamos en la tecnología, pensamos en «control y manipulación». *La tecnología es una visión de la realidad, no las herramientas de las que hacemos uso.*

Cuando nos relacionamos con el mundo a través de la tecnología, no pensamos en ser benévolos, compasivos y amorosos, sino en ser eficientes, dominantes, afirmativos. Esta actitud dominante y manipuladora forma parte en el presente de la constitución mental de los occidentales.

Otro aspecto intrigante, o más bien fascinante, de la tecnología es que, aunque se supone que la conciencia tecnológica es absolutamente secular, contiene su propio programa trascendental, su propia forma de divinidad. Busca la divinidad de lo humano en la tierra liberándonos de viejos yugos, otorgándonos dignidad y libertad, creándonos a imagen y semejanza del industrioso dios que puede hacerlo todo por sí mismo.

Buscar la plenitud y la realización en la tierra a través de nuestro propio esfuerzo es un proyecto admirable. El problema empieza cuando acumulamos demasiado poder, un poder que nos lleva a destruir hábitats naturales y con el que nos embriagamos hasta el punto de olvidar nuestro lugar en el planeta. Ante la ausencia de valores más elevados y de alguna forma de sabiduría relativa al destino humano, acumular poder es muy peligroso: de esa acumulación surge una arrogancia sin límites y, en última instancia, una completa falta de mesura.

Resumamos sucintamente las características de la conciencia tecnológica. Cuando observamos su estructura global, su modo de operación general, la conciencia tecnológica demuestra ser:

- Objetivadora.
- Atomizadora.
- Alienante.
- Dominante.

- Desacralizadora.
- Orientada a la escatología del consumo.

Debemos desarrollar este último punto. ¿Qué es la escatología del consumo? La escatología es la disciplina que se ocupa de los fines y los objetivos últimos de la vida humana. Ante la ausencia de objetivos trascendentales, cuando los valores religiosos y espirituales se han derrumbado, el consumo se convierte en un imperativo vital, en un objetivo general, en una forma de plenitud, en el foco de nuestras aspiraciones.

De manera torpe e indirecta, el consumo se ha convertido en una forma de salvación y, por lo tanto, en una escatología. Consumir nuevos juguetes, nuevos cereales, nuevos coches, nuevas televisiones, nuevos maquillajes, nuevos ordenadores, no es peligroso en sí mismo. Lo que es peligroso y dañino para nuestra mente es que este proceso de consumo se convierta en una especie de necesidad religiosa que promete felicidad, plenitud, salvación. Llegados a este punto, la tecnología ha devenido en una forma de escatología.

En resumen, después de haber despojado al universo de su carácter sagrado, de su índole espiritual, de sus valores intrínsecos; después de haber declarado que nuestras nuevas deidades son lo físico, lo objetivo y lo fríamente racional, y después de que los esquemas culturales tradicionales se hayan desintegrado en el miasma del pensamiento atomista, nuestra nueva escatología no es sino una ebria búsqueda de poder y de consumo embrutecedor.

También ha aparecido una nueva imagen de lo humano, el hombre fáustico que celebra el momento buscando gratificación inmediata. El hombre fáustico sostiene que sólo se vive una vez, y que por tanto hay que vivir al límite, a costa de lo que sea y de quien sea, aunque signifique la ruina de futuras generaciones y la destrucción de hábitats ecológicos. El hombre fáustico es la manifestación de la avaricia de la tecnología, el reconocimiento simbólico del ascenso del poder nudo y del simultáneo declive de la espiritualidad humana.

Al analizar los efectos negativos de la conciencia tecnológica, no me olvido de la otra cara de la moneda, a saber, que la tecnología ha sido un noble sueño echado a perder, que la visión mecanicista del mundo fue en tiempos una escalera para escapar de las limitaciones y constricciones de la conciencia religiosa. Tampoco pretendo cuestionar los aspectos evidentemente beneficiosos de la tecnología: el confort, el aumento de la calidad de vida material, la sensación de libertad de movimientos (aunque sólo sea ilusoria), la eliminación de enfermedades contagiosas.

Sin embargo, la conciencia tecnológica aparece cada vez más como una amenaza, con su implacable eficiencia, su aumento incontrolado de poder, su absoluta falta de compasión. Sencillamente, la conciencia tecnológica ha perdido el norte. Produce demasiadas enfermedades; el precio que hace pagar por el confort y otras comodidades es demasiado alto. Ésta es la conclusión a la que gradualmente hemos llegado como sociedad.

La tecnología es la historia de un éxito tan extraordinario que ha acabado convirtiéndose en una pesadilla. El péndulo se ha alejado demasiado de la conciencia religiosa. Por consiguiente, debemos buscar un nuevo equilibrio y, mientras tanto, tratar de equilibrar nuestra propia vida.

La conciencia ecológica, tal como la hemos presentado en este capítulo, es la síntesis de la conciencia religiosa (tesis) y de la conciencia tecnológica (antítesis). La conciencia ecológica es la síntesis porque marca un retorno a lo espiritual sin someterse a ortodoxias ni dogmas religiosos, y porque busca la mejora y la justicia social universal sin idolatrar el poder físico y sin celebrar la naturaleza agresiva del ser humano.

No digo que la conciencia ecológica ya esté aquí, perfectamente articulada, y habite cómodamente en nuestro interior. Lo que digo es que, con nuestra aspiración, hacemos fructificar lo que quiere despertar y expresarse. Nuestra proyección es parte de nuestra articulación y constituye un elemento esencial de la creación de la conciencia ecológica. Lo que soñamos se hace realidad. Numerosas señales auguran el advenimiento de la conciencia ecológica. El 1 de enero de 1990, día de la Paz, una voz poderosa, la del papa Juan Pablo II, dio a conocer una carta pastoral, la primera de índole completamente ecológica, en la que se proclamaba «el surgimiento de la conciencia ecológica», una conciencia que «no se debe suprimir sino, al contrario, alentar y cultivar, para que halle expresión en iniciativas y programas concretos».

El surgimiento de la conciencia ecológica

Todas las formas de conciencia hunden sus raíces en la historia y presentan un carácter histórico. Aparecen en un determinado punto de la historia y desaparecen, o quedan profundamente modificadas en otro. Por lo tanto, la conciencia está determinada por la historia, aunque, a su vez, determina la historia. En nuestra época hemos sido testigos de la *ecologización de la conciencia*. Al mismo tiempo está aconteciendo un proceso menos fácil de advertir: la ecologización de las religiones mundiales. Debemos ser conscientes de que, a partir del Congreso de Asís (1986), en el que estaban representadas cinco grandes religiones mundiales, la interpretación ecológica de esas religiones no ha dejado de ganar impulso.

Los precursores de la conciencia ecológica fueron el movimiento ecológico, por una parte, y diversas escuelas de psicología humanista, por la otra. Cada uno a su modo, estaban en contra del espíritu de la era mecanicista y han hecho hincapié en el holismo y en la irreductibilidad de las totalidades complejas a sus elementos básicos, sus hábitos ecológicos y sus elementos humanos. Ambos movimientos desafiaron la racionalidad del sistema mecanicista y profesaron un nuevo tipo de racionalidad holista.

Por otro lado, en cierto sentido los dos movimientos tenían un regusto religioso. Ofrecían no sólo nuevas perspectivas intelectuales, sino también una forma de liberación. Ésta, aunque no siempre fuera explícita, tenía como finalidad liberarnos de las cadenas deterministas y mecanicistas. El holismo, al que ambos movimientos daban una gran importancia, fue el primer paso hacia la liberación. Inconscientemente hemos labrado el camino hacia una nueva religión.

¿Cuáles son las principales características de la conciencia ecológica? Enumeraré seis y después las contrastaré con otras tantas de la conciencia tecnológica. No afirmo que estas seis características agoten el alcance y la naturaleza de la conciencia ecológica, pero conviene simplificar, porque simplificar es entender:

Conciencia ecológica		Conciencia tecnológica
holística	frente a	atomista
cualitativa	frente a	cuantitativa
espiritual	frente a	secular
reverencial	frente a	objetiva
evolucionista	frente a	mecanicista
participativa	frente a	alienante

Una forma más apropiada de expresar la naturaleza de la conciencia ecológica sería a través de un mandala, dado que cada una de sus características alimenta a las otras y es alimentada por éstas, determinándose mutuamente.

Participativa   Holista

Evolutiva   CONCIENCIA ECOLÓGICA   Cualitativa

Reverencial   Espiritual

Podríamos representar la conciencia mecanicista y la conciencia ecológica mediante un modelo dinámico y abierto (véase el diagrama de la página siguiente), en el que se ve al instante que la conciencia ecológica procede de la conciencia mecanicista y, al mismo tiempo, la trasciende. El esquema también permite apreciar que la conciencia mecanicista y la conciencia ecológica son entidades históricas. Por lo tanto, el modelo demuestra que podemos y debemos elaborar formas de conciencia que vayan más allá de la conciencia ecológica.

Examinemos a continuación estas características y veamos lo que entrañan para nuestra vida y para nuestra percepción del universo.

No puede caber la menor duda de que un ser humano sano y completo es un microuniverso holista y cualitativo. Tampoco cabe duda de que un ser humano que busque el sentido trascendiendo la trivialidad del consumo ha empezado a caminar por una senda espiritual. La búsqueda del sentido es una búsqueda espiritual.

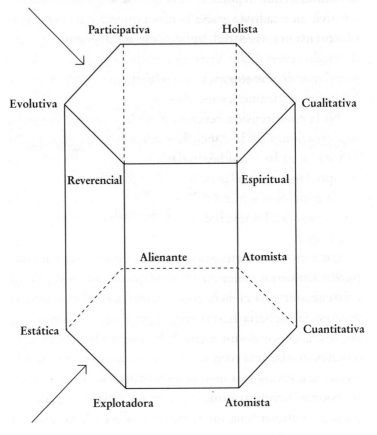

Conciencia ecológica, arraigada en
la idea del mundo como santuario

Participativa   Holista

Evolutiva   Cualitativa

Reverencial   Espiritual

Alienante   Atomista

Estática   Cuantitativa

Explotadora   Atomista

Conciencia mecanicista, arraigada en
la idea del mundo como máquina

Modelo de conciencia

En cuanto a la actitud de reverencia, cualquier persona que respete verdaderamente a los demás y aprecie verdaderamente la asombrosa alquimia del universo no puede por menos de adoptar una actitud reverencial ante el impresionante espectáculo de la creación. Por lo tanto, la reverencia forma parte de toda visión y de toda comprensión profunda del universo que lo aprecie verdaderamente. Vivir en estado de gracia es no desprenderse nunca de la comprensión reverencial. Vivir en estado de gracia es pensar de modo reverencial.[1] Vivir en estado de gracia es caminar por el mundo con elegancia, como proclama una canción de los indios norteamericanos.

Ni la comprensión reverencial ni la actitud reverencial son creaciones de la conciencia ecológica. Existen en las culturas y en las religiones tradicionales desde hace mucho tiempo. Únicamente las estamos articulando *de novo*. La condición natural del ser humano es vivir fascinado por el mundo. La reverencia es un reconocimiento de esta fascinación.

Un racionalista escéptico podría preguntarse cómo se puede demostrar la naturaleza reverencial del universo. La existencia de una ciencia reverencial y de una tecnología reverencial debería bastar para ello, aunque ninguna de las dos ha conocido un amplio desarrollo. Occidente tiene que desarrollar una tecnología reverencial que imbuya las modernas tecnologías de una actitud profundamente compasiva hacia toda la creación. Las diversas variedades de yoga constituyen una forma de tecnología reverencial; no deberíamos desdeñar esta idea tan sólo porque estemos acostumbrados a pensar que la tecnología consiste en una serie de herramientas físicas que se aplican al mundo físico. Nuestras relaciones con el universo son numerosas y sutiles. Todo instrumento o toda técnica que nos ponga en contacto con el universo es una forma de tecnología, y las modalidades de yoga son técnicas del alma.

---

1. Para un examen más detallado del concepto de pensamiento reverencial, véase Henryk Skolimowski, *The Theatre of the Mind*, ed. cit., cap. 10.

El universo reverencial

Reflexionemos una vez más sobre la naturaleza de la cosmología. La cosmología realiza una serie de suposiciones sobre la naturaleza *in toto*. Después, a partir de ellas, encuentra en la naturaleza los elementos que ha dado por supuestos. Así ha ocurrido con la mayoría de las cosmologías históricas que han llegado hasta nosotros. Las cosmologías *no demuestran* la existencia de este o de aquel atributo sobre el cosmos. Proceden como si dicho atributo fuera intrínseco a la estructura del universo, y construyen grandes modelos de percepción y conocimiento que defienden la supuesta existencia de determinado atributo.

Debo subrayar un aspecto importante: *nada se revela en el cosmos si antes no hemos supuesto su existencia.* Si no suponemos que el universo tiene una naturaleza física, jamás seremos capaces de hallar en él ese atributo. Por alguna parte hemos de empezar. La cosmología es un juego de presuposiciones. Éstas no están probadas: primero se las concibe y después se actúa conforme a ellas.

El proceso de realizar presuposiciones o de crear cosmologías es un proceso precientífico, tanto en el sentido histórico como en el epistemológico. La ciencia tiene poco que decir al respecto, porque se trata de un proceso que precede a la ciencia y que, por lo tanto, está al margen de la jurisdicción de la ciencia. La ciencia occidental surgió únicamente después de que se diera por supuesta la existencia de cierta clase de cosmología, en concreto de la cosmología mecanicista. Por consiguiente, en la esfera de la cosmología general, la ciencia no puede ser el árbitro de la validez de otras cosmologías, porque está al servicio de la cosmología de la que procede, a saber, de la cosmología mecanicista.

Así pues, no debemos preocuparnos del veredicto de la

ciencia cuando nos dedicamos a la creación de cosmologías no-mecanicistas. Si la ciencia trata de interponerse en nuestros nuevos designios cosmológicos, podemos decirle que se vaya al infierno, es decir, a la cosmología mecanicista, su lugar natural. Cuando trata de interferir en otras cosmologías, la ciencia mecanicista sobrepasa sus dominios y sus competencias.

Volviendo a la naturaleza reverencial del universo, no tenemos que ser anticientíficos o ignorar la existencia de la ciencia; no obstante, hemos de entender que no hay nada en la estructura ni en el lenguaje de la ciencia que nos impida observar el universo de forma reverencial.

Las cosmologías son una cuestión de voluntad y sabiduría. Si desarrollamos una actitud reverencial hacia el universo, si elaboramos formas de pensar, de percibir y de obrar que nos permitan caminar por el mundo con elegancia, moraremos en un universo reverencial. El universo será reverencial porque lo habremos hecho reverencial. Por lo tanto, el universo *es* reverencial si tenemos la capacidad de relacionarnos con él de forma reverencial.

Para la mente divina, el cosmos es divino. Para la mente insensible, el universo es insensible. Para la mente del mono, el cosmos se parece a un mono. Debemos tomarnos estas afirmaciones con absoluta seriedad, pues es la mente la que gobierna el caótico universo. Sea cual sea el orden que hayamos encontrado en el universo, es un orden que ha inventado nuestra mente. Sean cuales sean los atributos que hayamos encontrado en el universo, son atributos concebidos por nuestra mente. El universo no es grande ni pequeño, no es hermoso ni feo. El resplandor de la mente llena el vacío y hace que el espacio sea divino. De eso trata la conciencia ecológica: de desarrollar y elaborar las capacidades que nos permitan morar en un universo reverencial y, a la postre, vivir en estado de gracia.

Sólo desde el momento en que *algunas* mentes adoptaron la modalidad sacramental o divina pudo el ser humano experimentar el universo como divino. Cuando esas extraordinarias mentes aparecieron en la India, crearon las *Upaniṣad*; cuando surgieron en el mundo hebreo, escribieron la Biblia. En la antigua Grecia, mentes de esa clase fueron las de Pitágoras y Platón, que hablaron de nuestro dios interior, de la divinidad que habita en nosotros.

Esas mentes, que al principio habían proyectado su divinidad en el cosmos, estaban tan encantadas con su creación que decidieron atribuir esa divinidad al propio cosmos. Hicieron que el cosmos fuera divino. Afirmaron que la divinidad está en el cosmos, especialmente después de inventar a Brahmā, a Jehová y a Dios, a quienes concibieron como el Fundamento Absoluto del Ser, del que surge todo lo existente.

Por otro lado, lo que yo propongo es una concepción natural de la divinidad, o una concepción *noética* de la divinidad, dado que la mente es la creadora de todos los órdenes, incluido el divino o el espiritual. La sacralidad es un atributo de la mente, no del cosmos. Sólo cuando nos acercamos al cosmos con una actitud reverencial y lo contemplamos con una mente que es sagrada descubrimos que el universo es sagrado.

Todo lo que hemos dicho sobre la reverencia es aplicable a la espiritualidad. Si damos por supuesto que el cosmos tan sólo contiene materia inerte y que la única forma de llegar a conocerlo es a través del conocimiento físico, evidentemente nos resultará imposible hallar la menor huella de espiritualidad en el universo, porque nuestros presupuestos y nuestro lenguaje la habrán descartado.

En cambio, si damos por supuesto que el universo tiene vida espiritual y que nosotros somos agentes espirituales, y si obramos a partir de esos presupuestos, encontraremos numerosas pruebas de que el universo es transfísico y trans-biológico, o sencillamente espiritual, como a lo largo de la historia han descubierto tantos hombres con inclinaciones espirituales, y con el coraje de asumir que el universo es un lugar espiritual.

Sobre la evolución y la esperanza

Examinemos brevemente las últimas dos características, los aspectos evolutivo y participativo de la conciencia ecológica. La belleza de nuestro universo está intrínsecamente conectada con la belleza de la evolución, ese asombroso proceso en el que fuerzas extraordinariamente creativas han colaborado para alumbrar un milagro vital tras otro. El filósofo francés Henri Bergson capturó la esencia de este proceso al acuñar el concepto de «evolución creativa». Su compatriota Pierre Teilhard de Chardin fue un rapsoda que entonó innumerables himnos a la evolución creativa. Teilhard contribuyó en gran medida a convencernos de que la evolución no es un terrible proceso darwiniano en el que competimos agónicamente para aprovechar cada oportunidad que se nos presenta, para satisfacer una necesidad incomprensible tras otra. (Estoy pensando en particular en el libro *El azar y la necesidad*, con el que Jacques Monod intentó reforzar la visión materialista del mundo y la idea darwiniana de la evolución.) No, la evolución no es un proceso estúpido y azaroso por el que vamos pasando a trompicones de una variación benéfica a otra. La evolución tiene una forma de operar tan exquisita que se la podría caracterizar como divina. Yo mismo no tengo la menor dificultad a la hora de aceptar que Dios es la evolución y que la evolución es Dios, como he argumentado en el capítulo 4.

El universo ha alumbrado la vida para celebrarse a sí mismo. Nosotros somos parte de su gloria. No negamos nuestro lugar especial, pero esto tampoco nos produce una arrogancia indebida. Sencillamente, somos parte del florecimiento del universo. Negar el lugar especial del *Homo sapiens* en nombre de la ideología antiantropocentrista es una locura basada en una nueva forma de misantropía; de hecho, es una inversión de la arrogancia humana. La quintaesencia de la evolución radica en crear formas de vida cada vez más complejas. Nosotros somos una de ellas.

En resumen, la conciencia ecológica es, ante todo, evolutiva. ¿Por qué la aceptación de la evolución creativa es importante para la estructura general de la conciencia ecológica? ¿Y por qué es importante alcanzar una comprensión correcta de la evolución de cara a nuestro futuro y nuestro destino?

Por tres razones. En primer lugar, si entendemos la evolución con lucidez, veremos que el universo está esencialmente incompleto, que el ser humano está esencialmente incompleto. De lo que se sigue claramente que continuaremos desarrollándonos a medida que lo haga el cosmos. Otra de las conclusiones relevantes que se siguen es que tenemos algún lugar al que ir, que nos espera un futuro extraordinario. Apenas somos unos niños en el parque del universo. Maduraremos, nos haremos cargo más resueltamente de nuestro destino, seremos menos estúpidos, menos vulgares, menos consumistas, más austeros y más sabios. Eso es lo que nos dice en primer lugar una interpretación inteligente de la evolución.

En segundo lugar, una interpretación lúcida de la evolución nos informa de que es un agente *divinizador*, de que transforma la materia en espíritu. Hay quien afirma que la conciencia hubo de estar presente en la materia y en el universo entero desde el principio (de otra forma, ¿cómo podríamos existir?), pero yo no soy de esa opinión. La conciencia es *emergente*. Empezó a existir a partir de cierto punto en el desarrollo de la materia. Aunque puedo admitir que la conciencia ya estaba allí, profundamente oculta en las capas más hondas de la materia a la espera de su liberación, en todo caso diría que el proceso de *liberación* de la servidumbre de la materia fue tan extraordinario y creativo que estamos autorizados a hablar de la creación de la conciencia, no de su mero desvelo. Si hay quien prefiere afirmar que la divinización de la materia fue un proceso por el que salió a la luz algo que ya estaba en potencia, no seré yo quien ponga objeciones a esa manera de formular las cosas.

Por lo tanto, en determinado punto de la evolución (tal vez con la aparición de las primeras amebas) nació una tenue conciencia. Después fueron apareciendo formas más complejas de conciencia. Luego surgió la autoconciencia y con ella aparecieron la espiritualidad y la divinidad, dos formas exquisitas de autoconciencia que reflejaban las posibilidades de su propia estructura. La sacralidad y la espiritualidad –por reiterar lo ya dicho– son elementos de la estructura de nuestra conciencia; ésta se refina y trasciende lo físico y lo biológico. Por lo tanto, la evolución es un sutil proceso de divinización, de transformación de la materia en espíritu, de la conciencia en autoconciencia y de la autoconciencia en conciencia sagrada.

Hay un tercer motivo por el que es importante hacer una interpretación inteligente de la evolución. Nos permite formular lo que yo llamaría «el camino medio» entre la conciencia religiosa y la conciencia tecnológica o materialista. La primera afirma que toda la divinidad y la espiritualidad son dones de Dios, un reflejo de Su propia divinidad. La segunda sostiene que la conciencia es una función de la materia (es lo que dice el marxismo) y que la espiritualidad y la divinidad son espejismos o ficciones de la mente humana. Nosotros afirmamos que la espiritualidad es un aspecto del despliegue de la evolución. Advirtamos de paso que el darwinismo, que es una extensión de la visión materialista del mundo, no tiene una respuesta para la cuestión de cómo apareció la autoconciencia ni para explicar la espiritualidad y lo sagrado.

Al proponer el camino medio, la conciencia ecológica no difiere mucho del budismo, que no evoca ninguna idea de Dios pero que, pese a todo, da por supuesto que somos seres espirituales y divinos, y que merced a nuestro propio esfuerzo, a nuestro propio karma, podemos alcanzar elevados niveles de iluminación espiritual. Esa iluminación se logra mediante la práctica coordinada, mediante la afinación correcta de la mente, mediante el trabajo con nuestras capacidades psíquicas. Todos poseemos nuestra propia divinidad, pero, si queremos liberarla de sus ataduras, hemos de realizar un esfuerzo hercúleo de autopurificación, para después conectarnos con las formas más elevadas de la conciencia humana. Nuestras ocupaciones diarias nos llevan a olvidar que todo progreso, y en especial todo progreso evolutivo, se ha logrado a costa de un doloroso desarrollo de la conciencia, y que ahí está la clave de nuestro futuro.

En resumen, la evolución creativa, en cuanto elemento de la conciencia ecológica, es importante por tres razones, como mínimo. Primero, nos permite ver que somos seres esencialmente incompletos; segundo, nos permite dar sentido al turbulento pasado mientras anhelamos la inmensa promesa del futuro; tercero, nos permite seguir el camino medio de la divinidad natural, en el que nos concebimos como seres corporales y espirituales, racionales y místicos, sin salirnos de los límites de la evolución natural.

Para terminar, examinemos la tercera característica de la conciencia ecológica, su carácter participativo, en el que se manifiesta con toda claridad la mente participativa. Reproduzcamos de nuevo las palabras de John Archibald Wheeler acerca de su teoría del universo participativo:

> El universo no existe por sí mismo al margen de nosotros. Estamos inevitablemente implicados en la tarea de hacer que llegue a producirse lo que vemos que acontece. No somos meros observadores, sino participantes. En un sentido que no deja de resultar extraño, estamos en un universo participativo.

La idea del universo participativo estaría vacía y carecería de sentido si la mente participativa no actuase como agente cocreador. Jamás describimos el cosmos tal como es en sí. Siempre intervenimos en la descripción. Invariable e incansablemente, nuestra mente introduce algo, mediante nuestras diversas facultades y capacidades, en los amorfos datos primordiales del universo. Una condición dada nunca está realmente dada; siempre está mediada, modelada, configurada y determinada por la mente.

La conciencia ecológica entraña una mente sintonizada con el mundo biótico de una manera holística y simbiótica. Pero también entraña una mente sintonizada con el universo entero de una manera cocreadora. Para que se produzca una auténtica revolución en nuestra concepción de la mente no basta con negar que ésta sea una superficie en blanco dentro de un universo mecanicista, o lo que es lo mismo, que sea un espejo donde se refleja la naturaleza. Si la objetividad ya no se sostiene (como efectivamente ocurre), hemos de desarrollar un concepto de la mente y la conciencia absolutamente distinto para dotar de sentido al universo participativo en el estado de cocreación. La idea de la mente participativa (entendida como un aspecto de la conciencia ecológica) es el elemento del edificio de la ecofilosofía que vincula nuestras inquietudes ecológicas más específicas con las alturas más sublimes del universo en el proceso de creación. La mente participativa es la creadora de todos los órdenes, incluido el espiritual. No sabemos si hay algún orden en el universo aparte del que la mente encuentra en él, es decir, el que la mente *impone* al universo. Sabemos, no obstante, que, si damos por supuesto que el universo es de naturaleza mecanicista, lo interpretaremos de forma mecanicista. Por otro lado, si damos por supuesto que el universo es de naturaleza reverencial, entonces podremos relacionarnos con él de forma reverencial. El tratamiento que damos a nuestra mente es de una importancia extrema, pues de él depende el tratamiento que damos al universo y a nosotros mismos. Todos los cambios en el universo empiezan con un cambio en nuestra mente.

Nuestro mandala ya está completo. Hemos articulado las seis características esenciales de la conciencia ecológica. Esta conciencia es holista, cualitativa, espiritual, reverencial, evolutiva y participativa. Esas características forman un todo coherente y, además, participan en la elaboración de la ecocosmología; por una parte, son consecuencia de esa cosmología y, por la otra, son sus elementos constitutivos.

Hay un elemento de la conciencia ecológica que no está en el mandala pero que reviste una importancia crucial. Ese elemento es la *esperanza*. Dante identificó la esperanza con el cielo y la desesperanza con el infierno. De hecho, la inscripción que figura en la *Divina comedia* sobre la Puerta del Infierno es «Abandonad toda esperanza».

La esperanza es esencial para vivir la vida con elegancia. La esperanza es tan importante para nuestra concepción del universo holista y para nuestra actitud de reverencia ante la vida que debe formar parte de nuestra conciencia ecológica. Cuando la esperanza se derrumba, todo se derrumba. Nuestra conciencia fracturada y atomizada ha creado un vacío espiritual tras cuya estela la desesperanza se desliza con naturalidad. Vivir en el mundo sin esperanza es una forma de estar en el infierno. La conciencia tecnológica es incapaz de ofrecer fundamentos para la esperanza. Sólo por esta razón ya se condena a sí misma como vehículo insuficiente para la vida. La esperanza no es una vana ilusión, sino un vector de continua trascendencia. La esperanza es el esqueleto de nuestra existencia. La esperanza forma parte de nuestra estructura ontológica. La esperanza es el oxígeno de nuestra alma. La esperanza es una reafirmación de nuestra fe en el sentido del universo. La esperanza es una precondición de todo sentido, de toda lucha, de toda acción. Abrazar la esperanza es una forma de sabiduría. Abandonar la esperanza es una forma de infierno. En un sentido esencial, la esperanza permea toda la estructura de la conciencia ecológica.

Coda sobre los ejercicios prácticos que conducen a la adquisición de la conciencia ecológica

El proceso por el que la conciencia va adquiriendo una índole cada vez más ecológica ya está en marcha, pero no estaría de más pronunciar algunas palabras de advertencia. Dicho proceso no acontecerá de forma automática. Requerirá grandes dosis de energía y voluntad por nuestra parte. Tampoco la evolución avanzará automática y fácilmente hacia su final feliz –el punto omega– sin nuestra ayuda. Sin duda, con nosotros la evolución se vuelve consciente de sí misma. Esa conciencia nos impone la extraordinaria y maravillosa carga de asumir la responsabilidad por todo cuanto existe, por nuestro propio futuro y por el futuro de la evolución. A veces se da por sentado que la evolución trabaja con celeridad y necesidad, y que nos llevará, sea como sea, hasta alguna isla prometida. También se da por sentado que la evolución está realizando avances tan formidables que basta con que pasen los años para que el conjunto de la humanidad alcance la iluminación y avancemos todos por la senda correcta. A mi juicio, estas ideas son demasiados optimistas, incluso peligrosamente ingenuas.

Transformar la conciencia humana, atrapada hoy en los usos mecanicistas, requerirá de un esfuerzo extraordinario, de alguna clase de revolución. «La revolución es un cambio en el estado de la conciencia», afirmó Ionesco. Digamos de paso que las revoluciones que han fracasado, incluida la soviética, son las que no han logrado crear una nueva forma de conciencia.

Consideremos ahora otra cuestión sutil. ¿Por qué es tan difícil transformar la conciencia en el plano individual? Porque el organismo considera esa transformación como un cuestionamiento de su identidad. Nuestras zonas de confort, sean cuales sean, nos resultan siempre preferibles a los cambios, porque nos ofrecen estabilidad. Cuando las abandonamos, perdemos el equilibrio. Toda nueva forma de conciencia entraña al principio una fase de inestabilidad, aun cuando a la larga conduzca a la liberación y a una nueva libertad.

La compasión, la reverencia y el pensamiento holista no serán regalos que nos caigan del cielo. Para traerlos a nuestra vida, habremos de trabajar de forma diligente y sistemática. A estos ejercicios especiales, que conducen a la adquisición de la conciencia ecológica, los llamo ecoyoga. Éste no es el lugar adecuado para explicar los principios del ecoyoga, entre otras cosas porque el yoga, sea de la modalidad que sea, exige que se lo practique, no simplemente que se hable de él. Las prácticas espirituales de ciertas tradiciones antiguas y venerables pueden ser de una considerable ayuda. Muchos de los sistemas yóguicos de los que disponemos en la actualidad también pueden ser de gran ayuda si se practican con criterio. Trabajar sobre nosotros mismos es siempre una empresa difícil, incluso en sociedades orientadas a lo espiritual. En sociedades complacientes como la nuestra es harto complicado y arduo. Sin embargo, si estamos decididos a ello, hemos de cambiar interiormente. Seguimos posponiendo ese acto de purificación, que forma parte del acto de purificación del medio ambiente en su conjunto. Inconscientemente estamos esperando a un Mesías que se encargue de la tarea por nosotros, o de alguna maravilla tecnológica que resuelva milagrosamente nuestros problemas. Ésa es la herencia del pensamiento mesiánico y del pensamiento tecnológico. Por otro lado, la herencia del pensamiento responsable nos dice que tenemos que ocuparnos nosotros mismos de esa tarea. Y eso es lo que haremos, porque somos seres inteligentes y capaces, sobre todo cuando estamos bajo presión. Y ahora mismo lo estamos. Debemos cobrar plena conciencia de la situación para emplear nuestros recursos más potentes y empezar a reconstruirnos, como el Ave Fénix resucitaba de sus cenizas.

Conclusión

Transformar la naturaleza de la conciencia es transformar la descripción del mundo. Actualmente nos encontramos en uno de esos momentos de transformación. El proceso de adquisición de la conciencia ecológica nos está llevando a transformar la naturaleza de nuestra percepción, la naturaleza de nuestro conocimiento, la naturaleza de la realidad exterior. A medida que filtramos y esculpimos la realidad de otra forma, también la recibimos de otra forma.

Hemos argumentado que la conciencia ecológica presupone y entraña una cosmología, a la que he llamado ecocosmología (véase el capítulo 1). La relación entre la conciencia ecológica y la ecocosmología es muy estrecha. Ambas se determinan mutuamente. Una precisa de la otra para existir. Se puede decir que la conciencia ecológica representa la interiorización de los principios de la ecocosmología. La ecocosmología, por su parte, necesita de la conciencia ecológica a modo de articulador, de *alter ego*, de doble en el mundo de la conciencia. La cosmología no existe por sí sola; alcanza la existencia cuando queda articulada por el modo apropiado de conciencia. Hemos de adquirir individualmente esos modos apropiados de conciencia, trabajando sobre nosotros mismos. Sólo entonces la conciencia ecológica se convertirá en una realidad social.

Así queda completado el ciclo. Imaginamos una nueva concepción del mundo. Intentamos otorgarle coherencia. También intentamos justificarla racionalmente. Después intentamos descubrir qué clase de estructura mental presupone nuestra nueva visión del mundo. Y a continuación desarrollamos una forma de conciencia que esté en armonía con un cosmos dado, refinándola, elaborándola, sustentándola y sustentándonos en ella. Eso es lo que hacen todas las culturas. Las culturas tradicionales siguen ese proceso intuitivamente, sin ser apenas conscientes de su complejidad. Sin embargo, en nuestra cultura, con nuestros enormes conocimientos sobre las cosmologías y las formas de conciencia del pasado, podemos participar en el proceso de crear una nueva conciencia de forma consciente y deliberada.

Con todo, la mayoría de la gente adquirirá la conciencia ecológica mediante osmosis, mediante diversos ciclos de praxis, como era costumbre en las culturas tradicionales. La gente común y corriente de los países industriales, que padece continuamente los efectos colaterales del «progreso», ya tiene claro que el derroche industrial implica contaminación y que la contaminación implica envenenamiento. También tiene cada vez más claro que reciclar es positivo. Muchas prácticas elementales han dejado tras de sí un sedimento de valores: contaminar es negativo, reciclar es positivo, arruinar el planeta es desastroso. Con el paso del tiempo, esas tomas de conciencia darán paso a otras de mayor calado: la austeridad es positiva, el consumo incesante es negativo, la sanación del planeta es responsabilidad nuestra. Más adelante, después de que en la esfera de los valores se hayan producido cambios todavía más sutiles, se desarrollarán estilos de vida ecológicos, y la conciencia ecológica llegará a ser una realidad en acción.

La acción es importante y siempre lo será. Pero el logos resulta igualmente relevante, por cuanto es una poderosa forma de praxis. Algunas de las acciones que hace un decenio nos parecían más urgentes han quedado relegadas a un completo olvido, y si las recordamos, nos parecen triviales e insignificantes. Por otro lado, algunas intuiciones profundas o algunas ideas hermosas que descubrimos hace tiempo pueden nutrirnos durante años. Nuestro objetivo no debe ser disminuir la esfera de acción, pero tampoco deificarla. La acción acertada procede inevitablemente de una reflexión profunda. La conciencia y la acción deben ir de la mano. Lo que las une son los valores, en nuestro caso los valores ecológicos. En una visión del mundo bien ordenada, los valores son los intermediarios entre la conciencia y la acción. Los valores infunden sentido a la acción, por una parte, y plasman la conciencia en modalidades de praxis social, por otra.

También hemos de ser perfectamente conscientes de que no estamos embarcados en una cruzada para transformar la conciencia como si ésta fuera una entidad abstracta, independiente del resto de nuestra vida y de las distintas formas de práctica económica y social. Nuestra conciencia se manifiesta en numerosos afluentes de la vida. Al transformar la conciencia nos estamos dirigiendo a esos afluentes. Así que gravar a las empresas que contaminen será de ayuda; gravar a los conductores que superen un límite dado de kilometraje será de ayuda; reciclar a gran escala será de ayuda. Pero, en última instancia, tendremos que ir a la raíz del problema: nosotros mismos. *Hemos de reciclar nuestra mente*. Hemos de adquirir una nueva conciencia que no contamine, que sea sana, que resulte sostenible y que se rija por la compasión. Así volveremos al sereno jardín de la conciencia ecológica.

Nacemos y morimos solos. También estamos solos cuando introducimos cambios que hacen época. Estamos unidos de múltiples formas con el maravilloso tejido de la vida y la evolución. Sin embargo, cuando luchamos con nuestro yo interior, cuando atendemos a nuestra alma e intentamos imbuirla de más luz, a menudo estamos solos. La adquisición de la conciencia ecológica debe ocurrir en diversos niveles de la praxis social, pero también en lo más profundo de nuestra vida individual.

La soledad es la madre de la perfectibilidad.
El coraje es el fuego del alma.
La esperanza es la fuente eterna de sustento.
Avanzar por la senda correcta es reconocer la sabiduría de los límites cósmicos.
Alcanzar la conciencia ecológica es hallar una estructura de belleza sostenible y compasiva
que lo abarque todo.

Epílogo

El final de la década de 1980 fue testigo de increíbles cambios políticos en la Europa del Este. El término «increíble» no puede ser más apropiado, pues ¿quién habría dicho que el comunismo se derrumbaría con tanta celeridad y, en la mayoría de los países, sin derramamiento de sangre? Lo que simplemente demostraron estos cambios traumáticos es que *el proyecto humano nunca está cerrado.*

A mediados del siglo XX jamás habríamos soñado que la época de la ecología estaba a la vuelta de la esquina; ahora vemos con claridad que la época ecológica está en sus albores. La época de la Ilustración fue una época de transición desde la era de la religión hasta la era de la ciencia y, en última instancia, hasta la era de la tecnología triunfante. Ahora estamos entrando en la Era Ecológica, probable preludio a una nueva era de liberación espiritual de la humanidad.

El camino que me llevó a la ecofilosofía me hizo recorrer muchas vías indirectas: la filosofía analítica, la filosofía de la ciencia, la filosofía de la tecnología y la filosofía del hombre. Llegué a Estados Unidos en 1964, convencido de que aquel país era el heraldo del futuro y que el progreso tecnológico era la clave de todo progreso. Mis primeros meses en Los Ángeles fueron embriagadores, aunque un tanto desconcertantes. No paraban de decirme que Los Ángeles era el no va más de Occidente. Pero lo cierto era que aquella ciudad no parecía ser el paraíso que me decían. Además, empecé a advertir que aquel progreso era menos maravilloso visto desde cerca que desde lejos. Las autovías estaban siempre abarrotadas. Si se construía una nueva, se quedaba pequeña al cabo de pocos meses. Un ingeniero civil muy informado me explicó que las autovías, en lugar de mitigar el tráfico, *lo atraen*. Aquélla era una nueva forma de ver las cosas. Empecé a pensar que tal vez se pudiera decir lo mismo acerca de nuestras increíbles tecnologías: en lugar de satisfacer nuestras necesidades, las incrementan.

Entonces, cuando yo me encontraba aún en Los Ángeles, llegó la revolución hippy. Vivía junto a Sunset Boulevard, donde estaban sucediendo toda clase de cosas. Escuchando claramente las voces de los jóvenes airados de la época, llegué a la conclusión de que los problemas de la civilización occidental eran mucho más profundos de lo que estábamos dispuestos a admitir. Aquellos jóvenes rebeldes no paraban de decirme: «Tú eres filósofo. Tienes que saber en qué momento la cosa se torció». La cuestión no era *si* la cosa se torció, sino *cuándo* y *dónde*. Aquellas preguntas me dieron mucho que pensar, puesto que yo daba por supuesto, como muchos otros, que éramos la más racional y, por lo tanto, la más perfecta de las civilizaciones.

Mientras buscaba las causas del autosabotaje de la civilización occidental, sometí a un riguroso examen lo que había sucedido durante los últimos cuatro siglos con la cultura occidental y, especialmente, con la filosofía occidental. Llegué a la conclusión de que el problema radicaba en el proyecto mismo, en las filosofías mecanicistas del siglo XVII, que sentaron los cimientos de toda nuestra civilización. Fue por aquel entonces cuando aparecieron los presupuestos de que el universo es una máquina, de que el conocimiento es poder y de que la naturaleza existe para que nosotros la explotemos y la saqueemos. Sencillamente habíamos concebido un lenguaje inapropiado para relacionarnos con la naturaleza.

Con el paso del tiempo, aquel lenguaje llevó a elevar el progreso material a la categoría de nueva deidad, y al hombre fáustico a la de nuevo ideal. Al empujar sin descanso el carro del progreso material durante los dos últimos siglos, inadvertidamente hemos destruido la naturaleza y una gran parte del tejido de la sociedad y de nuestras vidas.

Poco a poco fui llegando a la conclusión de que el progreso es un dado trucado, de que la tecnología que lo impulsa a cualquier precio es malévola y de que la ciencia «objetiva» que contribuye a los propósitos de esa tecnología de la explotación, lejos de ser neutral, es cómplice de ese turbio proyecto. Así fue como colegí que todos los anclajes de la civilización occidental son endebles y muy peligrosos. Veía la potencia y la belleza de la tecnología, pero también advertía que la tecnología se estaba condenando por el fruto que portaba en su seno: la desolación de los entornos, la atomización de la sociedad y la alienación de los individuos eran consecuencia de cierta manera de interpretar el mundo y de relacionarnos con él. Entre finales de la década de 1960 y principios de la de 1970 desarrollé esta visión de la tecnología y del progreso, que también se extendía a la ciencia y a la cosmología mecanicista que la sustentaba. La presenté por primera vez en un artículo escrito y publicado en 1970, titulado «Technology – The Myth Behind the Reality» [Tecnología: El mito que hay detrás de la realidad], al que siguieron otros como «The Scientific Worldview and the Illusions of Progress» [La visión científica del mundo y las ilusiones de progreso], «Science in Crisis» [La ciencia en crisis] y «Does Science Control People or Do People Control Science?» [¿Controla el hombre a la ciencia o es la ciencia la que controla al hombre?].

Mientras reflexionaba sobre las vicisitudes de nuestra visión mecanicista del mundo, más de una vez me sorprendí al ver la lentitud con que aprendemos. Creemos que somos inteligentes, rápidos y perspicaces. Sin embargo, aprendemos a un ritmo terriblemente lento de los errores del pasado, y somos tan reacios a verlo y admitirlo que todo el proyecto de nuestra civilización está plagado de errores, ha quedado en ruinas y siempre ha adolecido de una lamentable falta de perspectiva.

A finales de la década de 1970, el ataque conservador empezó a afirmarse con fuerza. Muchos de mis colegas, que antaño habían estado a la vanguardia del pensamiento radical, empezaron a «adaptarse». Sostener ideas radicales y ecologistas se volvió «impopular». Yo no veía razón alguna para «adaptar» mis ideas, dado que todo el sistema, que me parecía defectuoso y fallido, seguía intacto. Un «experto», al enterarse por aquella época de que yo estaba trabajando en una filosofía de corte ecológico, me dijo: «¿Por qué te dedicas a esas cosas? La ecología ya no está de moda». Aquello me pareció de chiste. ¿Cómo es posible que la ecología no esté de moda –pensé– si no hemos resuelto ninguno de los grandes problemas causados por las tecnologías contaminantes? Así que seguí desarrollando discretamente mis ideas. En 1981 publiqué el libro *Eco-philosophy. Designing New Tactics for Living* [Ecofilosofía. En busca de nuevas tácticas vitales], que después se tradujo a más de una docena de lenguas.

Con permiso del lector recordaré las circunstancias que condujeron a la publicación de ese libro, probablemente el primer tratado sistemático sobre ecofilosofía que se ha escrito. Concebí el primer esbozo cuando la Architectural Association School of Architecture de Londres (una de las mejores escuelas de arquitectura de Europa) me invitó el 20 de junio de 1974 a participar en un congreso convocado bajo el título «Más allá de la tecnología alternativa». En aquella época ya teníamos el convencimiento de que el movimiento ecológico estaba agotado. No bastaba con construir molinos de viento e insistir en las llamadas «tecnologías blandas». Así que cuatro de nosotros nos subimos al estrado para preguntarnos: «¿Adónde vamos a partir de ahora?». Cada uno de nosotros tenía diez minutos para transmitir su mensaje. ¿Qué se puede decir en diez minutos? No demasiado, y, al mismo tiempo, mucho. En vez de analizar las deficiencias del movimiento ecológico, decidí dar un paso adelante y preguntarme: «¿Qué hay de más preocupante en los cimientos de nuestro conocimiento, y qué otros cimientos podemos imaginar para crear un nuevo pensamiento y una nueva armonía?». El esbozo que leí se titulaba «Ecological Humanism» [Humanismo ecológico]. En él estaban formuladas las grandes ideas que se convirtieron en la columna vertebral de mi ecofilosofía. Rara vez se da uno cuenta de que se halla exactamente en un nuevo punto de partida. Tal vez fuese una mera coincidencia que la Architectural Association publicara mi texto de inmediato. Recientemente encontré entre mis papeles el manuscrito y me asombró comprobar que todas las semillas de la ecofilosofía estaban en aquella presentación.

Al comienzo de mi discurso dije lo siguiente:

Oswald Spengler escribió que «las técnicas son tácticas vitales». Se trata de una frase muy útil. La aprovecharé para plantear nuestro problema y buscar posibles soluciones. La moderna tecnología –o, mejor dicho, la tecnología occidental– nos ha fallado no sólo porque ha llegado a ser económicamente contraproducente a la larga, o porque se ha vuelto ecológicamente devastadora, sino ante todo porque ha olvidado su función básica, a saber, que toda técnica, en última instancia, es una táctica vital. Al fallarnos como táctica para la vida, la tecnología moderna ha demostrado ser económicamente contraproducente y ecológicamente ruinosa.

Y al final de mi intervención sostuve:

El humanismo ecológico apunta a unas relaciones sociales basadas en el reparto y la buena gestión, no en la posesión y en la guerra social, abierta o camuflada. En resumen, el humanismo ecológico se basa en una nueva organización del mundo en su conjunto:

· ve el *mundo* no como un lugar para el saqueo y el expolio, como una arena para gladiadores, sino como un *santuario* en el que moramos temporalmente pero al que hemos de dedicar el más exquisito de los cuidados;

· ve al hombre no como un comprador y un conquistador, sino como un *guardián* y un *administrador*;

· ve el *conocimiento* no como un instrumento para la dominación de la naturaleza, sino como una técnica para el refinamiento del alma;

· ve los *valores* no desde el punto de vista de su equivalente pecuniario, sino en términos intrínsecos, como un vehículo que contribuye a una comprensión más profunda entre los seres humanos y a una cohesión más grande entre la especie humana y el resto de la creación;

· y ve todos los elementos mencionados más arriba como parte de una nueva táctica vital.

Estas ideas resultaron fructíferas y, a lo largo de los quince años siguientes, construí a su alrededor el árbol de una nueva filosofía.

Tal vez el lector sepa que en el siglo XX no ha estado de moda proponer *sistemas* filosóficos. Sin embargo, creo haber propuesto uno en este libro. Aduciré una excusa. Al tratar de entender con cierta profundidad los grandes problemas del siglo XX, una y otra vez me he sentido frustrado por la falta de adecuación y de sinceridad de las respuestas halladas. Desesperado, empecé a concebir mis propias respuestas. Pasado un tiempo entendí que no podía arrojar verdadera luz sobre una serie de fenómenos considerados de manera individual hasta que no la arrojara sobre todos ellos simultáneamente. Así nació el sistema de la ecofilosofía.

Estamos librando una batalla crucial para la supervivencia de la especie. Necesitamos ideas que nos hagan más poderosos, que nos den impulso, que nos afirmen. La especie humana estaba destinada a cometer errores, sobre todo cuando se embriagó con el poder de las nuevas tecnologías y de la razón misma. Pero no debemos contemplar la especie humana desde la perspectiva de su período más destructivo. Además, durante los últimos dos siglos, cuando una parte de la humanidad emprendió una labor de coerción y destrucción sistemáticas de la naturaleza, el resto de la especie humana seguía coexistiendo más bien pacíficamente con la naturaleza.

Sigamos los pasos de los ejemplos más ilustres de la humanidad: Buda, Jesucristo, Gandhi, Schweitzer, la Madre Teresa, Martin Luther King y compañía. Y celebremos con esas luminarias la gloria de la condición humana. El proyecto humano nunca está cerrado. Celebrémoslo y articulémoslo para que sea digno de nuestra extraordinaria especie. Saludemos los albores de la Era Ecológica.

~

ESTA PRIMERA EDICIÓN DE *FILOSOFÍA VIVA.*
LA ECOFILOSOFÍA COMO UN ÁRBOL DE LA VIDA,
DE HENRYK SKOLIMOWSKI, SE ACABÓ DE IMPRIMIR
Y ENCUADERNAR EN BARCELONA
EN LA IMPRENTA *ROTOCAYFO*
(IMPRESIA IBÉRICA) EN ABRIL
DE 2017

Últimos títulos publicados